Jean JEZEQUEL

LA RÉVOLUTION FRANÇAISE À ANGOULÊME

1789-1799

PROJETS EDITIONS
FRANCE
Rue Eugène Chevreul
République II
86000 POITIERS

ISBN 2-905-282-38-X

PRÉFACE

Les commémorations historiques peuvent apparaître quelquefois comme des rites, des exercices obligés dont on a du mal à comprendre l'intérêt. La célébration du bicentenaire de la Déclaration des Droits de l'Homme et du Citoyen échappe évidemment à ce reproche : la résonnance du texte voté par les Constituants a été universelle, les événements qui l'ont précédé ou suivi sont les fractures historiques qui ont permis l'émergence d'un nouvel ordre social et politique.

Si cette célébration devait n'avoir à Angoulême qu'un seul mérite -- mais elle en aura bien d'autres — ce serait d'abord celui d'avoir permis la publication d'un ouvrage qui m'apparaît comme une contribution essentielle à notre histoire locale : « La Révolution Française à Angoulême ».

L'auteur, Jean Jézéquel, pardonnera à son ancien élève du Lycée Guez-de-Balzac de dire toute l'estime et l'admiration qu'il lui porte. C'est avec reconnaissance que cet élève reçoit aujourd'hui, à plus de vingt ans de distance, ce nouveau cours magistral sur l'histoire de sa ville.

Parce que la Révolution en Province ne fut souvent que l'ombre portée de la Révolution parisienne, en saisir comme nous y invite Jean Jézéquel pour Angoulême, la dynamique et les tensions nous permet de mieux comprendre l'ensemble, quelles que soient nos propres grilles d'analyses et d'interprétation.

La Révolution à Angoulême, en comparaison des excès qui ont pu avoir lieu ailleurs, fut plutôt modérée : deux exécutions capitales politiques seulement eurent lieu dans notre chef-lieu pendant la Terreur. Certains penseront que les Révolutionnaires angoumoisins furent prudents. D'autres diront qu'ils furent tièdes et attentistes. Je crois que leur attitude est simplement révélatrice de l'état de la société angoumoisine en 1789 telle qu'elle apparaît dans ce livre. Le chapitre consacré à dresser le tableau économique, social, sociologique de notre ville au début de la Révolution est remarquable et nous apprend beaucoup, y compris sans doute sur la réalité angoumoisine d'aujourd'hui.

L'étude sérieuse, rigoureuse et parfaitement documentée de Jean Jézéquel est donc un travail auquel les amateurs d'Histoire devront maintenant se référer. Je souhaite que nos compatriotes soient nombreux à s'y intéresser.

Jean-Michel BOUCHERON,
Député-Maire d'Angoulême,
Ancien Ministre.

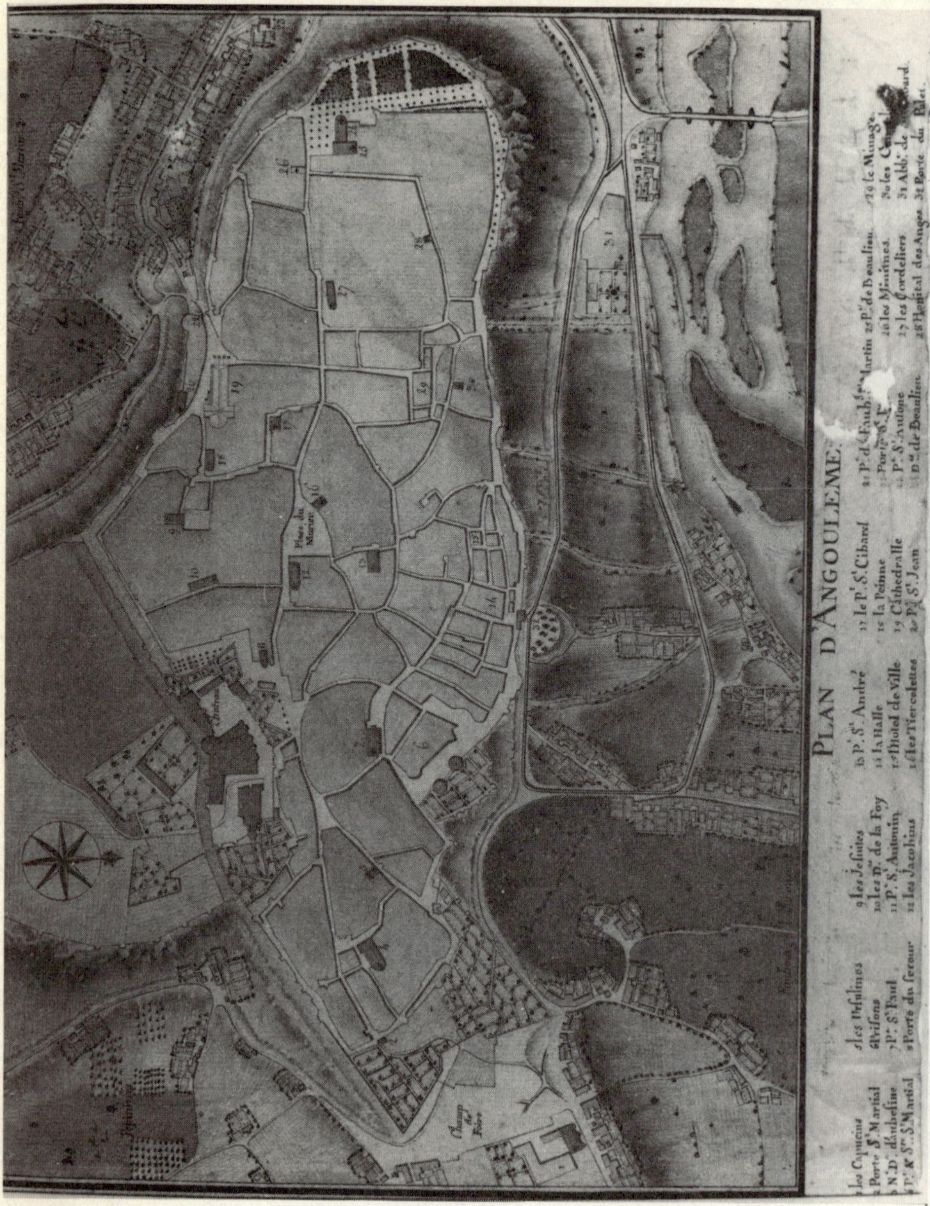

Angoulême
Photo-collection des Archives Municipales d'Angoulême. Date approximative 1760-1770, d'après l'état des portes et le vide des terrains du château au haut du plan. Avant la Révolution.

AVANT-PROPOS

1789-1799, dix années de révolution qui constituent un moment considérable de notre histoire politique et institutionnelle, un pan de notre patrimoine national, en même temps qu'une étape de l'histoire universelle. Qu'on l'aime ou qu'on la déteste, c'est une constatation obligée.

À l'occasion du bicentenaire, des ouvrages et des articles de toutes sortes sont et seront publiés, historiens, chercheurs et érudits de tout grade apporteront leur contribution.

Il faut savoir que le sujet, traité principalement du point de vue national et parisien, car Paris fut bien le creuset du bouillonnement révolutionnaire, présente toujours d'immenses zones inexplorées du côté de la province et des départements. En corrigeant une expression prêtée aux girondins, sans réduire Paris à 1/83e de l'histoire de la Révolution, il faut étendre le champ des recherches, et dans le cas présent, il s'agit du chef-lieu d'un département qui n'a connu ni événements exceptionnels ni personnalités devant figurer au panthéon révolutionnaire. Il est possible de faire une histoire générale de la Révolution sans citer une seule fois le département de la Charente. Mais ce n'est pas une raison suffisante pour ne pas retrouver la mémoire de notre passé ; l'histoire est faite de la vie quotidienne des hommes, et c'est dans les moments extraordinaires qu'il faut aussi observer le comportement des gens ordinaires.

L'auteur adresse ses remerciements et l'expression de sa reconnaissance à celles et ceux qui ont accepté de répondre à ses interrogations et demandes. Angoulême possède ses érudits locaux, et leurs connaissances ont été mises à contribution. Il adresse sa reconnaissance toute particulière à Mme Constantin, directrice des archives municipales d'Angoulême, toujours attentive à faciliter ses recherches et à le faire bénéficier de sa propre culture concernant la ville et son passé.

CHAPITRE I

ANGOULÊME EN 1789 :

Capitale provinciale, ses administrations et les classes sociales correspondantes.

L'HÉRITAGE DU PASSÉ

Évoquer la ville de la fin de l'Ancien Régime nous oblige à un certain nombre de rappels. Dès la haute antiquité chrétienne elle a été une cité religieuse, premier évêque Saint Ausone, et l'évêché d'Angoulême est ainsi la plus ancienne institution sur laquelle se sont posées successivement la sénéchaussée au Moyen Âge, l'élection au XIVe siècle, le présidial au XVIe, la maîtrise particulière des eaux et forêts au XVIIe, autant de créations correspondant chacune à une assise territoriale distincte, d'où la complication que représente l'ensemble dont la meilleure appellation est l'Angoumois. L'Angoumois est une province qui n'a gardé, en 1789, d'existence réelle que dans l'usage restreint du droit de sa coutume.

Il a manqué à Angoulême d'être dotée des institutions les plus récentes et les plus prestigieuses de la monarchie dans l'époque moderne, au-delà du XVIe siècle. Elle n'a jamais reçu le siège d'un parlement, ni le chef-lieu d'une généralité ou intendance. Elle a été aussi privée d'états provinciaux. La ville sans doute était trop petite, la province mal placée pour recevoir ces institutions. Cependant, en 1788, Angoulême figurait sur la liste des quarante-sept grands bailliages créés par Lamoignon pour abattre la puissance démesurée des parlements, mais le présidial d'Angoulême refusa de faire fonction de grand bailliage et même appliquée la réforme n'aurait duré que peu de temps du fait de la Révolution.

SA POSITION ET SA PLACE DANS LE CENTRE-OUEST

Il en résulte qu'elle reste une ville moyenne, moins favorisée du seul point de vue administratif que Limoges, Poitiers, La Rochelle et Bordeaux. À quoi s'ajoute l'énorme avantage portuaire et océanique des deux dernières citées.

Angoulême se classe ainsi dans une seconde catégorie de villes du centre-ouest du royaume, semblables tant par leurs fonctions que par l'importance numérique et économique, avec Saintes, Périgueux et Niort.

Angoulême dispose cependant d'un avantage non négligeable, à savoir qu'aucune autre ville d'importance égale ou supérieure ne s'en approche à moins de 60 kilomètres (Saintes) et se situe le plus souvent à 100 kilomètres et plus (les autres). De ce fait, avec ses 13 000 habitants, elle domine à son tour toute une aire géographique de petites villes et de gros bourgs ayant chacun de 2 000 à 3 000 habitants, Cognac en étant la plus importante avec 3 134 habitants. Angoulême se réserve ainsi une zone de rayonnement qui fait que petite capitale provinciale avant 1789, elle aura toutes les chances de garder sa fonction dans un nouveau système administratif. Cette chance ne sera pas donnée à d'autres villes équivalentes, dans une répartition différente. En Charente-Inférieure, Saintes et La Rochelle se concurrencent et seront successivement, en moins de vingt ans, le chef-lieu du département.

VILLE DE PASSAGE

Dans le domaine économique la position de la ville par rapport aux voies de communication de l'époque offre aussi des avantages. Angoulême et son faubourg de L'Houmeau se situent au point où la Charente devient navigable vers la mer, se trouvant ainsi à l'extrémité d'une voie fluviale alors utilisée, Rochefort en occupe l'autre bout, avec le passage au trafic maritime. Par le port de L'Houmeau, Angoulême joue un rôle de redistribution dans sa région et en même temps elle est un point de passage, une étape vers le Poitou, le Limousin et le Périgord, entre l'océan et les régions intérieures. À L'Houmeau arrivent les sels, les denrées coloniales et les produits du nord de l'Europe ; en partent vers Rochefort : canons, fournitures d'artillerie, des fers, des bois.

Dans la deuxième moitié du siècle, vers 1760, a été ouverte la route de l'Espagne qui traverse le faubourg de L'Houmeau, venant du nord, et contourne le plateau dans Saint-Cybard pour se diriger sur Bordeaux. Cette voie permettait ainsi à la poste de traverser Angoulême alors que précédemment la poste passait par Villefagnan, Aigre et Châteauneuf.

LA VILLE DE 1789

Il faut oublier l'image d'Angoulême d'aujourd'hui pour revenir à la ville de 1789, juxtaposant la partie « intra-muros » sur le plateau et une série de faubourgs, plus ou moins éloignés et séparés les uns des autres par de larges espa-

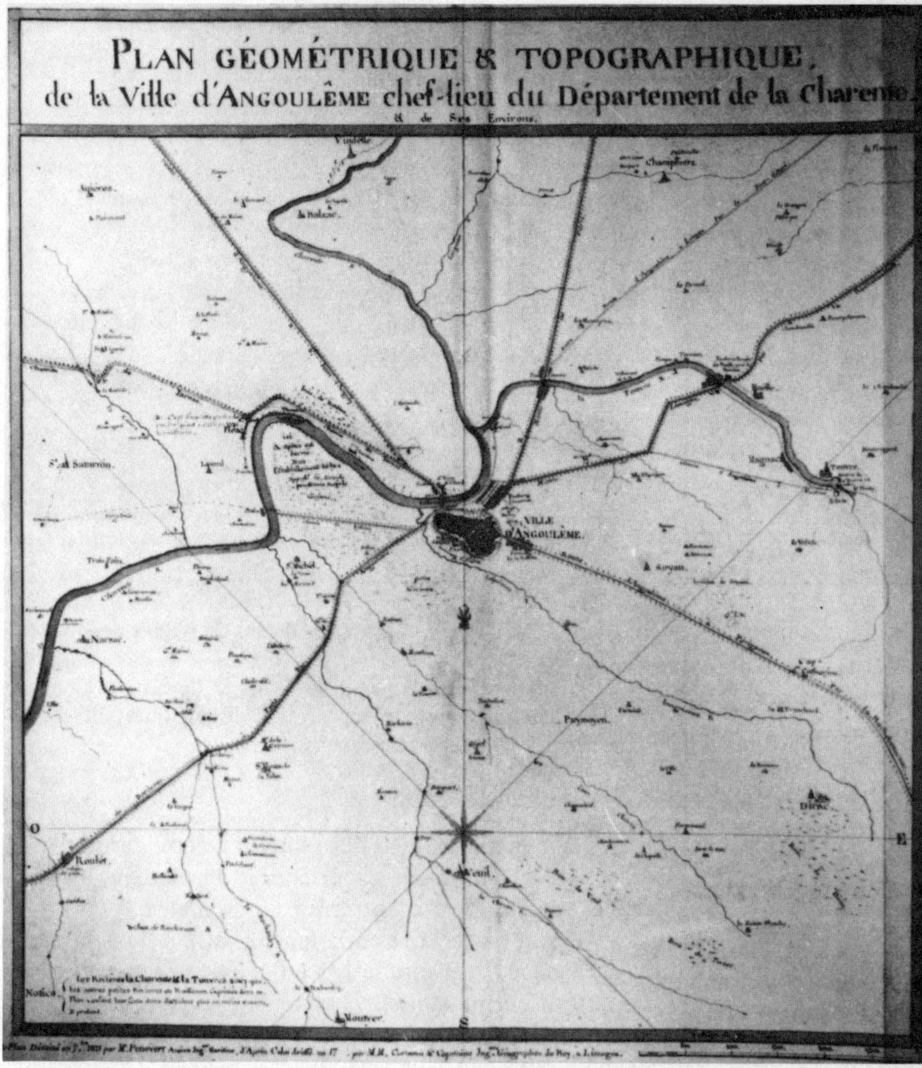

Bibliothèque municipale de Rochefort, plume encre noire aquarellée.

« Plan dessiné en 7bre 1821 par M. PENEVERT, ancien ingénieur maritime, d'après celui dressé en 17. . par MM. CORNUAUD et CAPITAINE ing^eurs^ géographes du Roy, à Limoges ». Échelle : 3 000 toises.

L'avantage de cette carte est de situer Angoulême dans sa région géographique, avec les différentes routes qui rayonnent vers Paris, Bordeaux, St-Jean d'Angély, Limoges et Périgueux, à une époque où les communes de l'agglomération actuelle étaient des petits bourgs, détachés et éloignés de la ville du plateau.

Lithographie de RABRE et RUDRAN, d'après un dessin de ABOS de BIOMADIA (1753), collect. S.A.H.CH.

Au-delà des fantaisies de l'artiste au premier plan, l'intérêt de cette gravure est de montrer le vide de la campagne parsemée de borderies et de quelques villages (ici Saint-Martin et Saint-Ausone) dès les remparts franchis.

ces ruraux qui pouvaient venir jusqu'au pied des remparts, cette dernière partie couverte de borderies appartenant à des propriétaires du plateau, leur servant parfois de résidences secondes ou d'entreprises artisanales.

Le plateau lui-même n'était pas encore entièrement bâti, et dans la partie sud-est subsistait un vaste espace, peut-être le 1/5 ou 1/6 de la surface totale, dit le pré d'Artois, consistant en mauvais prés et terrains sans usage. Beaucoup plus d'églises que de nos jours, avec encore leurs cimetières, des couvents et des chapelles parsemaient l'espace urbain, surtout sur le plateau. De ces églises de la fin du XVIIIe siècle ne subsistent de nos jours que la cathédrale très remaniée par Abadie et Saint-André. Toutes les autres, de dimensions moindres soit ont disparu (Saint-Jean, la Peyne, Saint-Antonin, Saint-Paul, le petit Saint-Cybard, Notre-Dame de Beaulieu, Saint-Martin) soit ont été reconstruites au XIXe siècle : Saint-Martial, Saint Ausone, Saint Jacques de l'Houmeau. Toutes (sauf la cathédrale) correspondaient à des paroisses, denses et souvent petites ou minuscules.

Dans l'ensemble civil le château, à la place de notre hôtel de ville, occupait une position centrale, imposante forteresse assez hétéroclite et déjà débarrassée d'une partie de ses défenses dont l'emplacement allait être vendu en parcelles comme biens nationaux. Autres bâtiments du centre ville : le couvent des Jacobins principal local administratif et judiciaire de la ville et le Châtelet qui était la prison.

Depuis 1778 on avait commencé des aliénations de terrains dans le pré d'Artois, qui faisait partie de l'apanage de ce prince et en 1785 était prêt le plan d'un nouveau quartier pour une partie au moins de cet espace, jusqu'à la porte du Secours, plan préparé par l'ingénieur Munier. On devait construire là le plus beau quartier de la ville en l'honneur du comte d'Artois, avec de belles rues droites se coupant perpendiculairement. C'était l'amorce avant 1789 de ce qui sera l'Angoulême du XIXe siècle (dans le quartier de la préfecture) et déjà on avait construit les premières maisons, de véritables petits hôtels à partir du lotissement de 1778 [1].

En mai 1786 le corps municipal avait délibéré au sujet de l'aménagement de la place dite la promenade d'Artois, et le maire Marchais-Laberge avait proposé d'avancer de ses deniers la somme de 10 000 livres pour construire un hôtel de ville sur cette place, avec remboursement sur les revenus de la ville. Munier en avait dressé le plan, et le maire souhaitait faire avancer les travaux, sinon achever l'édifice avant la fin de son mandat [2]. Le corps de ville accepta la proposition mais en fait rien ne fut réalisé et la maison de ville d'Angoulême allait errer de bâtiment en bâtiment entre 1790 et 1815, sans avoir un local digne de la fonction. Pour le moment les séances municipales avaient lieu dans la salle du présidial, au couvent des Jacobins.

LE DERNIER MAIRE D'AVANT 1789

Pierre Marchais de la Berge (1730-1811), fils d'un marchand orfèvre, juge consulaire, du faubourg de L'Houmeau, exerçait la profession de négociant quand il devint maire en 1772, nomination faite à la surprise du corps de ville et contre son gré. Un édit royal de novembre 1771 avait modifié une fois de plus le statut du maire d'Angoulême en fixant à vingt années la durée du mandat qui était précédemment de trois ans, le transformant ainsi en office. Marchais de la Berge, après arrangement avec le corps municipal, payait sa charge 15 000 livres et au bout des vingt ans accédait de plein droit à la noblesse. En 1789 pour l'élection aux états généraux il votait avec la noblesse d'Angoumois, ainsi que son fils aîné, Jean Marchais de la Berge, que nous retrouverons sous la Révolution [3].

LE DERNIER CORPS DE VILLE

En 1788 le corps de ville était modifié pour la dernière fois sous l'Ancien Régime, à l'exception du maire qui devait aller en principe jusqu'en juillet 1792. Tout au long du XVIIIe siècle le mode de désignation et la composition du corps de ville avaient connu des changements, suscitant protestations et contestations. En 1788 on nommait aux places vacantes par décès et à celles dont le titulaire avait cessé d'exercer, on conservait les officiers qui remplissaient leur charge. La procédure était la suivante : l'assemblée des notables et le maire proposaient trois noms et la nomination était faite par le comte d'Artois. Dans les nominations de 1788, le lieutenant du maire, Brun, maintenu dans sa fonction, deuxième personnage de la mairie, en même temps que le subdélégué des intendants de Limoges et de La Rochelle et sous la Révolution sera successivement procureur du district d'Angoulême, puis conventionnel régicide. M. Joubert docteur en médecine, notable en exercice, était promu quatrième échevin, on le retrouvera dans les municipalités de 1792 à 1795, ainsi que Beaudet de Marvaud nommé premier assesseur, il sera maire d'Angoulême de 1793 à 1795 et de 1795 à 1796, sans parler de ses autres mandats au département. À la mairie d'Angoulême, comme dans les autres administrations, il y a une continuité avant et après 1789 dans le personnel [4]. Le corps de ville se réunira une dernière fois le 3 octobre 1789, date à laquelle un nouvel organisme provisoire s'était déjà substitué à lui depuis juillet.

POPULATION ET SOCIÉTÉ

D'après Boissonnade [5] la ville d'Angoulême, entre 1700 et 1789, était passée de 2000 feux et 8000 habitants à 2600 feux et 13000 habitants, soit une augmentation de l'ordre de 5000 habitants, alors que les autres villes et les gros bourgs de l'Angoumois, eux, n'avaient pas bougé. Un dénombrement du 14 juin 1764 donne à Angoulême les chiffres suivants : 12174 habitants, soit 2283 hommes, 2439 femmes, 2928 garçons, 3306 filles, 41 prêtres, 56 religieux, 198 religieuses, 302 ouvriers étrangers, 436 servantes ou femmes de chambre, 245 domestiques. Cette statistique a déjà une valeur sociologique dans la mesure où elle sépare de l'ensemble, le clergé de la ville, la domesticité qui vit dans l'ombre des classes supérieures et les travailleurs immigrés, entendons par là des manuels venus d'ailleurs, de l'Angoumois ou d'autres régions plus ou moins lointaines.

DÉMOGRAPHIE

Un travail universitaire récent utilisant les méthodes de la démographie contemporaine nous donne de la population d'Angoulême une meilleure approche [6]. En voici quelques conclusions :

Le nombre de feux en 1789 est ramené à 2088, soit 1063 sur le plateau, ce qui signifie une population à peu près équivalente dans les deux parties de la ville, plateau et faubourgs.

Cette étude confirme les dires de Boissonnade sur le mouvement positif de la démographie mais l'excédent des naissances est très supérieur dans les paroisses urbaines. Dans les deux parties on retrouve identiques les rythmes saisonniers de la vie et de la mort, ainsi que les crises de surmortalité.

La natalité des classes laborieuses exerçant les métiers les plus durs est nettement moins élevée que celle des classes aisées. Le nombre d'enfants croît avec le salaire, le gain et l'aisance; par exemple les boulangers et les bouchers ont les plus grandes familles, rejoignant en cela un monde que nous connaissons bien, celui des négociants, des marchands, des hommes de loi et de justice. De même, c'est dans le petit peuple que la mortalité infantile est la plus élevée.

La plupart des travailleurs immigrés qui occupent une grande place dans les métiers manuels viennent des diocèses qui entourent l'Angoumois et, tout particulièrement, les tailleurs de pierre et les maçons de la Marche.

Enfin la domesticité représente un important groupe social, 5 à 6 % de la population totale, dans lequel le célibat est plus fréquent qu'ailleurs.

GROUPES SOCIAUX ET SOCIOPROFESSIONNELS

Honoré de Balzac, dans les *Illusions perdues*, au sujet d'Angoulême, oppose « en haut la noblesse et le pouvoir, en bas le commerce et l'argent ». Belle formule, certes, mais elle simplifie trop une réalité sociale beaucoup plus complexe, et les deux mondes s'interpénètrent plus qu'ils ne s'opposent.

NOBLESSE DE VIEILLE SOUCHE

D'abord la vieille noblesse traditionnelle de l'Angoumois ne compte plus. Jean Gervais, en 1725, la décrit déjà divisée et amoindrie, « tombant de plus en plus, en se multipliant et en se divisant dans une honteuse pauvreté et on voit que presque tous ceux qui avaient embrassé la profession des armes se sont retirés après peu d'années dans leurs villages » [7]. Il y a de grandes maisons, de grandes seigneuries en Angoumois, mais leurs détenteurs vivent en dehors de la province, le plus souvent à Paris et de toute façon pas à Angoulême. Beaucoup de ces grandes terres, dans la deuxième moitié du siècle, sont tombées du fait de leurs difficultés financières, dans la dépendance de leurs créanciers. Le seigneur d'Angoulême le mieux pourvu en 1789 est le comte d'Artois du fait de sa dotation d'apanage de 1773, mais peut-on considérer cette donation faite à un fils cadet de France comme une terre seigneuriale ? Bien entendu le comte d'Artois ne réside pas, et aux élections de mars 1789, il est représenté par le marquis de Saint-Simon [8].

Un autre grand seigneur d'Angoulême est l'évêque, du fait de l'important domaine temporel du siège épiscopal qui comprend cinq terres et seigneuries et de nombreux droits seigneuriaux, soit au total des revenus de l'ordre de 27 000 livres par an vers 1754, et qui sont placés sous ferme générale moyennant 22 000 livres [9]. Mais là encore, avec des biens d'église, dits de mainmorte, il ne s'agit pas de noblesse.

NOBLESSE RÉCENTE ET BOURGEOISIE

C'est dans la noblesse de robe ou de cloche que nous trouvons les plus belles fortunes de la place d'Angoulême. Mais il suffit de remonter quelques générations en arrière pour trouver le marchand qui est à l'origine de l'ascension sociale, doublée d'un enrichissement matériel, mais les deux ne vont pas nécessairement de pair, tantôt il peut y avoir seulement maintien, et, dans d'autres cas, appauvrissement. De toute manière ce n'est pas la fonction judiciaire ou administrative qui enrichit, et l'office n'est qu'un élément évalué comme les autres biens de la famille.

D'ailleurs, bourgeois seulement titrés et bourgeois anoblis sont entremêlés et ne se distinguent guère, mais lorsqu'il va falloir voter pour les états généraux chacun devra rejoindre son ordre.

En 1789 le personnage le plus considérable, sinon le plus représentatif, de cette noblesse de robe, et qui a réussi, est Pierre Arnaud de Ronsenac, le procureur du roi au présidial. La famille avait été anoblie, deux générations auparavant, avec Pierre Arnaud, conseiller au présidial et maire d'Angoulême, en 1721-1723, la fortune s'est considérablement agrandie sous André Arnaud pour atteindre son apogée avec la troisième génération Pierre Arnaud de Ronsenac (1731-1813). Ce dernier atteint un niveau de fortune qu'il faut se garder de généraliser et qui représente même un cas limite de réussite par une meilleure gestion de ses biens immobiliers et seigneuriaux, un train de vie plus calculé, moins dispendieux et moins généreux, partagé entre la maison de la paroisse Saint-André et les différentes demeures à la campagne. Mais ce personnage riche et puissant avant 1789, était aussi affairiste et intrigant, il avait des ennemis dans la ville à cause de son action dans l'affaire des banquiers. La Révolution met fin à sa toute-puissance, Arnaud-Ronsenac est hostile aux changements, père d'émigré, suspect et détenu... mais ces malheurs feront disparaître toute différence entre noblesse traditionnelle et noblesse plus récente [10].

LES DIFFÉRENTES ADMINISTRATIONS ET LEURS OFFICIERS

C'est le présidial, associé à la sénéchaussée, qui est le principal employeur de ces noblesse et bourgeoisie entremêlées. Les deux tribunaux ont leur compétence respective, tout en employant le même personnel, et le présidial est en plus une sorte de cour d'appel vis-à-vis du siège de Cognac et des justices seigneuriales de la province. Depuis deux siècles, pour se faire de l'argent, le gouvernement royal a multiplié les créations nouvelles, dépouillant ainsi les offices d'une partie de leurs attributions initiales. Il est difficile de connaître le nombre exact des charges, on peut en compter de trente à quarante, vers 1789, dont plus de la moitié sont des conseillers en présidial. En tête, le sénéchal, à présent réduit à un rôle honorifique sans plus, le lieutenant général, à la fonction diminuée, toujours le premier magistrat, et ayant l'office le plus estimé : 66000 livres en 1771 alors que les autres se situent entre 30000 et 3000 livres [11] avec une tendance continue vers la dépréciation [11].

Depuis longtemps le présidial était logé avec d'autres administrations dans une partie du couvent des Jacobins, sur l'emplacement de l'actuel palais de justice, du côté de la rue Ludovic-Trarieux. Le procès-verbal de visite du local, lors de la prise de possession de l'apanage du comte d'Artois en 1773, constate : « ... les planchers, les bans, les tapisseries sont dans un état de délabrement absolu qui en rend le service presque impraticable ; la chambre criminelle est hors de service. Le greffe des sièges, au-dessus du dit auditoire est mal distribué ; l'escalier en bois par lequel on y va n'est qu'une espèce d'échelle dans laquelle on monte fort difficilement à l'apuy d'une rampe de bois... les tribunaux qui y tiennent leurs séances... n'y trouvent pas un établissement solide et décent [11]. »

Logée, elle aussi, aux Jacobins, l'élection était l'une des plus vieilles administrations de la monarchie. Au départ, tribunal jugeant en matière de taille, aides... et à présent surtout circonscription financière, elle avait subi une diminution considérable de son personnel réduit, en 1789, à sept officiers.

Depuis 1699, la ville avait été dotée, comme Paris, d'un lieutenant général de police, aux attributions multiples et avec droit de regard sur presque tous les délits et les contestations entre particuliers, mais aussi sur les prix des denrées et les corporations dont il enregistrait les lettres de maîtrise et les entrées dans le métier. Il était assisté d'un personnel en petit nombre [13].

La maîtrise particulière des eaux et forêts, elle aussi aux Jacobins, était à la fois un tribunal et une petite administration. En tête, le maître particulier dont la charge valait de 25 à 30000 livres, et à la base, à proximité des forêts, un personnel de gruyers.

Un édit de mars 1710 avait doté la ville d'une juridiction consulaire de cinq juges consuls, élus par le corps des marchands, enlevant ainsi au présidial une série de causes, et Gervais s'en prenait vivement à ces marchands déguisés en juges.

Il reste à citer la lieutenance de maréchaussée d'Angoumois composée de quatre officiers, résidant à Angoulême, ayant sous ses ordres un certain nombre de brigades.

LES PROCUREURS

Au-dessous des officiers des tribunaux et des corps administratifs, il y a, à un étage social, sinon professionnel, inférieur une autre catégorie de personnel plus modeste, mais hommes de loi aussi, titulaires de leurs charges et qui assistent les magistrats dans le fonctionnement de la justice, ce sont les procureurs, à ne pas confondre avec le procureur du roi qui, lui, exerce le ministère public, encore appelé avocat du roi ou procureur général. Les procureurs représentent un groupe socio-professionnel important dans les tribunaux, ils sont chargés de guider les parties, de se substituer à elles ou de les remplacer durant le temps de la procédure. D'après les procès-verbaux d'assemblées chargées de rédiger les cahiers de doléances et d'élire les députés dans le cadre des métiers et des professions, en 1789, on peut estimer à une cinquantaine le nombre des procureurs de la sénéchaussée et du présidial d'Angoulême et à une douzaine celui des procureurs de l'élection. Il faut être attentif à ce groupe, car c'est lui tout particulièrement, qui fournit le personnel de la deuxième Révolution à partir de 1792-1793. Déjà dans le procès-verbal d'assemblée des procureurs du présidial, fin février 1789, sans présenter de véritables cahiers de doléances, ils annexent des vœux très précis dans le sens des réformes.

LES AVOCATS

À côté, les avocats et les notaires forment une autre catégorie sociale plus indépendante des corps de l'État. Les premiers, hommes de loi très avertis, en général, ont joué un rôle actif à Angoulême dans la période modérée de la Révolution ; ils s'imposent par leur compétence, et se tournent très vite du côté de la politique. Il faut citer Antoine Joseph Roy, Étienne Souchet, auteur d'ouvrages en particulier sur la coutume d'Angoumois, Pierre Ausone Chancel, Jean-Baptiste François Albert, Jean-Baptiste Descordes. Ce ne sont pas des révolutionnaires mais de grands notables qui occuperont des places importantes, soit au début de la Révolution, soit après 1800.

LES NOTAIRES

Les notaires d'Angoulême, au nombre de douze, méritent une mention spéciale. Ils avaient obtenu en 1733 leurs premiers statuts, propres à la commune d'Angoulême, et à partir de 1763 dans une entreprise bien organisée mais coûteuse, puisqu'il fallut débourser quelque 25 000 livres en démarches, voyages, procès, interventions et cadeaux, ils œuvraient pour accentuer leurs privilèges, et ils obtinrent ainsi par l'édit d'août 1765 une position très avantageuse par rapport aux autres notaires de l'Angoumois : l'un de ces avantages était de réduire leur nombre à douze[12]. À la différence d'autres notaires, ceux d'Angoulême ne semblent pas avoir pris des positions avancées sous la Révolution.

CONCLUSION

Plus que la noblesse ancienne faite de rentiers, de propriétaires et de militaires, les gens de robe et de plume installés dans les tribunaux et les autres corps de l'administration, représentent en 1789 une composante essentielle de la société angoumoisine, une sorte de secteur tertiaire de l'Ancien Régime. Spécialistes du droit et de l'interprétation des lois, beaucoup d'entre eux sont « avocats en parlement » qui est un titre et non une fonction ; ils détiennent une sorte de monopole du savoir et du savoir-faire dans un temps où l'administration royale se compose surtout de tribunaux et dans une société où l'instruction est moins répandue, et où les gens assignent et plaident en justice plus souvent que de nos jours, de même que le recours aux actes notariés, légalisés, inventoriés est plus répandu.

Ces magistrats et autres officiers du siège d'Angoulême forment des communautés assez fermées et la vénalité des charges fait qu'ils sont reconduits de génération en génération dans leurs fonctions.

Bien entendu, en 1789, ils sont les mieux placés dans les assemblées et les élections pour conduire les débats et se faire désigner. Cependant une concurrence les attend, celle des officiers seigneuriaux venus des campagnes et des petites villes de la province, eux aussi hommes de loi de formation, qui vont partir à la conquête des responsabilités nouvelles, dont ils ne laisseront pas le monopole aux grands notables du siège d'Angoulême. Cette rivalité éclate très tôt, ainsi, après que le cahier définitif et général du tiers état des deux sénéchaussées d'Angoulême et de Cognac eût été rédigé, le 21 mars 1789, au couvent des Cordeliers, c'est-à-dire à un moment où tout était terminé, un groupe de notables de la ville se remit au travail pour rédiger un « mémoire en forme d'observations pour servir à toutes fins de doléances et plaintes de la ville d'Angoulême... », lequel mémoire fut envoyé deux mois et demi plus tard à Versailles, accompagné d'une lettre du maire Marchais de la Berge pour dire que le cahier du tiers état de la province ne présentait pas son vœu véritable, à cause de l'influence prise par les officiers seigneuriaux dans l'assemblée générale et que les députés de la ville d'Angoulême avaient éprouvé le besoin de faire passer leurs observations sous forme de mémoire. La même justification se retrouvait dans l'introduction du document, qui, plus qu'un cahier, est un livret traitant quarante-neuf sujets différents et signé par vingt-six notables, députés du tiers à l'assemblée électorale. Il est nécessaire d'ajouter que l'entreprise n'était pas du seul fait des administrateurs, et que dans les signatures on relève des noms des milieux d'affaires et différents corps de métiers de la ville, solidaires en l'occurence, face au reste de la province[13].

CHAPITRE II

L'ÉCONOMIE, LE MONDE DES AFFAIRES ET DU TRAVAIL, LES DÉSHÉRITÉS

Urbanisme et problèmes urbains

L'Angoulême institutionnel et administratif, du corps de ville au plus petit service public, avec ses officiers et ses notables, va s'écrouler en quelques mois, dans la deuxième moitié de 1789 et en 1790, tel un vieil édifice vermoulu, et progressivement seront mis en place de nouveaux organismes dans de nouvelles divisions. À aucun autre moment, dans l'histoire de nos institutions, on n'a assisté à un changement aussi radical, en un temps aussi court. À la fin de l'année 1790 presque tous les rouages de la nouvelle administration seront en place.

UNE ÉCONOMIE INCHANGÉE...

Avec l'économie, on aborde un domaine figé et statique, dont les structures se maintiennent, ainsi que les techniques et les appareils de production. Seuls les niveaux de production et les échanges vont évoluer, au gré d'une conjoncture économique en gros défavorable sous la Révolution, mais tout le reste demeure en l'état, et l'ancien régime économique se prolonge bien au-delà de 1789, dans le XIXe siècle. C'est une donnée de l'histoire que ce domaine évolue et se modifie lentement, à moins d'être soumis, comme au XXe siècle, à des ruptures et des transformations voulues et inspirées d'idéologies qui tendent à transformer la société. Mais en 1789 on en est encore loin, et les idéologies révolutionnaires ne s'occupent encore que du politique et seules les plus avancées s'aventurent en avant-garde sur le terrain social, remettant en cause le droit de propriété, ce qui effraie le plus grand nombre, car les révolutionnaires de 89 ont clarifié et renforcé le droit de propriété individuelle, loin de le diminuer.

...MAIS PERTURBÉE

Les circonstances de la période révolutionnaire, à savoir les troubles intérieurs, la guerre civile, la guerre étrangère, les levées d'hommes prélevant de la main-d'œuvre, les fabrications tournées vers l'armement... Tous ces facteurs ont fortement perturbé la marche de l'économie et le niveau des échanges. Certains historiens récents vont jusqu'à dire que la période 1789-1799 a compromis les chances d'une révolution industrielle française et que l'Angleterre en a profité pour accentuer une avance amorcée au XVIIIe [1]. Au total la conjoncture dessert l'économie traditionnelle, et ramène au premier plan des préoccupations les problèmes de pénurie en toutes sortes de domaines, et tout particulièrement celui des subsistances. L'économie se portait mieux en 1789 qu'en 1799.

La deuxième moitié du siècle avait été favorable à un développement des affaires ; l'industrie et le commerce se nourrissaient réciproquement dans une ville où la gamme des fabrications était étendue.

LES PAPETERIES D'ANGOUMOIS

En tête, il faut placer les papeteries, vieille spécialité de l'Angoumois, qui avaient traversé une longue crise de vieillissement et de déclin dont on avait essayé de les sortir à partir de 1740. En 1789 il y avait dans la région vingt-cinq moulins à papier en activité, avec un total de trente-trois cuves [2]. Un état de l'an II, établi pour le compte de l'administration du district, donne un total de quinze fabriques, mais la liste n'est pas complète, avec le plus souvent une cuve, parfois deux et une seule fois trois [3], toutes dans la région d'Angoulême, la plupart sur la commune de La Couronne (La Palud). Avec un total de cent quatre-vingt-cinq ouvriers, surtout des hommes et peu de femmes, ce document sous-estime peut-être les effectifs, car l'enquête a été demandée avec des préoccupations plus militaires qu'économiques, l'administration cherchant à savoir s'il y avait dans cette main-d'œuvre des hommes jeunes, susceptibles d'être enrôlés, et d'autre part certains papetiers, sachant les raisons que nous venons d'énoncer, ont pu omettre d'indiquer sur leur état la main-d'œuvre féminine employée.

Par ailleurs, une lettre collective du 22 pluviôse an II (10 février 1794) des mêmes, adressée aux administrateurs du district, nous instruit sur les difficultés de leur industrie. Les papetiers font la démonstration, tableau du prix des matières premières à l'appui, qu'il leur est impossible de continuer de travailler en respectant les tarifs du maximum imposé : « Jugez maintenant, citoyens administrateurs, si l'augmentation de 33 % qui nous a été accordée peut couvrir celle de 90 % à 400 % que nous payons [4]. » La production de papier de l'Angoumois s'écoulait alors sur l'ensemble de la République.

Aucune autre fabrication n'atteint en 1789 la densité des moulins à papier. Il faut signaler aussi un certain nombre de faïenceries et la plupart des entreprises ne sont que des ateliers, employant quelques ouvriers, et ne méritent nullement l'appellation de manufactures. Munier[5] décrit cependant une manufacture de lainages établie vers 1750 dans le faubourg de L'Houmeau, utilisant des laines venues de différentes provinces du royaume, ayant la filature dans un bâtiment assez restreint, ce qui oblige à distribuer le travail au-dehors à une trentaine de métiers situés dans la ville, les faubourgs et la campagne. Le débouché de la production s'étend de la Bretagne et l'Anjou à la région de Bayonne, mais à aucun moment Munier ne dit l'importance de la main-d'œuvre liée à l'entreprise.

Il signale aussi une blancherie de cire installée sur les pentes du vallon de l'Anguienne, au sud-est de la ville. On y traite les cires brutes venant de loin, même de l'étranger, et raffinées, elles se revendent sous forme de petits pains, bougies et cierges.

ACTIVITÉS MULTIPLES DE L'HOUMEAU

L'Houmeau, à cause du port, est le principal faubourg industriel de la ville, et la paroisse de Saint-Jacques est la plus taxée, en fonction, non des fortunes, mais du grand nombre d'activités. Une partie du commerce du vin et des eaux-de-vie de l'Angoumois passe par L'Houmeau, en direction des provinces de l'intérieur. Les marchands du commerce du bois mérain sont établis ici, et pour une fois Munier donne des chiffres : une centaine d'ouvriers occupés toute l'année à fabriquer douze à quinze mille barriques, trois mille tierçons et le volume du bois non fabriqué et destiné surtout à Cognac est encore plus considérable, ce mérain venant essentiellement du Limousin. Autres trafics : le bois à brûler, le charbon, le bois de construction et de charronnage, dont une partie passe par L'Houmeau en direction de Rochefort, le fer forgé et le fer fondu. Le port reçoit aussi le sel marin des îles de Ré et d'Oléron, débarqué ici pour être en grande partie revendu aux voituriers du Limousin et du Poitou qui apportent bois mérain et grains, mais le commerce du sel est à présent aléatoire et moins lucratif qu'autrefois. Les registres des taxes foncières de 1791-1792, pour le quartier de L'Houmeau, indiquent beaucoup de maisons à trois étages, rares sur le plateau et témoignent de l'activité et de la richesse de quelques familles qui ont acquis ou sont en train de bâtir une fortune foncière par l'économie, au milieu d'un monde de fabricants, artisans, commerçants, gabarriers, postillons, charrons, selliers, maréchaux, tonneliers, faïenciers... et c'est dans ce faubourg que l'on trouve le plus grand nombre d'auberges et de cabarets.

LES AUTRES FAUBOURGS

Les autres faubourgs de la périphérie d'Angoulême ont une activité économique moindre ; néanmoins chacun possède ses borderies, ses métairies, ses moulins le long de la Charente ou de l'Anguienne. Saint-Martin et Saint-Ausone sont des paroisses pauvres et déshéritées où vit une population de manouvriers, maraîchers, petits laboureurs, tisserands, tanneurs, chapeliers, travailleurs du chanvre, faiseurs de cordes, maréchaux-ferrants... et dans la section des Bouzines (ou Bézines) dépendant de la paroisse Saint-Martial, une majorité d'artisans, tailleurs de pierre ou... simples agriculteurs.

LE PLATEAU

C'est sur le plateau, dans la ville « intra-muros » que nous trouvons les métiers traditionnels organisés depuis des siècles, ceux de l'alimentation et de la vie quotidienne, tout un monde de marchands, fabricants, artisans... essentiellement dans la moitié allongée qui va de Beaulieu à la porte de Saint-Martial, entre le rempart du Nord et l'artère centrale que constituent de nos jours les rues de Beaulieu, des Postes et Marengo. Dans cette moitié la place du Minage avec sa halle plus petite et surtout du Palet, avec sa grande halle qui occupait presque tout l'espace libre, constituaient des points névralgiques, tellement encombrés qu'on avait essayé de déplacer le centre de gravité, en construisant une nouvelle halle à côté de l'entrée du château (sur l'actuelle place de l'Hôtel-de-Ville) en même temps qu'on agrandissait la ville du côté du pré d'Artois. Si l'animation était grande, la composante socioprofessionnelle et sociologique se diversifiait et s'entremêlait infiniment dans les deux paroisses de Saint-André et de Saint-Martial, cependant que la petite paroisse de Saint-Paul (église à l'emplacement de l'actuel Crédit Lyonnais) entre les deux autres, constituait un îlot d'aristocrates et de gens distingués : propriétaires, avocats, notaires... au milieu des marchands et des artisans...

L'autre moitié du plateau, du côté du rempart du Midi, depuis Beaulieu jusqu'à la hauteur de l'actuel théâtre, connaissait une vie plus calme, avec de nombreuses maisons religieuses, la cathédrale, le chapitre et ses maisons canoniales, l'évêché et l'ancien collège des jésuites. On y trouvait un îlot résidentiel, plutôt aristocratique, dans la paroisse de Beaulieu, tout un monde de métiers plus distingués : maîtres imprimeurs, libraires, orfèvres, maîtres d'art au petit Saint-Cybard, et enfin une population plutôt de militaires dans la paroisse de Saint-Antonin, à la proximité du château qui était une caserne de vieux soldats invalides et pensionnés. L'église de Saint-Antonin (à l'emplacement de la B.N.P.) trop délabrée ne servait déjà plus au culte en 1789[6].

Au total, le monde des affaires, ceux du travail et de la vie quotidienne,

L'entrée du château d'Angoulême, dessin à la mine de plomb, 1809, musée des Beaux-Arts d'Angoulême.

Caserne de soldats retraités ou invalides, le château avait bien d'autres usages ; en particulier une des deux tours conservées dans l'actuelle mairie servit de prison sous la terreur. La place était devenue un lieu très fréquenté depuis la création de la halle, dite des bouchers, sur l'axe Beaulieu, porte Saint-Martial, ici à gauche de la gravure.

les gens de justice et d'administration, les professions libérales, propriétaires et rentiers, tous se côtoyaient plus ou moins mélangés sur le plateau, cependant que les milieux les plus défavorisés se situaient à la périphérie, à Saint-Martin et à Saint-Ausone et aussi à Saint-Martial.

Le XVIIIe siècle a vu le développement des affaires et la montée en puissance de générations de négociants et de marchands sur le plateau et dans les faubourgs. L'Assemblée des négociants, en mars 1789, pour désigner ses électeurs, compte vingt-cinq noms. La particularité est le plus souvent de pratiquer plusieurs activités à la fois, et ce n'est qu'au début du XIXe siècle qu'on s'orientera définitivement vers une spécialisation.

QUELQUES FAMILLES DE NÉGOCIANTS ET HOMMES D'AFFAIRES

Un nom très répandu dans le monde économique de la ville à la fin du XVIIIe siècle, celui des Sazerac. Non pas qu'ils détiennent les plus grosses fortunes du négoce local ni qu'ils aient atteint le plus haut degré de la notabilité (cela viendra plus tard) mais ils comptent par le nombre et la somme de leurs activités. Dans la décennie révolutionnaire, ils sont tous issus des mariages de deux frères Sazerac avec deux sœurs Clavaud, autre grand nom sur la place. Louis, l'aîné (1709-1788), avait épousé Marguerite Clavaud dont il a eu onze enfants, Bernard le cadet (1715-1774) dit Sazerac des Roches et Marie Charlotte Clavaud ont eu dix-sept enfants. Une maison de commerce au nom de Louis Sazerac l'aîné et fils existe, rue des Trois-Notre-Dame, paroisse Saint-André à compter de 1766, et elle sert de commissionnaire dans deux commandes de canons pour le gouvernement des États-Unis en 1779 et 1780 pendant la guerre d'Indépendance[7]. Elle pratique le commerce avec le nord de l'Europe, et elle est versée dans la production et le négoce des eaux-de-vie et des papiers. La tradition est continuée par le second des fils de Louis, Bernard, le fondateur de la lignée des Sazerac de Forge (1742-1791) et c'est lui qui propose au comité de la ville d'Angoulême, en septembre 1789, de passer une commande de blés en Allemagne. Quant aux enfants de Bernard Sazerac des Roches, poursuivant une tradition de famille, ils sont faïenciers et négociants, et l'aîné Jean-Baptiste finira directeur des carrosses et de la messagerie royale d'Angoumois à la suite de son beau-père. C'est aussi un Sazerac qui tient la blanchisserie de cire.

Autre réussite dans les affaires, celle de la famille Clavaud sur deux générations au XVIIIe siècle. Le père Laurent Clavaud, « maître boutonnier » dans les années 1720, gros négociant dans la quincaillerie, les outils en fer importés d'Allemagne, la tonnellerie, les graines et les épices dans les années 1760. Les deux fils : Jean l'aîné (1733-1834) et surtout Guillaume le cadet (1739-1816) continuent l'entreprise paternelle et lui donnent un nouvel essor. Guillaume entrera à la mairie d'Angoulême en 1790 comme notable. Tout un réseau de liens matrimoniaux, contrats d'affaires, prêts d'argent, engagements familiaux s'est établi entre différentes familles : Sazerac, Clavaud, Buchey (orfèvre), Huet (marchands de draps), Caillaud (notaire)[8].

Mais le principal négociant de la ville dans l'époque révolutionnaire, semble devoir être Marchais-Laberge, le fils aîné du maire de l'Ancien Régime (1758-1833) : dans les moments les plus critiques de la crise des subsistances, c'est à lui que les responsables révolutionnaires ont recours, et en prairial an II, au plus fort de la Terreur, le représentant en mission Romme le fait entrer à la mairie comme notable, en même temps qu'un simple cordonnier.

L'un des effets de l'inflation et du dérangement économique général sous la Révolution, sera de bouleverser la hiérarchie des revenus et des bénéfices. Certains négociants, avantagés par leurs chiffres d'affaires, passeront devant les propriétaires fonciers dont les loyers et les baux à ferme prenaient du retard par rapport au coût de la vie. Cette évolution des revenus et des bénéfices a ses répercussions sur les emprunts forcés payés par les riches : alors que celui de septembre 1793 semble frapper en tête les propriétaires de biens-fonds, l'emprunt forcé de frimaire an IV (décembre 1795), au paroxysme de l'inflation et deux mois avant l'arrêt de l'émission de l'assignat, qui prévoyait seize classes d'imposables, place tout à fait en haut, au taux le plus élevé : Laberge père, négociant (il ne peut s'agir que de Marchais-Laberge), pour une somme de 4 000 livres en numéraire ou 400 000 en assignats, et derrière lui trois autres imposés dont un maître de poste pour 1 500 livres ou 150 000 et le député Maulde (de l'Oisellerie) pour les mêmes chiffres... et immédiatement après, dans la deuxième classe des plus imposés, Jean Sazerac pour 1 200 livres ou 120 000... Ainsi pour un temps, les agents du monde économique, à cause de leurs liquidités, pouvaient rejoindre dans l'échelle des impositions les gros propriétaires fonciers. Il s'agissait, il est vrai, de taxes révolutionnaires assez mal et injustement réparties (surtout le second emprunt forcé cité), ne présentant pas la fiabilité de la contribution foncière.

Une profession du monde des affaires, absente d'Angoulême en 1789 et pendant la Révolution, celle de banquier, comme si l'affaire de 1769 avait porté un coup fatal à cette activité, il est vrai encore mal organisée en dehors des grandes villes, et se présentant comme un prolongement du négoce lui-même. Cette absence signifiait aussi que le prêt privé était à peu près le seul à être pratiqué et il faut aller aux inventaires après décès pour le découvrir, caché au sein des familles.

JURIDICTIONS ET CORPS DE MÉTIERS ORGANISÉS

Le meilleur moyen de recenser à Angoulême l'ensemble des professions et des métiers légalement reconnus, c'est de se reporter aux procès-verbaux des assemblées électorales primaires de février 1789 [9]. Il y a ainsi une trentaine de corps de métiers organisés, allant des juridictions aux artisans et aux manuels, en passant par les professions libérales. Indépendamment des fortunes et des revenus individuels, c'est à l'intérieur de cet éventail professionnel que nous appréhendons ceux que de nos jours on appellerait les classes moyennes.

LE TRAVAIL INORGANISÉ

Mais surtout il faut savoir que le précédent état ignore et laisse en dehors un ensemble de catégories inorganisées, non protégées par le droit professionnel, le bas peuple ou le petit peuple, installé surtout dans les paroisses suburbaines, aux conditions de vie et de travail éphémères et aléatoires, prêt à glisser à tout moment dans le dénuement et la misère... que l'on trouvera sur les listes supplétives d'indigents de la commune d'Angoulême de l'an III, et qui, à coup sûr, figureront sur celles des prioritaires ayant droit à une certaine quantité de pain dans les boulangeries...

LES PAUVRES

Et nous descendons ainsi au bas de l'échelle sociale, avec les pauvres et les déshérités permanents, victimes de l'injustice, du malheur ou de leur faiblesse. L'histoire, après leurs contemporains, tend à les oublier dans la mesure où ils ne laissent pas de traces : ni testaments, ni inventaires, ni déclarations de succession mais une brève mention de sépulture, souvent dans des séries à part des hospices. C'est dans les dossiers administratifs de la gestion des hôpitaux avant 1789, et ceux de la bienfaisance et de l'assistance publique sous la Révolution, que l'on a des éclairages limités, et parfois émouvants, sur la misère, en ces temps-là cachée, et jamais livrée aux projecteurs médiatiques de notre époque.

LES ENFANTS TROUVÉS

En 1789, il y avait à Angoulême l'Hôpital général extra-muros sur le chemin de L'Isle (d'Espagnac), à peu près à l'emplacement actuel de la gare de marchandises, et l'hôpital Notre-Dames des Anges installé en 1644, agrandi à plusieurs reprises pour devenir l'hôpital Beaulieu. Depuis 1762, la ville avait aussi un bureau des enfants trouvés et l'on a ainsi une information précise sur l'abandon des nouveau-nés et la possibilité de suivre leur existence, le plus souvent brève. Entre 1762 et 1789, le chiffre des abandons était passé de cinquante-deux à cent cinquante-quatre et la mortalité les éliminait dans une proportion des deux tiers aux trois quarts, et même plus. Il faut ajouter que ces enfants ne venaient pas uniquement d'Angoulême, mais de l'ensemble de l'élection et d'au-delà [10].

Les assemblées révolutionnaires voudront faire mieux que l'Ancien Régime, et la Constituante créera un comité de la mendicité en vue de travailler à l'extinction de ce fléau social, non pas en interdisant de mendier, mais en pourvoyant « aux besoins indispensables de ceux que la vieillesse, l'infirmité ou la faiblesse de l'âge mettent hors d'état de gagner leur vie... »

De même, la Convention aura un Comité des secours publics. Mais les intentions les plus absolues dans leurs principes sont celles souvent le moins suivies d'effets, et il est arrivé que, à partir de 1792, des urgences ont prévalu sur la misère sociale. Très vite, les autorités, en conformité avec les décisions de Paris, dans le département ont porté aide et secours aux parents indigents des volontaires combattant aux frontières ou en Vendée, restreignant pour le moins leur champ d'action sociale.

Il faut dire que la situation héritée de l'Ancien Régime en beaucoup de secteurs n'était pas brillante. Ainsi Navarre, trésorier des hôpitaux, chargé du soin des pauvres, ayant été appelé à s'occuper de deux malades dans la prison, écrit le 14 septembre 1791 : « Je m'y suis transporté et me suis aperçu que ces malheureux étaient couchés dans des cachots affreux, sur une poignée de paille hachée par le laps de temps qu'ils s'en servent, ils n'ont point de couverture, si nous avions des chiens de basse-cour aussi mal, nous en frémirions » et à la suite de cette lettre on ouvrait une infirmerie dans la prison [11]. Mais, cinq ans plus tard, en floréal an IV (mai 1796), l'officier de santé Merilhon, chargé de donner des soins aux détenus, se plaignait de l'insalubrité de la prison et réclamait une nouvelle fois qu'une infirmerie de quatre lits fût aménagée dans la chapelle [11 bis].

LA MENDICITÉ

Dans les nombreux aspects de la pauvreté et de la misère, dont la municipalité avait à s'occuper, celui des mendiants n'était pas le moindre, la ville semblant les attirer malgré le vœu émis par le district de voir chaque commune garder les siens.

Il en était de même de la population accueillie dans les deux hôpitaux, qui ne correspondait pas uniquement à des ressortissants de la commune. Un rapport du bureau municipal d'Angoulême sur la gestion des hôpitaux contenait cette remarque : « La subsistance des pauvres est l'objet d'un des premiers engagements que la nation a contractés. En s'appropriant les biens de l'Église on ne peut se dispenser de le remplir… » (observations annexées aux comptes des hôpitaux, du 31 janvier 1793). C'est un fait, que les établissements ecclésiastiques ayant disparu et n'assumant plus l'œuvre d'assistance, comme sous l'Ancien Régime, la tâche incombant aux pouvoirs publics était d'autant plus étendue, et au premier plan, celle de la municipalité d'Angoulême, qui devait gérer sur le terrain, dans une situation de misère aggravée.

LA VILLE DE 1789

Pour imaginer l'Angoulême de l'époque révolutionnaire le lecteur doit se dégager de la vision contemporaine de la ville, trop marquée par les transformations et les réalisations de l'architecte Abadie, qui lui ont fait perdre une grande part de son cachet médiéval initial. Bien entendu en 1789 la ville n'était déjà plus totalement moyenâgeuse, et le XVIIIe siècle avait apporté un certain nombre d'améliorations : adoucissement des rampes d'accès au plateau, démolition des portes de Saint-Pierre et du Palet, surtout abaissement des remparts à un mètre de hauteur et aménagement d'un chemin intérieur sur leur longueur, alors qu'auparavant, du côté du nord en particulier, les maisons s'adossaient aux murailles. Cette transformation périphérique avait demandé près d'un demi-siècle ; achevée vers 1750, elle avait l'avantage de laisser passer l'air et la lumière.

UN NOUVEAU QUARTIER

Mais la ville gardait ses structures médiévales, avec ses rues sans trottoirs et ses places encombrées, et l'aménagement amorcé du quartier neuf sur les terrains d'Artois, donnait l'occasion, en sortant du vieil Angoulême, de faire œuvre d'urbanisme suivant les conceptions modernes sur un espace vierge, sans subir les contraintes du passé. La Révolution a ralenti les travaux, mais elle nous a laissé au moins « le plan directeur de la ville et des rues d'Angoulême » accompagné du procès-verbal des rues, véritable cadastre du plateau avant la lettre, et grâce aux registres des taxes foncières, il permet de retrouver la population du moment, propriétaires ou locataires, avec leur profession et un descriptif sommaire de chaque maison, bref un véritable instantané immobilier et professionnel d'Angoulême en 1791. Pour Angoulême « extra-muros » seuls existent les registres, sans le soutien précieux d'un plan directeur [12].

INSALUBRITÉ

La ville ne se distinguait pas spécialement par la propreté de ses rues. Que de procès-verbaux et de rappels à l'ordre, de la part des autorités, tant avant ou qu'après 1789 : ordures, immondices, moellons, pierres et objets de toutes sortes encombraient le passage ou empuantissaient l'air. Les bouchers étaient particulièrement visés, par exemple le 27 août 1793, convoqués à la mairie pour laisser croupir des restes de bêtes dans leurs écuries, ce qui crée des odeurs pestilentielles dans différents quartiers et provoque la colère des habitants. En floréal an VI (mai 1798) un arrêté municipal défend aux bouchers de déposer les « défalques » des bêtes tuées devant leur maison et les oblige à abattre dans les « tueries ». De temps à autre la municipalité doit rappeler les règles de la propreté et de la salubrité publique à respecter : ainsi le 13 thermidor an III un arrêté interdit de laisser errer les cochons dans les rues. A la fin du Directoire, la malpropreté des rues provient du mauvais état du pavé [13].

LE PROBLÈME DE L'EAU

Sur le plateau quelques puits très profonds donnaient une eau rare en été et de qualité douteuse, des sources au pied des coteaux avaient été aménagées en fontaines, comme celles de Chande et du Palet, et il était nécessaire d'apporter quotidiennement l'eau de ces dernières, au moyen de bêtes de somme dans des fontaines publiques établies sur le plateau pour la consommation courante. Au regard de nos besoins contemporains en eau, on reste confondu devant la faiblesse des volumes que représentaient, à l'époque, les ressources locales. A aucun moment les registres des délibérations municipales de l'époque révolutionnaire ne soulèvent la question de l'eau, au milieu de pénuries et de manques de toutes sortes et alors que la population de la ville a momentanément grossi.

CHAPITRE III

L'ANNÉE 1789 :

Les élections, les cahiers de doléances. Le début de la Révolution et les premiers changements.

L'année 1789 a la particularité de présenter deux moitiés ou versants chronologiques distincts. Le premier reste dans l'Ancien Régime, qui vit ainsi ses derniers grands jours, selon les traditions et les rites de la monarchie, avec beaucoup de solennité, dans les assemblées provinciales de mars-avril, aux sièges des sénéchaussées, comme à Angoulême, et ensuite la réunion des États généraux à Versailles les 4-5-6 mai.

Il faut attendre quelques semaines pour que, dans le courant de juin, sous l'effet d'initiatives d'apparence anodine, le vieil édifice de l'État monarchique se fissure et s'écroule, par pans entiers, en quelques mois, sinon en quelques semaines. Il a suffi de lui enlever quelques pierres fondamentales, comme le vote par tête, remplaçant le vote par ordre, les États généraux transformés en une assemblée unifiée, pour entraîner un affaissement général. D'ailleurs ce n'est pas le sentiment monarchique qui est atteint, mais l'appareil institutionnel qui est tombé de lui-même et non sous le coup d'une attaque frontale et ouverte d'ennemis déclarés, agissant consciemment. De plus les contemporains, au milieu des événements, sur-le-champ, ne comprenaient ni ne réalisaient l'ampleur des changements. C'est l'histoire, après coup, en reconstituant le déroulement des choses, qui fournit des perspectives et des explications cohérentes dont ne bénéficient pas ceux qui les vivent.

ASSEMBLÉES PRIMAIRES D'ANGOULÊME

Les lettres de convocation des assemblées primaires du tiers état ont été envoyées aux officiers municipaux des villes, et aux communautés des campagnes, cependant que la noblesse et le clergé recevaient des convocations individuelles. C'est dans le courant de février que les habitants d'Angoulême se sont réunis dans leurs corps particuliers : métiers, corporations, professions libérales, municipalité... les uns se contentant d'élire leurs mandants, les autres, moins nombreux, y joignant quelques vœux ou un véritable cahier de doléances. Il y a eu ainsi, à la base du tiers état d'Angoulême, trente-deux assemblées distinctes, en tête celle des officiers municipaux, avec le maire Marchais de Laberge présent, mais ne prenant pas part au vote, attendu sa qualité de noble, les autres désignant leurs deux députés « sous réserve d'interprétation de l'article 30 du règlement de janvier 1789 » ce qui signifiait qu'ils n'étaient pas sûrs de la validité de leur propre représentation, et effectivement elle ne paraîtra plus dans la suite des opérations au titre de juridiction municipale. La seconde assemblée est de loin la plus nombreuse, celle de la ville et commune, c'est-à-dire de tous les habitants qui n'entraient dans aucune juridiction ou métier organisé, soit quatre cent soixante-huit électeurs présents, inscrits au rôle des impositions, âgés de vingt-cinq ans, réunis, le 26 février, au couvent des Cordeliers et qui désignaient dix d'entre eux pour assister à l'assemblée chargée de rédiger le cahier de doléances de la ville d'Angoulême.

CAHIERS DE DOLÉANCES PARTICULIERS

Toutes les autres réunions correspondaient, le même jour, aux cinq juridictions (présidial, maîtrise des eaux et forêts, l'élection, la maréchaussée et la juridiction consulaire) élisant chacune deux députés ainsi qu'aux vingt-cinq métiers ou corporations depuis les notaires... jusqu'aux maîtres chirurgiens, élisant, chacun, un ou deux députés, et c'est ici que l'on trouve le plus grand nombre de cahiers de doléances, par exemple celui des maîtres tailleurs, celui des cordonniers, long (douze articles) et politique ; curieusement c'est dans les métiers manuels que l'on éprouve le besoin de s'exprimer par des vœux : menuisiers, maîtres charpentiers, selliers et charrons, serruriers... le cahier le plus politique de tous, est celui des maîtres apothicaires, qui vont prendre une part importante sous la Révolution à l'administration de la ville, du district et du département même. Enfin les maîtres chirurgiens ont aussi laissé un cahier de doléances, partagé entre les réformes d'ordre général et celles ayant trait à leur profession. Au total dix délégués des juridictions et trente-cinq des corporations dites « d'arts libéraux » et « d'arts et métiers » [1].

ASSEMBLÉE DU TIERS DE LA VILLE

L'énumération de toutes les composantes précédentes correspond à la base du système pyramidal des élections du tiers état d'Angoulême, et à ce niveau il faut imaginer le même travail dans les autres villes et bourgs et surtout ne pas oublier les communautés paroissiales des campagnes. Cette base représente une forme de suffrage universel du tiers état, qui a à s'exprimer dans deux fonctions précises : émettre ses vœux et doléances ce qui est, dans la mentalité de l'époque, la plus importante, et désigner ses députés pour le représenter à l'étage supérieur. Nous arrivons ainsi à l'assemblée, du 5 mars 1789, en la salle des révérends pères Cordeliers, où devant le corps municipal d'Angoulême qui préside et dirige les débats, comparaissent les dix députés des juridictions, les dix députés de la commune et les trente-cinq députés des différents métiers et corporations, soit au total cinquante-cinq personnes qui doivent réunir et fondre les cahiers antérieurs en un seul, et nommer les députés qui iront à l'assemblée suivante [2]. Dès le début, une question s'est posée qui est de savoir si les officiers municipaux présents auront le droit de participation et de vote, au même titre que les cinquante-cinq représentants : réponse affirmative, par quarante-six voix contre neuf, ce qui compense largement la disparition en cours de route de la représentation municipale du premier procès-verbal cité plus haut. C'est une commission de six membres qui, pendant deux jours, s'est chargée de faire comparaître devant elle les différents délégués et d'entendre la lecture des cahiers particuliers avant de les fondre en un seul, présenté au nom de la ville.

LE CAHIER DE LA VILLE

Ce dernier né est un long écrit de cinquante-trois articles, auxquels s'ajoute une série intitulée « réclamations particulières du commerce ». Enfin l'assemblée désigne les dix députés de la ville qui iront la représenter et voter à l'étage suivant de la sénéchaussée.

Boissonnade, l'historien de l'Angoumois à la fin de l'Ancien Régime, accorde aux cahiers de doléances de la province une sincérité et une authenticité qui ont été souvent refusées à ces documents. Il insiste sur le fait qu'ils reflètent les aspirations et les sentiments des communautés et des corps qui s'expriment, observant les différences entre ceux des villes et ceux des campagnes, en fonction des rédacteurs, dans la langue, le style, le ton des revendications et l'orthographe.

ASSEMBLÉE DU TIERS DE LA PROVINCE

Entre le 11 et le 14 mars, se tient à Angoulême l'assemblée préliminaire des députés du tiers état de la sénéchaussée principale, Cognac ayant eu la sienne pour le siège secondaire dès le 7 mars. À ce troisième niveau il s'agit de travailler à réduire les différents cahiers en un seul et de « nommer le quart de tous les députés pour porter le dit cahier à l'assemblée des trois ordres ». Ici on retrouve une de ces ambiguïtés des textes de règlement, et on pourrait penser qu'il s'agit de la délégation définitive de la sénéchaussée, chargée d'élire les députés des États généraux, alors qu'elle n'est qu'une délégation intermédiaire, une de plus, dans le long processus, compliqué et répétitif, qui conduit à l'assemblée finale. Néanmoins c'est à ce stade que la sénéchaussée est divisée en quinze districts, à raison de trois commissaires par district, pour refondre les cahiers en un seul, et ce sont les mêmes commissaires qui réduisent les députés au quart d'entre eux, par district, pour aller à l'assemblée générale[2]. Avec ses quinze députés Angoulême est moins représentée que d'autres districts : Montignac-sur-Charente ou Cognac qui a dix-sept députés. On peut penser que la capitale de la province se trouvait sous-représentée.

LES TROIS ORDRES RÉUNIS

Nous parvenons enfin à l'assemblée générale des trois ordres en la cathédrale Saint-Pierre d'Angoulême, à compter du 16 mars. Il s'agit cette fois des deux sénéchaussées, principale et secondaire, définitivement regroupées. Alors que les députés du tiers état sont en quelque sorte les rescapés aguerris d'un long parcours du combattant, dans la noblesse et le clergé, chaque seigneur et chaque clerc arrive, frais mais novice, répondant à une convocation individuelle qui lui a été adressée en son temps ; il n'y a que dans les communautés religieuses qu'il a fallu désigner les députés pour représenter l'ensemble du couvent ou de la congrégation.

Ce qui se passe à Angoulême entre le 16 et le 18 mars est une préfiguration de ce qui se déroulera à Versailles à compter du 4 mai et dans les jours et semaines suivantes, le roi et ses ministres étant en quelque sorte remplacés, ici, par le sénéchal et les premiers officiers du présidial. Mais il y a une autre différence de taille entre Angoulême et Versailles. En dehors des réunions communes, au début et à la fin de la session, lors des assemblées particulières des trois ordres, chacun est resté sagement chez soi et les curés charentais ne sont pas allés rejoindre les électeurs du tiers. Le 16 mars, dans le cadre solennel de la cathédrale, le sénéchal d'Angoumois, Pierre de Lageard comte de Cherval, assisté du lieutenant général et du procureur du roi, tous les trois ayant, à leurs côtés, le greffier en chef du présidial ouvrent la session. Après la messe du Saint-Esprit célébrée par l'évêque d'Albignac, les trois officiers, successivement, prononcent une allocution, la plus longue étant celle du procureur du Roi Arnaud de Ronsenac, avec l'éloge obligé du comte d'Artois prince apanagiste de la province qui donnait « l'exemple d'un prince qui se rend à l'appel de la loi, pour s'offrir par un représentant digne de sa confiance et de notre respect (le marquis de Saint-Simon qui a sa procuration) à partager une cérémonie attendrissante... » ; Il fait ensuite l'éloge de la noblesse historique, et il en vient au tiers état à l'intérieur duquel il soulève la question de « la classe absolument inférieure et méconnue, qui ne tient à rien, qui ne jouit d'aucune portion dans le patrimoine général, privée de tout rapport, de celui surtout qui pourrait plus aisément contenir le désespoir, une nuance d'égalité. Aidons à rétablir entre ces hommes et les autres quelques liens moraux. Qu'ils travaillent, mais qu'ils jouissent un peu... ». Il est curieux de constater que, lors des élections de mars 1789 en Angoumois, dans un déluge de vœux, de doléances, de propositions de réformes, les rares fois où la question des pauvres et des plus démunis de la société a été soulevée, c'est dans un article du cahier de la noblesse et un passage du discours d'Arnaud de Ronsenac qui ne va pas tarder à devenir le représentant type de l'Ancien Régime et de la Contre-Révolution à Angoulême [2].

Les deux jours suivants, on procède à l'appel successif des députés des trois ordres en respectant la règle de préséance : clergé, noblesse, et tiers état. Le dernier jour, pendant l'appel des députés du tiers, l'évêque se présente et, s'apercevant qu'il n'y a qu'un fauteuil pour le sénéchal, fait observer que l'usage ancien et immémorial veut qu'il y en ait un pour le seigneur-évêque. Il proteste et il soutient qu'il doit être placé à la droite du sénéchal. Le procès-verbal ne dit pas quelle fut l'issue de l'incident. L'appel étant terminé, le sénéchal assigne à chaque ordre le lieu de son assemblée [2].

ASSEMBLÉE DU CLERGÉ

Du 20 au 28 mars, le clergé tient son assemblée dans le chœur de la cathédrale, alors que, au départ, on lui avait assigné l'évêché. Ce sont les messieurs du clergé eux-mêmes qui ont demandé ce changement. Une prière et un long discours de Mgr d'Albignac dans lequel il dit : « ... Malheur à ceux qui voudraient vous séduire en vous présentant des intérêts différents des nôtres et qui chercheraient à semer la division parmi les successeurs des apôtres... En consentant à une égalité d'impositions... (nous supplions) Sa Majesté qu'il ne soit donné aucune atteinte à ceux de nos privilèges qui ne seraient pas pécuniaires... (à) nos propriétés qu'on ne cesse d'attaquer et qui doivent être sacrées comme celles de tous les autres citoyens... » puis un long développement de l'évêque sur l'état des finances, les impôts, et pour finir il émet l'opinion que c'est depuis la fermeture des écoles qu'une jeunesse sans frein, sans principes et sans mœurs s'est développée portant la désolation et le désordre dans les familles. Il s'agit des établissements tenus par les jésuites, dont le collège Saint-Louis d'Angoulême [2].

Ce n'est que le 26 mars, après l'appel des communautés et des membres individuels, que le clergé passe à l'élection de ses députés : aucun résultat dans les deux premiers tours de scrutin, mais l'évêque et le curé de Saint-Martin sont en tête. Au troisième tour, l'évêque est élu « au-delà du nombre des suffrages

Coll. S.A.H.CH. (Société archéologique et historique de la Charente). Ph. Fr. d'ALBIGNAC de CASTELNEAU ; P. M. JOUBERT, curé de Saint-Martin ; A. J. ROY ; trois des huit élèves députés de l'Angoumois en 1789, représentants de la ville d'Angoulême.

Notices respectives

1) L'évêque d'ALBIGNAC, homme de l'Ancien Régime, sans aucune concession à la Révolution et aux réformes, aussi intransigeant en 1801 contre le Concordat de BONAPARTE. Émigré à Londres en novembre 1792, il y décéda en 1814.

2) P. M. JOUBERT (et non JOUBEST).
Le curé député s'oppose vivement à son évêque à l'assemblée constituante. Élu évêque du département, en mars 1791, il n'occupe le poste que jusqu'en décembre 1792 pour s'en aller à Paris, marié en 1793 et sécularisé, il fit carrière dans l'administration. Mort en 1815.

3) Antoine Joseph ROY.
Celui qui mérite le plus le titre de député d'Angoulême, par un travail consciencieux et assidu, depuis l'assemblée au service de la ville, de 1789 à octobre 1791. Conservateur, opposé aux changements politiques surtout il ne tardait pas à prendre le chemin de l'émigration dès le début de 1792 pour s'engager dans l'armée des Princes où il servit comme trésorier. De retour en France et à Angoulême en l'an IX.

Antoine-Joseph ROY

Avocat,

(1748-1828)

Elu par le Tiers-Etat d'Angoumois
le deuxième député aux Etats-Généraux de 1789,

D'après un dessin au crayon de Labadye
pour la collection De Jabin.
(Cabinet des Estampes.)

requis» mais à aucun moment il n'est donné de chiffres. Il faut attendre le cinquième tour pour voir le curé de Saint-Martin élu. On choisit même, dans un nouveau scrutin, un troisième député en la personne de M. Héraud chanoine de la cathédrale, pour le cas où la demande d'un troisième représentant du clergé serait acceptée. Les députés du clergé sont tous d'Angoulême. Le nombre des votants avait été de cent quatre-vingt-douze, mais tous n'étaient pas présents, beaucoup s'étant fait représenter. Durant la session, le 21 mars, cent trente-sept électeurs du clergé s'étaient retrouvés pour un repas dans la salle des Jacobins, ce qui nous donne l'occasion d'évoquer une dernière fois la situation complexe des circonscriptions de l'Angoumois, puisque ce banquet réunissait soixante et onze curés du diocèse d'Angoulême, neuf du diocèse de Poitiers, six de celui de Périgueux, neuf de celui de Limoges et vingt-cinq de celui de Saintes, du fait que la sénéchaussée ne correspondait pas au diocèse [3].

ASSEMBLÉE DE LA NOBLESSE

La noblesse tenait son assemblée en l'église du couvent des Jacobins, du 19 mars au 1er avril, sous la présidence du sénéchal, avec un corps électoral beaucoup plus important que celui du clergé. Selon les scrutins, de trois cent soixante-dix-neuf à trois cent quatre-vingt-seize suffrages exprimés par les électeurs présents ou représentés par procuration. Une commission de quinze rédigea le cahier de la noblesse en soixante-douze articles sur plusieurs jours. De nombreux échanges : délégations, communication réciproque des cahiers et invitations mutuelles aux repas entre la noblesse et le clergé. Il fallut trois scrutins pour désigner le premier député le marquis de Saint-Simon le 30 mars et de nouveau trois scrutins, le 31 mars, pour élire le comte de Culant [4].

ASSEMBLÉE DU TIERS

Le tiers état se réunissait au couvent des Cordeliers du 18 mars au 24 mars. Une commission de seize, désignés à la pluralité des voix, dans laquelle Angoulême n'avait que peu de représentants (Roy à coup sûr), était chargée d'établir le cahier définitif d'après les quinze cahiers dressés précédemment pour l'ensemble de la province. On comprend ainsi la raison qui amena la ville à produire son mémoire distinct. C'est à partir du 23 mars que commencent les scrutins d'élection. Dès le premier tour, était désigné Étienne Augier, de Cognac, avec plus des trois quarts des suffrages. Un second tour, sans résultat, et au troisième était élu l'avocat Roy, d'Angoulême, lequel avait été toujours distingué dans différentes délégations et commissions antérieures, tant dans la ville qu'au niveau de la province. On peut penser que ce fut une déception pour Angoulême de voir son député élu derrière celui de Cognac. Le 24 mars il fallut trois scrutins pour départager Bodet de Marvaud et Marchais, et c'est au troisième tour que ce dernier, de La Rochefoucauld, l'emportait. Puis il y eut de nouveau trois tours pour nommer le quatrième député : Bodet de Marvaud était en compétition cette fois avec Pougeard-Dulimbert, de Confolens, et c'est celui-ci qui était désigné en dernier lieu. Angoulême ratait ainsi son deuxième député du tiers état en la personne de Bodet de Marvaud, premier assesseur du corps de ville, plus connu, à partir de la Révolution, sous le nom de Michel Marvaud-Bodet, l'un des principaux responsables du département et de la ville dans la décennie 1790-1800 [2].

CLÔTURE DES ÉTATS

Le 2 avril, à la cathédrale, l'assemblée des trois ordres clôturait la réunion des états. Ainsi pendant trois semaines Angoulême avait connu une affluence et une animation inhabituelles, du fait des centaines de députés-électeurs des trois ordres venus participer aux délibérations et aux votes. Il y a lieu de croire que les notables et les responsables angoumoisins étaient flattés dans leur amour-propre de voir ainsi leur ville jouer le rôle d'une capitale provinciale, dans des circonstances exceptionnelles qui ne s'étaient pas produites depuis 1614. Mais en même temps n'éprouvaient-ils pas une certaine amertume d'avoir vu leur représentation, dans l'assemblée du tiers, noyée dans la masse des délégués venus des quatre coins de la province. Un seul député du tiers état, aucun dans l'ordre de la noblesse, mais les deux députés du clergé d'Angoulême : l'évêque par sa fonction, le curé Pierre Mathieu Joubert par sa fonction et ses origines familiales. Mais ce sont là des considérations du temps et du moment, futiles et sans importance, au regard de l'avenir et de la suite des événements.

LA MILICE PATRIOTIQUE D'ANGOULÊME

Il faut attendre la seconde moitié de juillet pour assister aux premiers changements et voir se mettre sur pied, à Angoulême, des organismes nouveaux, comme à Paris après la prise de la Bastille, à savoir la Garde nationale et une nouvelle municipalité. Mais ici les changements se font en douceur sans être la conséquence directe de l'émeute, dans le mouvement général qui a gagné tout le royaume. Parallèlement et progressivement les deux institutions se mettent en place sur plusieurs jours et même plusieurs semaines. Quand, le 21 juillet, on a appris que le calme était rétabli à Paris et à Versailles, la ville s'est illuminée et le lendemain une foule nombreuse s'est réunie sur la place Beaulieu pour former une milice patriotique à la tête de laquelle on a placé Dubois de Bellegarde par acclamations. Il faudra plusieurs jours pour préciser les contours et le contenu de cette milice, composée de tous les hommes en état de porter les armes entre dix-huit et cinquante ans, organisée en compagnies ayant chacune ses officiers et sous-officiers et dotée d'un état-major au début d'août. Les manifestations de cette première garde nationale d'Angoulême vont se multiplier avec défilés, remise et bénédiction des drapeaux, réjouissances et cérémonies de toutes sortes dans ce climat d'unanimisme patriotique qui caractérise l'époque et fait illusion. La place Beaulieu restera le lieu habituel des rassemblements et des revues propres à la garde nationale dont l'Assemblée constituante codifiera plus tard les structures sur le plan général. Dubois de Bellegarde est pour le moment en quelque sorte le La Fayette local, partout présent et actif, ayant acquis déjà une popularité qui ne le quittera plus, même quand bientôt il s'engagera de plus en plus dans la voie révolutionnaire. Un autre se distingue dans cette milice patriotique ; Jean Despres, de la compagnie des chasseurs, en composant des chants patriotiques adaptés aux circonstances locales, deviendra plus tard lui aussi un des responsables révolutionnaires de la ville et du département [5].

Quant à l'autre création municipale, cette fois, elle doit se faire avec ménagement et transition pour ne pas heurter la municipalité d'Ancien Régime. Il n'est pas question de la chasser brutalement mais de lui adjoindre un organisme nouveau jusqu'au moment où ce dernier, ayant en quelque sorte assimilé la première, fera fonction de nouvelle municipalité à part entière, mais seulement pour une période intérimaire, en attendant la mise en place des pouvoirs municipaux définitifs. C'est ainsi que l'on était en train de mettre sur pied le comité d'Angoulême en convoquant les députés des différentes juridictions et corporations, c'est-à-dire ceux-là même qui, en mars précédent, avaient désigné les électeurs de la ville pour aller à l'assemblée générale du tiers état élire les députés du tiers de la province [6]. On remettait en fonction le dispositif électoral de mars, pour élire cette fois un « comité établi en la ville d'Angoulême pour veiller à la Sûreté publique ».

LA GRANDE PEUR D'ANGOULÊME

On était ainsi en pleine délibération quand on apprenait que quinze mille hommes se dirigeaient sur Angoulême et la ville allait vivre pendant deux jours le véritable psychodrame de la Grande Peur, sans qu'il y ait eu le moindre indice concret d'une invasion prochaine. Les mécanismes de l'imaginaire et de la panique allaient ainsi fonctionner dans la ville et ses alentours.

Des différentes versions de l'événement, retenons celle de Louis Desbrandes futur maire de la ville qui a laissé, sous forme de manuscrits, une « histoire civile, chronologique et ecclésiastique d'Angoumois » mais dans laquelle il fait l'impasse à peu près totale de la période révolutionnaire sauf pour traiter cette Grande Peur qu'il appelle une fausse alarme : « ... le 28 juillet 1789 à Angoulême vers 5 heures du soir un courrier traversant le faubourg de L'Houmeau annonce l'arrivée prochaine d'une armée de quinze mille hommes... au lieu de l'interroger on laisse partir ce courrier... l'alerte est donnée en ville, le bruit se répand, le tocsin sonne, on s'arme... on poste une garde armée à chaque porte de la ville, des canons sont placés... l'alarme ne se calme pas, on assure que Ruffec et Mansle sont à feu et à sang... on met des postes avancés à plus de deux lieues de la ville et sur toutes les routes... la nuit venue, rien ne s'étant produit le plus grand nombre se retira dans les maisons, il ne restait que les gens des postes et des rondes.

« À 3 heures du matin, le 29 juillet, nouvelle alerte aux armes ! aux armes ! les gens s'installent aux remparts... mais rien ne se passe.

« Et la rumeur se dégonfle petit à petit, le chiffre des brigands diminue d'heure en heure, cependant que les paysans des communes environnantes se mobilisent à leur tour et commencent à affluer sur la ville pour la défendre... la rumeur se dissipe peu à peu, et alors les officiers municipaux de la ville d'Angoulême prirent un certain nombre de mesures pour éviter à l'avenir le retour de pareille panique sans fondement [7]. »

Par ailleurs, dans une correspondance privée, la même Grande Peur nous est décrite, lors de son passage à Vars, avec les réactions différentes des notables du lieu, divisés et opposés entre eux. L'archiprêtre de Vars s'oppose à ce qu'on sonne le tocsin « mais encore plus le juge qui sortit comme un furieux du château de M. l'Évêque, disant qu'il n'entendait pas qu'on sonnât les cloches, qu'il n'y avait que les bêtes et les sots qui pouvaient exiger pareille chose... » mais l'auteur de la lettre gagné lui-même par la panique n'a pas confiance dans « le juge de Vars qui est un étranger gagé par M. l'Évêque qui ne tient à personne de cette province dont ils "ignorent tous le nom et d'où il est"... » [8].

LE COMITÉ D'ANGOULÊME

Pour en revenir au comité d'Angoulême, dès la fin de juillet il était formé, et dans la séance du 7 août il était demandé au clergé et à la noblesse locaux d'y envoyer leurs représentants, d'où, le 10 août, réunion commune et discours du lieutenant général Le Musnier en la circonstance. On refait ainsi sur le plan local l'opération qui avait consisté à Versailles à inviter les deux ordres privilégiés à rejoindre le tiers état à la fin de juin. En même temps le comité ainsi constitué tend à élargir les contours sociologiques de l'ancien corps municipal qui, lui, était toujours resté aux mains de la bourgeoisie, celle des juridictions et celle des marchands. Le comité se dote d'un règlement et décide de se réunir deux fois par semaine, le mardi et le vendredi [9].

Au début, la formule employée est « Le comité permanent de la ville... conjointement avec la municipalité... » mais très vite, il n'est plus fait mention de cette dernière qui cesse de délibérer au début d'octobre. La dernière signature du procès-verbal de réunion du corps de ville par Marchais-Laberge est du 3 octobre et la réunion suivante, sur convocation du lieutenant du maire, sera la dernière. Désormais on peut dire que le comité permanent s'est définitivement substitué à l'ancienne municipalité. Cependant, au début, le maire assiste et préside ledit comité, mais à partir du 20 octobre il n'y vient plus, remplacé d'abord par Robin, premier échevin, puis par Brun, qui dirigera les débats jusqu'aux élections de la municipalité nouvelle en février 1790.

L'une des premières tâches dont le comité eut à s'occuper fut la question des grains, afin de s'assurer de l'alimentation de la ville sur le long temps, d'autant plus que les campagnes du nord de l'Angoumois et du Poitou, régions productrices, sont en cet automne de 1789 particulièrement visitées et sollicitées par des commissaires et des démarcheurs travaillant pour le compte des autres grandes villes et des provinces voisines. D'autre part la cherté des grains favorise toutes sortes d'accaparements et il faut surveiller les dépôts, les différents mouvements et les prix. Angoulême, à son tour, lance ses commissaires et crée un comité de subsistances. Ainsi les inquiétudes de l'automne 1789 autour de la question frumentaire préfigurent les difficultés des années 1793 à 1796.

Dans cette période intermédiaire entre l'Ancien Régime agonisant et la mise en place d'une administration nouvelle, que prépare alors l'Assemblée constituante, le comité d'Angoulême est plus qu'un simple conseil municipal provisoire ; par certains aspects il se présente comme le fondé de pouvoirs et l'interlocuteur obligé, au nom de l'entité provinciale, et bientôt départementale, face au pouvoir central de Paris et toujours en liaison avec l'intendance de Limoges, qui transmet les lois et les décrets, expédie les affaires courantes, mais se garde bien de prendre des décisions comme autrefois. C'est le comité d'Angoulême qui reçoit des vœux de différentes paroisses et communautés territoriales de la périphérie de la province qui demandent et qui monnayent leur rattachement au département en voie de formation à l'Assemblée nationale : ainsi Aigre, sollicité par Poitiers, malgré l'éloignement, qui lui a promis un siège de district, envoie le 27 janvier 1790 une délégation à Angoulême, à un moment où ce bourg se sait englobé dans le département de l'Angoumois, afin d'obtenir son appui pour le même avantage. Aigre compte ensuite envoyer une délégation à l'Assemblée nationale de Paris. Et voilà qu'Aubeterre à l'autre bout du département aspire au même résultat, obtenir un siège de district ; le comité d'Angoulême, dans les deux cas, donne une réponse favorable [10].

ROY, DÉPUTÉ D'ANGOULÊME

Parmi les députés de l'Angoumois, le comité a désormais un correspondant, c'est Roy qui, à partir d'octobre 1789, lui adresse les journaux contenant les décrets ou relatant les événements importants. Mais Roy n'est pas un révolutionnaire, et il n'approuve plus ce qui se passe, il l'écrit au comité à la suite des journées d'octobre, ne manquant pas d'étonner ainsi certains de ses lecteurs d'Angoulême. Dans sa correspondance, on suit aussi les péripéties de la naissance du département de la Charente, lors des discussions et des pourparlers avec les provinces voisines, en particulier l'Aunis et la Saintonge ; Roy, dans ses lettres, nous fait vivre au jour le jour le travail des constituants. En février 1790 le comité remerciera le député pour l'action accomplie dans la formation du département, et aussi dans la défense du district d'Angoulême lors de la répartition intradépartementale [11].

L'AFFAIRE DE L'ABBÉ DE BLANZAC

Le 14 novembre 1789 Roy se plaint de n'avoir pas été mis au courant de l'affaire concernant l'abbé de Blignères et M. de Baraudin qui fait grand bruit au point d'être traitée par le comité des recherches de l'Assemblée nationale. Sur ordre du comité de Blanzac, Bellegarde le chef de la milice patriotique d'Angoulême a intercepté au passage le courrier suspect transporté par M. de Blignères, abbé de Blanzac, à destination de Paris. L'abbé est retenu et le courrier soumis à une expertise. L'une des lettres est de M. de Baraudin seigneur du Maine Giraud (grand-père maternel d'Alfred de Vigny) et destinée au marquis de Saint-Simon député ; il lui décrit la situation politique de Blanzac et des environs et il n'est pas tendre pour la bourgeoisie locale du bourg : « ...nous craignons jusqu'à l'ouverture et à la soustraction de nos lettres, nous craignons pour nos personnes et pour nos biens et d'être insulté par une populace mue sourdement par la partie mielleuse de la bourgeoisie qui n'ayant rien à perdre se plaît à produire le désordre. Je vous ai nommé les boutefeu et depuis ce temps j'apprends à connaître Blanzac et ses environs [9]. »

Une perquisition est faite au Maine Giraud par Bellegarde et M. de Baraudin emmené pour comparaître devant le comité d'Angoulême et s'expliquer sur le contenu de sa correspondance ; de Blignères et de Baraudin sont ainsi retenus et même mis en prison à la tour Saint-Pierre. L'affaire finira par un non-lieu, sur décret de l'Assemblée constituante. Elle révèle des tensions cachées mais réelles entre la bourgeoisie et l'aristocratie locales dans la région de Blanzac mais on doit aussi s'étonner du rôle du comité d'Angoulême, véritable organe d'instruction dans cette circonstance et les procès-verbaux concernant l'affaire occupent beaucoup de place dans le registre de délibérations. Il y a,

La porte de Saint-Pierre vers 1830.

Eau forte de Daniel COLHASSON, d'après une estampe ancienne. Quoique postérieure à la Révolution, l'avantage de cette gravure est de montrer l'entrée de la ville du côté de la Cathédrale, telle qu'elle a existé pendant plus d'un siècle, à partir de 1750... avec la tour dite de Saint-Pierre, qui servait de prison n° 2 à Angoulême, prison municipale.

aussi et surtout, une atteinte à la liberté des personnes et au respect des correspondances privées, inattendue en 1789 et à laquelle les autorités d'Angoulême ont complaisamment prêté leur concours.

Le comité devait siéger jusqu'en février 1790 et durant tout le temps de son existence, si l'on se reporte aux procès-verbaux avec la signature des présents, il faut constater que sa composition a beaucoup varié, alors que le procès-verbal de formation du 28 juillet 1789 semblait vouloir lui donner des contours précis. Il a fonctionné comme un organisme de circonstance, à la fois empirique et provisoire, dans une période d'ébullition réformatrice, s'occupant d'un tas de questions sans oublier celles de la gestion quotidienne de la ville [9].

À compter du 12 janvier 1790, sous la direction de Jean Brun qui est la cheville ouvrière du comité, on prépare consciencieusement l'élection de la nouvelle municipalité d'Angoulême en suivant le décret du 14 décembre de l'Assemblée constituante sur la constitution des nouvelles municipalités, doublé d'ailleurs d'une instruction d'application venue de l'intendance de Limoges.

CHAPITRE IV :

L'ANNÉE 1790

S'il est un moment dans leur histoire où les Français ont été appelés à multiplier leurs votes, c'est bien dans le courant de l'année 1790, pour mettre en place leurs institutions nouvelles, de la commune au département. Mais l'ensemble des citoyens ne votait pas, seulement ceux dits citoyens actifs (environ 4 300 000 sur 7 000 000) dans le système censitaire à deux degrés, qui n'était même pas codifié définitivement quand il fut appliqué pour la première fois au début de 1790 pour élire les municipalités.

C'est la loi du 14 décembre 1789 qui organisait le statut des nouvelles municipalités, apportant d'abord l'uniformité dans un secteur où jusqu'alors, depuis la naissance des villes au Moyen Age, régnait la plus extrême diversité d'une ville à l'autre. Bien plus, c'était le cas d'Angoulême, en particulier au XVIIIe siècle, l'organisation interne du corps municipal avait été sujette à des modifications constantes. Désormais, à partir de 1790, les citoyens actifs élisent, au suffrage direct, parmi les contribuables payant une contribution égale au moins à dix journées de travail, les membres du conseil général de la commune qui se décompose ainsi : d'une part les notables, d'autre part les officiers municipaux, ces derniers formant l'organe actif et permanent, analogue à ce que vont être les directoires dans les districts et les départements. En fonction de sa population Angoulême a onze officiers municipaux et vingt-quatre notables qui sont élus pour deux ans et renouvelables par moitié tous les ans. À la tête de la commune il y a le maire et le procureur, ce dernier à la fois représentant du roi, avocat ou accusateur public, chargé de défendre les intérêts de la collectivité et il doit être consulté avant toute décision. Le maire et le procureur sont eux aussi élus pour deux ans par tous les citoyens actifs. À Angoulême, le procureur était assisté d'un substitut. La dualité maire-procureur pouvait être génératrice de rivalités et de conflits, ce qui est arrivé à Angoulême entre 1790 et 1793, quand ces deux autorités avaient une assez forte personnalité. On peut s'étonner du fait que la loi municipale fût votée avant l'organisation départementale, la raison était qu'il fallait « légaliser » au plus vite les municipalités qui s'étaient mises en place depuis le 14 juillet, tel le comité d'Angoulême, et c'est ce dernier qui organisa les premières élections de la nouvelle organisation administrative française.

PRÉPARATION DES ÉLECTIONS MUNICIPALES

Pour participer à cette élection, il fallait donc être citoyen actif, c'est-à-dire être âgé de plus de vingt-cinq ans et payer une contribution directe égale à trois journées de travail, les conditions d'éligibilité, comme nous l'avons dit plus haut, étant plus élevées. Depuis le 12 janvier, Jean Brun s'était beaucoup dépensé pour préparer l'élection : deux discours à huit jours d'intervalle, sur le sujet, et à la demande de ses collègues il avait préparé un « extrait de l'instruction », petit formulaire tiré à deux cents exemplaires donnant toutes les précisions nécessaires. Les citoyens actifs étaient convoqués pour le 3 février, la commune divisée en quatre sections regroupant chacune plusieurs paroisses. Les locaux de réunion étaient : les églises Saint-Martial, Saint-André, la salle d'audience consulaire au couvent des Cordeliers et l'église Saint-Jacques de L'Houmeau, et dans chaque local un délégué de la municipalité exposait les raisons de cette convocation et donnait les renseignements utiles [1].

LES ÉLECTIONS

Du 3 au 27 février les électeurs vont choisir successivement dans des scrutins distincts : le maire, les officiers municipaux, le procureur de la commune, son substitut, les vingt-quatre notables. Aux deux premiers tours la majorité absolue est requise, la majorité relative ensuite. Le nombre des votants, d'une fois l'autre, a varié de huit cent vingt-neuf à cinq cent quarante-cinq, ces scrutins répétitifs sur plus de trois semaines devant lasser les électeurs, mais de temps à autre un regain d'intérêt, en particulier le troisième tour définitif, les fait déplacer. Mais le 27 février, quand il s'est agi d'élire les notables, d'après les dispositions de la loi il suffit de la majorité relative dès le premier tour.

La plus belle élection, la seule réalisée dès le premier scrutin, alors que toutes les autres (à l'exception des notables) ont dû attendre le troisième tour, est celle du maire, Jean Valleteau de Chabrefy, réunissant une majorité écrasante de cinq cent soixante et une voix sur sept cent quarante et un votants, l'emportant nettement dans les quatre sections à la fois, victoire d'autant plus belle qu'à l'époque il n'y a pas de candidature préalable déclarée et les premiers scrutins en général servent à détacher du lot ceux que l'on appelle alors candidats.

Derrière celle du maire, l'élection du procureur donne l'impression d'une compétition assez serrée entre Tremeau et Étienne Souchet, le premier finit par l'emporter avec quatre cent quarante-trois voix contre trois cent sept à l'autre. Est-ce un hasard ? Ou déjà de la part des électeurs la connaissance ou la prescience de deux opinions et deux attitudes politiques différentes chez ces deux notables qui vont représenter, le premier la Révolution avancée jusqu'en 1795 et le second la Révolution modérée jusqu'en 1793, avec une revanche en 1800 quand le Premier Consul le nommera maire.

Si l'on observe la composition sociologique de ce premier conseil municipal, on constate que, par rapport à celui d'avant 1789, il n'y a pas grand changement. La bourgeoisie commerçante est toujours la composante principale, encore plus représentée qu'auparavant, au moins six officiers municipaux sur onze sont des négociants, derrière viennent, nettement moins nombreux, les gens du droit exerçant différentes carrières libérales. La nouveauté, s'il faut en trouver une, c'est l'arrivée dans la municipalité de deux curés, l'un celui de Saint-André comme officier municipal, l'autre, le curé de Saint-Ausone, comme notable. Mais il faut savoir que les curés ont fait une entrée remarquée dans les municipalités de 1790, davantage d'ailleurs dans les campagnes que dans les villes [2].

Au total, pas de bouleversements pour le moment et les notables de 1790 sont toujours ceux d'avant 1789. C'est davantage dans la notion de représentativité qu'il y a un début d'évolution : les nouveaux élus de 1790 le sont dans un cadre territorial, alors que les délégués ou députés des trois ordres, en février-mars 1789, dépendaient davantage de leur corps ou communauté d'origine, et l'on s'oriente ainsi vers une représentation plus individualiste et plus personnalisée.

C'est le 28 février que le conseil municipal est officiellement installé dans un grand enthousiasme général, le lyrisme patriotique de 1789 coule à pleins bords dans les discours prononcés successivement par Robin (premier échevin de l'ancien corps municipal), le maire, le procureur, Bellegarde, Debresme des Gagniers (de la légion patriotique). Les cérémonies se sont succédées tout au long de la journée, ponctuées de salves d'artillerie et tout s'est terminé à 5 heures du soir, en reconduisant solennellement le maire à son hôtel particulier de l'actuelle rue de Beaulieu, face à l'hôpital, dénommée alors rue des Cordeliers [2].

LE PREMIER MAIRE

Jean Valleteau de Chabrefy (1740-1798), contrôleur des aides, receveur des tailles en l'élection d'Angoulême sous l'Ancien Régime — électeur de la noblesse en 1789 — n'allait rester que quelques mois à la mairie, élu à la présidence du département, en juillet, qu'il devait exercer jusqu'en novembre 1791. Représentant type d'une noblesse libérale et riche, qui a participé à la Révolution dans les premières années, sans être une forte personnalité politique, il semble ne pas avoir été inquiété ni détenu pendant la Terreur. Valleteau de Chabrefy avait la chance d'administrer la ville dans la période encore calme et heureuse des temps révolutionnaires.

Le conseil municipal d'Angoulême tient sa première séance le 1er mars 1790 et pendant les premiers mois il pousse le zèle jusqu'à se réunir tous les jours. Les 6 et 7 avril, dans une île de la Charente, une fête d'union patriotique de toutes les gardes nationales du département, une fête de la fédération charentaise qui, pour une fois, précède celle de Paris du 14 juillet suivant. Sur près de quatre pages du registre municipal d'Angoulême, les signatures des présents, dont beaucoup de maires, venus des quatre coins du département [3].

Jusqu'en juillet, la municipalité reste la seule administration du nouveau régime, et celle d'Angoulême est le correspondant privilégié de l'intendant de Limoges pour mettre en application les décrets de l'Assemblée constituante.

Derrière l'unanimisme patriotique de façade en ce printemps de 1790, en observant la situation strictement angoumoisine, on sent se dessiner des courants politiques divergents.

D'un côté, le député Roy, le correspondant attitré de la mairie, met en garde contre les erreurs et les chimères, dans sa lettre du 29 mai, à propos de la fédération des municipalités en quoi il voit « une coalition effrayante » : « ... Messieurs ne sentez-vous pas que le pouvoir exécutif n'est déjà que trop affaibli... (Il faudrait) désirer qu'il reprenne toute l'influence nécessaire pour faire cesser l'anarchie... » [4]. Il y a même une brouille momentanée entre Roy et la municipalité, qui sera surmontée.

LES PREMIERS SIGNES DE DIVISIONS POLITIQUES

D'autres courants d'un bord opposé se dessinent. Le 8 juin Blandeau, apothicaire, et quelques citoyens actifs, se présentent à la municipalité, comme délégués, pour faire part de leur intention de former une société des amis de la Constitution qui se réunira deux fois par semaine... L'assemblée municipale, prudente, va prendre l'avis des députés charentais, et en attendant leur réponse, demande à ses visiteurs de suspendre leurs activités. Fin juin la réponse vient : trois députés, dont le curé de Saint-Martin, Joubert, de son côté en correspondance avec le club déjà en place, donnent un avis favorable et encourageant, alors que les cinq autres ont signé une lettre dans laquelle ils prennent la position inverse qui correspond aussi aux vœux de la municipalité, et parmi eux Roy, bien entendu, rédacteur de la lettre dans laquelle il dit que ces sociétés sont inutiles et nuisibles et ne servent qu'à développer le fanatisme et les divisions d'opinions [4]. La société des amis de la Constitution d'Angoulême était affiliée à celle des Jacobins de Paris et tenait ses séances les mardi et vendredi de chaque semaine.

Le 22 juin, la garde nationale, avec Lescalier, à son tour vient demander que les séances de la municipalité soient publiques comme par le passé ; réponse circonstanciée, pleine de précautions, et en définitive négative, de l'intéressée. En septembre, la même garde nationale s'active à Angoulême pour exiger la taxation des grains, en opposition une fois de plus avec la municipalité, attachée à la liberté de circulation des denrées. Ainsi la garde nationale se révèle vite un élément avancé et orienté : « ... les offres outrées pour ne pas dire ridicules que contenait l'adresse de la garde nationale de cette ville qui a été lue il y a quelques jours à l'Assemblée nationale, par un de vos codéputés et à laquelle on a fait faussement adhérer les municipalités, les districts, les cours de justice et tous les habitants du département » (lettre de la municipalité d'Angoulême à Roy, du 4 septembre 1790) [5].

Pendant que se dessinent ainsi, en surface, les premières grandes lignes d'orientation politique, il y a, en profondeur, tout un travail administratif auquel la ville d'Angoulême participe activement. On est conscient à la mairie de la nécessité de maintenir et de renforcer même les fonctions de la ville, dans la nouvelle distribution administrative en cours, et tout particulièrement, en juillet, en collaboration avec le député Roy, à un moment où la Constituante n'a pas encore définitivement fixé ni la carte judiciaire ni la hiérarchie des tribunaux, on s'active à obtenir pour le chef-lieu du département un tribunal d'appel : le 20 juillet on écrit dans ce sens à M. de la Rochefoucauld pour qu'il unisse ses soins à ceux des députés de la Charente, lui faisant remarquer que « ... sans manufactures, dépourvue de tous les moyens propres d'en former, principalement peuplée d'artisans, de marchands et des personnes qui ne vivent que de leur industrie, (cette ville) ne se soutient que par le concours d'étrangers et de gens de la campagne que leurs affaires y attirent. Ce mélange d'intérêts, la communication réciproque qui en est la suite cesseraient nécessairement s'ils étaient contraints d'aller ailleurs pour leurs affaires ; de là naîtrait ensuite la dépopulation de cette ville et la ruine totale de ses habitants ». Bien sûr la fin de cette lettre noircit à dessein le tableau, mais c'est l'intention qui compte [5]. En même temps, sur les suggestions de Roy, une délégation composée de Perrier de Gurat et de Clavaud jeune vient à Paris défendre les intérêts de la ville, et régler en même temps la liquidation des offices municipaux créés en 1772, dont celui de Marchais-Laberge, qui réclame le remboursement des 15 000 livres dont il avait fait l'abandon à la commune. Roy défend les intérêts de la ville, et se déclare opposé à ce remboursement, comme la municipalité, qui estime que l'ancien maire « a joui pendant vingt ans des privilèges et des honneurs de la noblesse aux dépens de ses concitoyens et qu'il se trouve par là indemnisé d'une perte qu'ils n'ont point occasionnée » [5].

En septembre, la municipalité se prononce contre l'émission de deux milliards « d'assignats forcés », faisant en la circonstance preuve d'une justesse de vue, quant à l'avenir de cette monnaie de papier, qui est à son avantage. Elle veut bien que les assignats servent à éteindre la dette publique de l'Ancien Régime, mais non à établir une monnaie de papier que l'on juge pernicieuse pour l'économie qu'elle désorganisera et l'on annonce à l'avance l'inflation qui en découlera [5].

En mai-juin, les citoyens actifs sont retournés aux urnes dans les assemblées primaires des cantons, pour désigner les électeurs qui iront voter au chef-lieu du département et des districts. Il s'agissait de mettre en place les différentes administrations dans un système où toutes les autorités étaient issues de l'élection. C'est le moment où Angoulême acquiert dans sa plénitude son rôle de chef-lieu départemental qui présente bien des différences avec celui de capitale provinciale qui était précédemment le sien.

LA MISE EN PLACE DE L'ADMINISTRATION DU DÉPARTEMENT...

C'est à partir du 28 juin que les électeurs du département, désignés dans les assemblées primaires de cantons, se réunissent en l'église cathédrale d'Angoulême, pour constituer le conseil général du département. Les opérations vont durer jusqu'au 9 juillet et Angoulême connaît ainsi une affluence de gens de l'extérieur, qui rappelle celle de mars-avril 1789. Même si beaucoup de participants sont les mêmes, que de changements en quinze mois ! Que de barrières sociales et mentales ont sauté ! Que de signes distinctifs ont disparu ! et à la place des trois ordres, une assemblée uniformisée de quelque quatre cents à cinq cents notables, qui se distinguent certes par la fortune, l'instruction, et de plus en plus par les idées ou les intentions politiques, mais restent désormais égaux devant la loi, les tribunaux et soumis aux mêmes contributions. De même, la province, une entité aux contours mal définis, avec ses enclaves, ses exceptions et ses particularismes, a laissé la place à une circonscription territoriale bien délimitée, avec ses divisions et ses subdivisions, dotée d'un chef-lieu avec ses autorités et ses fonctions précises. Une construction cartésienne a remplacé un produit empirique de quelque dix siècles. Il n'est pas dans le cadre de ce livre de raconter dans le détail les journées de cette assemblée départementale à caractère institutionnel mais où apparaissent déjà les démangeaisons politiques de certains participants [6].

ET DE CELLE DU DISTRICT

Une fois la session départementale close, c'est toujours à Angoulême que se tient l'assemblée des électeurs du district qui s'est réunie à partir du 9 juillet pour faire le même travail et à la fin de juillet 1790 toutes les autorités du département et des différents districts sont en place, prêtes à fonctionner, mais dans les opérations précédentes la mairie d'Angoulême a perdu son maire élu au conseil général et ensuite à la présidence du département, son procureur promu procureur général syndic du département. Pierre Ausone Chancel, officier municipal, passe aussi au conseil général du département, et Jean Brun, notable, que les électeurs angoumoisins n'avaient pas distingué en fonction de ses services antérieurs en février, reçoit une compensation en devenant procureur syndic du district.

ÉLECTIONS PARTIELLES POUR LA MAIRIE

Le cumul étant interdit, il faut les remplacer, ce qui se fait par un déplacement de fonction de notable à officier municipal ou en allant quérir le premier des non élus des notables, mais il faut convoquer de nouveau les électeurs angoumoisins, les 19 et 20 juillet, pour élire un maire et un procureur. Peu de participants : Perrier de Gurat élu maire, dès le premier tour, par trois cent trente-six voix sur trois cent quatre-vingt-cinq votants. Il faut trois tours pour qu'Étienne Souchet l'emporte sur le substitut, par cent quatre-vingt-seize voix contre cent quarante et une et devienne procureur de la commune.

LE DEUXIÈME MAIRE

Jean-Baptiste Perrier de Gurat (1741-1804), beau-frère de Valleteau de Chabrefy, est élu alors qu'il est en délégation à Paris pour le compte de la ville d'Angoulême. Peu ouvert aux idées de réforme et hostile aux changements, pendant son mandat, il prend la défense du clergé réfractaire contre les autorités du district et du département, et s'oppose à plusieurs reprises à la garde nationale et à son chef Dubois-Bellegarde. Après sa sortie de charge, en novembre 1791, il ne joue aucun rôle public. Détenu sous la Terreur pendant vingt-deux mois, il est le maire le plus conservateur de la période révolutionnaire.

L'intérêt ou le zèle pour la chose publique s'émoussent au bout de quelques mois, cinq officiers municipaux et un notable donnent successivement leur démission, et en octobre il faut reporter une séance du corps municipal, faute d'avoir atteint le quorum. En novembre, il faut procéder à de nouvelles élections pour remplacer les démissionnaires et opérer le premier renouvellement partiel légal.

LA NOUVELLE ORGANISATION JUDICIAIRE

Mais en même temps, continue la mise en place des nouvelles autorités, judiciaires cette fois. Il faut rappeler que depuis une trentaine d'années, sous l'Ancien Régime, des campagnes s'étaient développées pour demander une réorganisation de la justice dans le royaume, et c'est Voltaire à partir de l'affaire Calas à Toulouse en 1762 qui avait porté les coups les plus rudes à l'institution. Les doléances et les projets fourmillent dans les cahiers de 1789 sur le sujet, et c'est dès l'une de ses premières séances que la Constituante s'engage à donner une nouvelle organisation judiciaire au pays. Dans le courant de l'année 1790, les constituants eurent à leur disposition plusieurs projets de réforme préparés par d'éminents spécialistes, leurs collègues, parlementaires ou avocats de l'ancien système, et c'est pendant la délégation de Perrier de Gurat et Clavaud jeune, à Paris, pour obtenir un tribunal d'appel en faveur d'Angoulême, que l'assemblée décidait de porter les appels d'un tribunal de district à un autre, ce qui annulait l'objet de la mission de nos deux Angoumoisins en juillet 1790. Mais c'est la loi du 16-24 août 1790 qui essentiellement apportait l'organisation de la justice et particulièrement de la justice civile. La justice criminelle devant être établie plus tard par la loi du 16 septembre 1791, et le tribunal criminel installé seulement en janvier 1792.

Sans entrer dans le détail de la loi, il faut savoir que désormais, du point de vue du contentieux il y aura quatre degrés de traitement : la conciliation, l'arbitrage, le jugement et la possibilité d'appel, et à ces différents niveaux correspondent au chef-lieu de chaque canton, donc à Angoulême : le bureau de conciliation et le juge de paix, et au chef-lieu du district, toujours à Angoulême : le bureau de paix et surtout le tribunal composé de cinq juges.

Tous ces juges étaient élus, il n'y avait plus de vénalité des offices, ils recevaient un traitement de l'état, ils cessaient de porter la robe remplacée par un habit noir et un chapeau à plumes.

Ajoutons encore que les causes commerciales étaient traitées par des juges de commerce au nombre de quatre choisis dans le monde économique, et que la justice correctionnelle relevait d'un tribunal de police municipale composé d'officiers municipaux (loi de juillet 1791) ou pour les délits plus importants d'un tribunal de police correctionnelle aux mains des juges de paix.

ÉLECTION DES JUGES

Les cinq juges du district d'Angoulême et leurs suppléants étaient élus en octobre 1790 par l'assemblée électorale du district ; deux d'entre eux ont laissé un nom et nous les retrouverons souvent, Pierre Ausone Chancel et Jean Guimberteau. C'est en février 1791 que l'on procède à l'élection des deux juges de paix, l'un intra-muros, l'autre extra-muros, ainsi que de leurs assesseurs[3]. Lors de leur installation (un homme de loi et un négociant) le maire prononce un discours qui indispose fortement le procureur de la commune Souchet, au point qu'il démissionne. Il ne s'agissait point d'opposition politique entre les deux responsables de la municipalité, mais plutôt d'incompatibilité entre deux personnalités et deux caractères qui se sont heurtés à plusieurs reprises. Le corps municipal est gêné, ne voulant prendre le parti ni de l'un ni de l'autre, et finalement c'est le corps électoral qui réélit Souchet, le 22 mars 1791, par cent soixante-dix neuf voix sur deux cent quatre-vingt-onze votants.

L'ABSTENTIONNISME

D'une élection à l'autre le nombre des votants restait très en dessous de celui des inscrits. Il y avait en effet en 1790 environ mille cinq cent soixante citoyens actifs pour un nombre de votants qui, à l'exception des premières élections municipales, ne dépassait guère trois cents ou un peu plus de votants. Le décret de la Constituante du 12 juin 1790 allait priver du droit de vote tous les citoyens actifs qui n'étaient pas inscrits sur les registres de la garde nationale. Ce décret, d'autre part, tendait à unifier les gardes nationales restées jusqu'alors diverses dans leur organisation et leur comportement. Son application stricte dans la commune d'Angoulême eut pour effet de réduire le nombre des citoyens actifs à six cent vingt-quatre et la municipalité était embarrassée, appréhendant les réclamations de ceux ainsi écartés du droit de vote. On lit dans la correspondance active de la mairie à la date du 2 septembre : « ... la majeure partie de nos citoyens qui sont propriétaires et agricoles sont absents de la ville... à compter du début de septembre et ne reviennent qu'entre la Saint-Martin et Noël... ils ne sont pas au courant du décret qui restreint le nombre des électeurs. Peut-on écarter du vote qui va avoir lieu ceux qui sont éliminés et ne le savent[5] ? »

LE PROBLÈME DU LOGEMENT DES NOUVELLES ADMINISTRATIONS

La création de nouvelles administrations en cette année 1790 avait posé le problème de leur installation dans des locaux appropriés. Nous avons vu comment sous l'Ancien Régime, le couvent des Jacobins surtout, mais aussi celui des Cordeliers, avaient servi depuis longtemps à héberger des corps et des juridictions. Mais à présent, ces bâtiments, devenus biens de la Nation, devaient être libérés pour être mis en vente. Néanmoins, le directoire du département tenait sa première séance le 9 août 1790 dans l'une des salles des

Cordeliers (l'hôpital actuel) et dès le lendemain, s'installait, avec l'accord des religieux, dans l'aile gauche du couvent des Jacobins à l'emplacement de l'actuel palais de justice. Mais le directoire s'y trouvait trop à l'étroit, il songea un moment à occuper le séminaire, près de l'église Saint-Martial, pour finalement jeter son dévolu sur le palais épiscopal (l'actuel musée) qui avait l'avantage de contenir des appartements qui convenaient à l'établissement d'une administration, et surtout il y avait deux grandes pièces qui pouvaient servir aux sessions du conseil général et au directoire. La décision prise en mai 1791 était ainsi argumentée : « ... Le directoire du département convaincu que le projet d'établir Monseigneur l'Évêque au doyenné est très praticable, que cet édifice insuffisant pour un de ces prélats dont le faste et l'ostentation tenaient lieu de vertu et de charité offre toutes les commodités qu'un pasteur constitutionnel peut désirer ; que d'un autre côté l'évêché ne convient à aucune entreprise publique, qu'il n'est propre qu'à recevoir un corps administratif, que le département en s'y fixant se décide par les vues d'économie recommandée aux élus du peuple autant que par les convenances... » [7]. En septembre 1791, le département fera l'acquisition du palais épiscopal, et sera autorisé à y faire les aménagements nécessaires. Après la Révolution il restera le local de la préfecture jusqu'en 1832.

De même, en août 1790, il fallut loger l'administration du district. Le président Lambert et le procureur syndic se chargèrent de trouver un local et passèrent un bail avec le sieur Gaury pour la location de deux maisons qui avaient vue sur le jardin des Cordeliers par l'arrière et la façade principale sur la rue du Minage [8].

À l'exception du département, qui s'était offert le plus bel édifice du moment, toutes les autres administrations étaient condamnées à errer... au point qu'au conseil général du district, le 12 novembre 1791, on émettait le vœu de réunir à la fois la municipalité, le district, le tribunal du district, le bureau de conciliation, le tribunal de commerce, le tribunal criminel, le corps de garde de la ville, la gendarmerie, les prisons et les greniers publics... dans un grand ensemble administratif qui aurait occupé à la fois le couvent des Cordeliers et l'hôpital-Dieu, après avoir transféré ce dernier au couvent des Capucins, l'actuelle cité administrative [8]. Mais ce n'était là qu'un vœu pieux, un rêve grandiose de la part de fonctionnaires condamnés à se contenter de locaux étriqués et inadaptés, dans une situation financière tellement difficile que bientôt on n'arrivera plus, à cause de l'inflation, à assurer les dépenses courantes. C'est la municipalité d'Angoulême qui, de toutes, était la plus mal lotie avec une maison prise à ferme près du cimetière de l'église Saint-André ; on y avait ajouté quelques locaux de l'ancien couvent de l'Union Chrétienne ou Filles de la Foi (rue d'Arcole, actuelle gendarmerie)... et le 27 thermidor an II (14 août 1794) la mairie faisait savoir au district : « Le logement détestable et empoisonné que nous occupons nous a mis dans l'obligation de nous installer sans votre autorisation dans la sacristie de la ci-devant cathédrale de Saint-Pierre... », là où justement le district, de son côté, songeait à installer une bibliothèque [5].

CONCLUSION

Ainsi dans le courant de l'année 1790, l'un après l'autre, les différents rouages de la nouvelle administration s'étaient mis à fonctionner. Lors de leur installation, on avait multiplié les cérémonies : prises d'armes, salves d'artillerie, cortèges officiels, défilés, messes solennelles et surtout des discours intarissables de la part, et d'anciens notables qui quittaient leur fonction, et des nouvelles autorités qui célébraient l'ère nouvelle, l'excellence des réformes et le bonheur de la nation unie autour du roi constitutionnel... les difficultés et les divisions sont pour un peu plus tard. Pour le moment il n'y a que la question des préséances et de l'ordre hiérarchique à respecter dans les cérémonies publiques, qui est une source de tiraillements entre les différents corps, et en particulier entre la municipalité d'Angoulême et le département, au point d'écrire à l'Assemblée nationale à ce sujet. Il y a aussi quelques Cassandres, tel le député Roy, déjà bien engagé dans la voie contre-révolutionnaire qui sera la sienne, mais en même temps très consciencieux dans son mandat de député, collaborant étroitement avec la municipalité d'Angoulême. L'un et l'autre multiplient les échanges de vue sur différents projets de réformes et en particulier sur les changements fiscaux.

CHAPITRE V

1791

La question religieuse.

De toutes les affaires que l'administration nouvelle, mise en place en 1790 eut à traiter, la question religieuse, avec ses implications et ses complications, prenait à coup sûr la première place dans l'année 1791. La raison en était qu'il fallait mettre en application la Constitution civile du clergé votée le 12 juillet 1790. Déjà, auparavant, la décision de l'assemblée du 2 novembre 1789 de mettre les biens du clergé à la disposition de la nation, décision prise devant les difficultés financières insurmontables, était grosse de conséquences, et un premier pas important, qui inévitablement conduisait à s'immiscer dans le domaine religieux. Malgré les progrès vers une clarification de leur domaine respectif, dans la pensée du XVIIIe siècle, le temporel et le spirituel, au début de la Révolution, gardaient en commun une zone où ils continuaient de s'entremêler et de se confondre, et il est sûr que le contenu de la Constitution civile du clergé contribuait à renforcer cette confusion.

LA CONSTITUTION CIVILE DU CLERGÉ

Cette loi organique, à laquelle on a donné le même nom qu'à la loi fondamentale de l'État, consistait en une refonte totale du statut et de l'organisation interne de l'Église et du clergé. Après celles de l'administration et de la justice, c'était une nouvelle remise à plat dans le domaine ecclésiastique, en même temps qu'une rupture unilatérale du concordat de 1516 signé avec la papauté. Cette fois on allait très loin dans les changements, et on s'aventurait sur un terrain qui n'était plus du domaine exclusif de l'État et du citoyen. Dans les dispositions nouvelles de la Constitution civile du clergé, le choix de l'évêque et des curés par les assemblées électorales du département et des districts, ainsi que l'obligation du serment constitutionnel imposée aux mêmes pour remplir leurs fonctions ecclésiastiques, allaient provoquer hésitations, réticences et oppositions. Le roi, le premier, était perplexe et tiraillé entre des avis contraires, avant d'accorder sa sanction, mais le pape, lui, restait silencieux, et alors l'assemblée décidait de brusquer les choses en obligeant tous les ecclésiastiques en fonction à prêter le serment prévu par la loi, et ceux qui y seraient réfractaires seront considérés comme ayant « renoncé à leur office ». Le roi sanctionnait ce décret le 26 décembre 1790, lui donnant force de loi. On peut dire qu'à partir de ce moment tous les éléments d'une grave crise intérieure étaient réunis, mettant fin à cette sorte d'unanimisme patriotique qui avait régné, du moins en apparence, depuis 1789.

LE REFUS NET DE L'ÉVÊQUE D'ALBIGNAC D'Y ADHÉRER

À ce contexte général et national, on peut ajouter des circonstances locales, propres au département et à Angoulême, qui ne contribuaient pas à faciliter l'application de la loi. L'évêque d'Albignac, qui, en 1789, s'était prononcé contre le vote par tête, s'opposant violemment à l'autre député angoumoisin, le curé Joubert, bien entendu vota contre la Constitution civile du clergé, et quand le directoire départemental lui demanda de concourir à l'exécution de la loi il répondit, le 24 décembre 1790, de Milhau, par une lettre où il condamnait ladite constitution comme une ingérence absurde et tyrannique dans le domaine de la foi, et il refusait de prêter le serment. Le 19 janvier 1791 le directoire délibère sur le cas de l'évêque, dont la lettre a été imprimée et répandue dans le public, accompagnée d'un mandement où d'Albignac fait siennes les recommandations de l'évêque de Boulogne, autre réfractaire, à ses propres ouailles. Les autorités départementales décident de réagir en « dénonçant les séditieux efforts de l'évêque de ce département pour s'opposer à l'exécution du décret... ». « Ces textes (lettre et mandement) remis au tribunal du district d'Angoulême aux fins de poursuite... il est défendu à toute personne de les vendre ou distribuer... le présent réquisitoire imprimé, publié, affiché et envoyé à tous les curés et à toutes les municipalités pour être lu à l'issue de la messe paroissiale du premier dimanche qui suivra sa réception [1]. »

ATTITUDE FERME DE L'ADMINISTRATION

Les affaires ecclésiastiques sont désormais le principal sujet traité dans les délibérations du directoire départemental. Il en est de même au directoire du district. Dans les deux organismes on semble vouloir accélérer les choses en février-mars 1791 sous l'impulsion des deux procureurs syndics Tremeau au département, Jean Brun au district. Il y a lieu de se demander si le zèle administratif des deux fonctionnaires n'est pas déjà teinté d'un certain anticléricalisme qui ira en s'accentuant avec le temps. Tous les deux ont, en commun, d'être affiliés aux loges maçonniques d'Angoulême où Jean Brun (1726-1797) est un très vieux dignitaire de la Parfaite Union, rattachée à la grande loge de France, qu'il avait contribué à installer dans la ville en 1764 avec ses deux beaux-frères Tremeau [2]. Quant au procureur syndic, François Tremeau (distinct des deux autres cités) (1751-1802) il sera l'un des inspirateurs et des artisans de la fête de la déesse Raison, dans l'ex-cathédrale d'Angoulême le 30 novembre 1793. Pour le moment, on suit de près le recensement des curés assermentés et des réfractaires, on prépare les assemblées électorales chargées en mars de procéder au remplacement du clergé réfractaire, on fait l'inventaire des titres, papiers et mobiliers des différentes maisons religieuses de la ville, en même temps qu'on achève l'estimation de l'immobilier qui avait commencé dès 1790.

Des incidents éclatent : le 21 janvier 1791, le supérieur et les directeurs du grand séminaire, près de l'église de Saint-Martial refusent de remettre ou de laisser faire l'inventaire de leurs archives et objets mobiliers, faisant valoir que la Congrégation de la Mission n'a pas été supprimée ni anéantie, et que les biens mobiliers ont été achetés avec leur argent [3].

LA DIVISION DU CLERGÉ D'ANGOULÊME ET DE LA CHARENTE

Au 1er mars le registre des délibérations du district communique le tableau du clergé du district en deux colonnes : ceux qui ont satisfait à la loi et ceux qui n'ont pas rempli le vœu se répartissent dans la proportion des deux tiers pour les premiers, un tiers pour les seconds. Mais en prenant le cas du seul canton d'Angoulême, assermentés et réfractaires s'équilibrent : onze et douze. On peut penser qu'à Angoulême où résident les plus hautes autorités du diocèse au-dessous de l'évêque et un clergé plus nombreux et plus groupé, les capacités de résistance à la loi ou, *a contrario*, des courants d'influences ont pu jouer sur la conduite à suivre face au serment. A ce sujet, une lettre du 8 floréal an II (27 avril 1794), donc plus tardive, d'un dénommé Héraud raconte « l'histoire vraie du refus du serment » des curés d'Angoulême, d'après laquelle tous avaient adhéré au serment dans un premier temps, à l'exception de Poirier (lazariste) à la fois supérieur du grand séminaire et curé de Saint-Martial. Poirier aurait réussi à retourner ses collègues, après les avoir réunis, à l'exception des curés de Saint-Jean et Saint-Ausone [4]. Il faut peut-être se méfier de l'auteur de cette lettre, lui-même, d'après l'abbé Pierre Bureau, un ci-devant chanoine d'Angoulême, marié en l'an II : ne chercherait-il pas à justifier la conduite du clergé constitutionnel ? Une chose est sûre : l'affaire du serment n'est pas simple ; si au départ, d'un côté comme de l'autre, il y a eu des positions définitives, il y a eu aussi par la suite des rétractations et des restrictions de la part d'assermentés, et toutes ces remises en question embarrassaient fort l'administration.

PROJET DE NOUVEAU DÉCOUPAGE PAROISSIAL

Le 28 février 1791, après avoir constaté le refus de l'évêque de reconnaître la Constitution civile du clergé et de concourir au travail de délimitation des paroisses d'Angoulême, le directoire du district, avec la collaboration du maire Perrier et d'un officier municipal délégués à cet effet, se consacre à un nouveau partage qui réduit considérablement le nombre des paroisses; trois sur le plateau : Saint-Pierre, Saint-André et Saint-Martial, cette dernière comportant une partie extra-muros importante, et trois autres sur les faubourgs : L'Houmeau, Saint-Ausone et Saint-Yrieix. Ainsi tout un ensemble d'édifices perdaient leur fonction d'église : Saint-Jean, La Peyne, Saint-Antonin (qui ne servait déjà plus en 1789), Saint-Paul, le Petit Saint-Cybard, Saint-Martin... cependant que la cathédrale était érigée en paroisse, dont l'évêque redevenait le curé comme dans l'église primitive, entouré d'un conseil de vicaires épiscopaux qui remplaçait le chapitre, lui aussi supprimé [3].

DÉCOUPAGE DÉFINITIF

Mais la nouvelle partition faite par le district, en février, ne fut pas acceptée en l'état, et le décret de l'Assemblée nationale du 28 avril 1791, ramenait Angoulême à trois paroisses : Saint-Pierre, Saint-Martial et L'Houmeau. Saint-André, Saint-Ausone et Saint-Yrieix étaient reléguées au rang d'oratoires d'une paroisse principale, comme l'était déjà la chapelle des Bézines pour Saint-Martial. Cette compression avait deux avantages : financier, d'une part, en réduisant les dépenses du budget à un moment où le clergé allait être rétribué, et dans le cas charentais, avec l'hémorragie que représentait l'exclusion des réfractaires, moins de paroisses à doter en curés et desservants. Pour remédier aux manques, l'évêque Joubert, dès le 23 avril 1791, ordonnait seize prêtres et quatre diacres.

C'était compter sans le point de vue des habitants eux-mêmes, qui tenaient à disposer des services du ministère paroissial. En 1790-1791, tant dans les campagnes que dans les villes, les gens exigent la présence proche de leurs pasteurs pour célébrer les offices et assurer, auprès de chacun, l'assistance particulière de la religion. D'où la pétition des paroissiens de Saint-André contre leur rattachement à Saint-Pierre, faisant valoir que leur paroisse est la plus étendue et leur église « le vaisseau le plus grand et le plus solide de la ville après celui de la cathédrale... » et qu'il faut la conserver. De même, les habitants de Saint-Yrieix protestent contre la réunion totale de leur paroisse à L'Houmeau, faisant remarquer les trop longues distances qui séparent certains de leurs villages de L'Houmeau : « les chemins impraticables par leur inégalité et les monticules répétés, la rivière... que Saint-Yrieix devienne une succursale et non un oratoire. Cela n'entraînera aucune dépense, le vicaire que vous donnerez sera en moins à L'Houmeau ». Enfin ceux de Saint-Ausone protestaient contre leur rattachement à la cathédrale. L'évêque Joubert et son conseil donnaient leur avis, en décembre 1791, à l'administration, suggérant d'administrer Saint-André comme Saint-Pierre par les vicaires de la cathédrale, qui y feraient tous les offices et services et de transformer Saint-Yrieix en succursale. Par contre, aucune concession aux gens de Saint-Ausone qui avaient moins lieu de se plaindre que ceux de Saint-Martin [4 bis].

Quand le culte cessera au début de l'an II (fin 1793) il ne semble pas que la question fût encore réglée.

LE CLERGÉ RÉGULIER

Si la Constituante bouleversait profondément l'organisation du clergé séculier, elle réservait aux réguliers et aux religieux des congrégations un sort plus radical. Les couvents étaient entrés au XVIIIe siècle dans une longue décadence, et le recrutement n'avait fait que baisser, la discipline et les mœurs se relâchaient. Les moines et les religieux connaissaient alors une grande impopularité. L'Église s'inquiéta de cette situation et une commission fut nommée, qui releva l'âge des vœux à vingt et un ans pour les hommes et dix-huit ans pour les femmes. On ferma un certain nombre de maisons. L'engrenage qui, à partir de 1789, conduisit à la Constitution civile du clergé, fit que, dès le 28 octobre 1789, l'assemblée décidait de suspendre provisoirement la profession des vœux monastiques, et le 13 février 1790, elle décrétait définitivement leur interdiction et prononçait la suppression des ordres religieux à l'exception des établissements s'occupant d'enseignement et d'assistance. Mais les moines et les religieuses, qui le désiraient, pouvaient continuer de vivre en communauté jusqu'à leur mort, ce qui n'empêcha pas le plus grand nombre de quitter alors la vie religieuse.

COUVENTS ET MAISONS RELIGIEUSES D'ANGOULÊME

À Angoulême on comptait, en 1789, six maisons d'hommes et autant de femmes [5]. Les premières avaient souffert d'une diminution constante de leurs effectifs, alors que les secondes avaient mieux résisté. Cette évolution était accompagnée le plus souvent d'un appauvrissement matériel et d'une baisse des revenus. Chez les hommes c'était particulièrement le cas des cordeliers et des jacobins.

Le couvent des Cordeliers, près de l'hôtel-Dieu, occupait un très vaste espace, gardant au milieu de « débris » une belle église et un grand réfectoire ; le nombre des religieux, tombé, vers 1760, à vingt d'après Jean Collain, douze d'après Nanglard était encore moindre en 1790.

Le couvent des Jacobins, au cœur de la ville, donnait sur la place du Murier : douze religieux vers 1760 d'après Jean Collain, encore moins en 1790. Les cordeliers et les jacobins depuis longtemps, surtout les seconds, louaient une partie de leurs bâtiments, nous l'avons déjà vu, aux administrations d'Ancien Régime.

Le couvent des Capucins, à l'emplacement de l'actuelle cité administrative, était une fondation récente avec quatorze religieux vers 1760 et seulement six en 1790, vivant de la charité, du produit des messes et des quêtes, avec une assez belle bibliothèque.

Les minimes avaient aussi un couvent, bâti en 1619 par la reine, mère de Louis XIII, et situé au sud de la place Beaulieu (à l'emplacement de l'ancienne manutention militaire rachetée par le lycée Saint-Paul) : sept religieux vers 1760, moins en 1790, qui vivent de la charité et du produit des messes, avec peu de fondations.

Les carmes déchaussés, dans le faubourg de L'Houmeau, avec douze religieux vers 1760, cinq en 1782, avec des constructions (une église) et des aménagements tout récents de leur couvent.

Enfin il faut citer l'abbaye de Saint-Cybard, la plus ancienne, au passé prestigieux mais réduite à présent à l'état de ruines où subsistaient seulement trois religieux dont le père abbé, vivant à l'ombre du plateau de Beaulieu « ils ne voient presque point le soleil une grande partie de l'année... ce qui peut les mettre hors d'état, peut-être aussi par un affaiblissement de zèle de soutenir la règle de leur institut » (Jean Collain). Par contre les revenus de l'abbaye de Saint-Cybard, en commande, restent élevés en 1789.

Des maisons de femmes, la plus nombreuse, la plus riche, la plus prestigieuse en 1789, était celle des bénédictines de Saint-Ausone, transférée du faubourg du même nom à Beaulieu à la suite des guerres de religion et occupant l'emplacement de l'actuel lycée Guez de Balzac. Leur prospérité n'a pas connu d'éclipse au XVIIIe siècle : quarante-cinq religieuses vers 1760, encore trente-cinq en 1790 et beaucoup de revenus (13 000 livres) et de nouvelles constructions au XVIIIe siècle.

Les tiercelettes, place du Mûrier (face à la poste) de fondation récente (1640) et un peu à l'étroit, maintenaient leurs effectifs : vingt-cinq en 1760, vingt-huit en 1790, de même que les carmélites installées dans une maison particulière de Beaulieu : vingt religieuses en 1760, au moins autant en 1789.

Les filles de l'Union Chrétienne ou de la propagation de la foi spécialisées dans l'éducation des filles nouvellement converties, étaient installées rue d'Arcole : vingt-six vers 1760, quinze en 1789.

Le couvent des Ursulines, près de l'église Saint-Martial, qui avaient été ruinées lors du système de Law et obligées de vendre ce qui leur restait d'effets mobiliers, d'après Jean Collain; réduites à huit religieuses vers 1760, mais remontées à vingt-quatre en 1791.

Les sœurs de la Sagesse ou sœurs grises, destinées à soigner les malades pauvres : quatre ou cinq au moment de leur dispersion en 1791 et installées aussi à Saint-Martial.

Enfin, distincte des précédentes, sans couvent attitré, la communauté des Filles Hospitalières ou servantes des pauvres, au total une quinzaine réparties entre l'hôtel-Dieu et l'hôpital général. Elles n'étaient pas touchées par la législation précédente et elles continuaient d'assurer leur service. Leur dévouement et leur habileté à gérer imposaient le respect et même la crainte sous la Révolution, et il faudra la venue du représentant Roux-Fazillac pour expulser les hospitalières « femmes superstitieuses et ennemies de la liberté » qui refusèrent de prêter le serment de liberté-égalité d'août 1792 et les remplacer par des religieuses jureuses et des citoyennes mères de famille. Mais cette expulsion n'avait pas l'approbation, même des révolutionnaires d'Angoulême, et les hospitalières reviendront [6].

Ce long inventaire du clergé régulier d'Angoulême donne une idée de l'énorme capital immobilier et mobilier mis à la disposition de la nation en 1790. Dans une lettre du 16 février 1790, trois jours après le vote du décret, Roy écrit qu'il pense réclamer les bâtiments de quatre ordres supprimés pour y installer les administrations publiques. Il faut y ajouter les biens de l'église diocésaine, en tête les différents biens de l'évêché, ceux du chapitre de la cathédrale venant derrière avec tout un ensemble de maisons canoniales situées dans le quartier autour de la cathédrale, n'abritant pas que des chanoines, certaines étant louées, sans compter d'autres richesses [7].

LES PREMIÈRES VENTES DE BIENS NATIONAUX

À compter du 1er mars 1791, dans le district d'Angoulême, a commencé la vente de ce capital immobilier, dans une première série qui ira jusqu'au 14 septembre, avec deux cent soixante et un actes de vente. On adjuge, tout particulièrement, le domaine de Vars de l'évêché, divisé en parcelles de prés et de terres, plusieurs dizaines en sont vendues à compter d'avril, le plus souvent à des habitants de Vars même. Parmi les acquéreurs des maisons canoniales, beaucoup de responsables du moment : Lambert, président du district, Souchet, procureur de la commune, Jean Desprez, maître de pension, futur responsable révolutionnaire... autres aliénations de cette série, des biens dépendant de l'abbaye de Saint-Cybard, de Saint-Ausone, du séminaire. Dès le départ les prix de vente ont été supérieurs aux estimations des experts, atteignant presque le double, par exemple dans le cas du domaine des Carmes évalué 34300 livres et vendu 60 500 livres. On se trouve au début d'un vaste mouvement de transfert de propriétés dans des conditions d'achat et de paiement favorables aux acquéreurs.

Du 23 mai au 12 juillet 1791, a lieu la première vente de mobilier provenant des différentes communautés et qui sera renouvelée à plusieurs reprises. En l'an II et III on vendra le mobilier et les ornements d'églises, chapelles... de la ville, il s'agit cette fois du produit des spoliations faites dans la période de déchristianisation lancée par le réprésentant Harmand[7].

La question du serment occupait beaucoup le directoire du département dans le courant de février 1791, et le 24 de ce mois il délibérait sur le remplacement des ecclésiastiques qui n'avaient pas prêté le serment, ou l'avaient fait dans de telles conditions qu'on était incertain de sa validité. Que d'embarras qui ne faisaient que commencer !

ÉLECTION DE L'ÉVÊQUE JOUBERT

Le 6 mars 1791 l'assemblée électorale du département se réunissait dans la cathédrale Saint-Pierre pour élire un nouvel évêque. Après les deux journées de formalités préliminaires, inévitables dans les premières années de la Révolution, on en vint le 8 mars à l'élection proprement dite, et dès le premier scrutin, par deux cent trente-sept voix sur trois cent quatre-vingt-dix votants, Pierre Mathieu Joubert curé de Saint-Martin d'Angoulême et député à la Constituante, était désigné évêque du département de la Charente, alors que son prédécesseur déchu était l'évêque du diocèse d'Angoulême.

Le soir même les paroissiens de Saint-Martin célébraient à leur manière la promotion de « leur digne pasteur » par un feu de joie, auquel assistait le vieux père du nouvel évêque, au milieu d'une grande allégresse, le peuple assemblé chantant le « Domine salvam fac regem... salvum fac episcopum nostrum », au bruit des tambours, des décharges de mousquets et du carillon des cloches... (registre paroissial de Saint-Martin). Le 9 mars : proclamation officielle du nouvel évêque, messe et Te Deum, à la cathédrale. Joubert fut consacré en l'église Notre-Dame de Paris, en même temps que neuf autres, le 27 mars, et le dimanche 10 avril il prenait officiellement possession de son évêché, discours du maire Perrier de Gurat, et une fois de plus une question de préséance entre le département et la mairie avait failli troubler le bon déroulement de la cérémonie à la cathédrale.

L'ÉVÊQUE CONSTITUTIONNEL DU DÉPARTEMENT DE LA CHARENTE

P.M. Joubert (1748-1815), fils de Roch Joubert médecin de la paroisse de Saint-André, curé de Saint-Martin depuis 1778, député en 1789, allait rester moins de deux ans évêque de la Charente, qu'il quittera à la fin de 1792, et sommé par le procureur syndic du département Tremeau de rejoindre son poste, il démissionnera. Autant son prédécesseur d'Albignac avait été un seigneur-évêque de l'Ancien Régime, autant Joubert citoyen-évêque se comporte en politique plus qu'en pasteur spirituel. Dès 1793 il se mariera à Versailles et quittera l'état ecclésiastique pour faire carrière dans l'administration du département de la Seine, un moment préfet du département du Nord en 1800. Son itinéraire jusqu'en 1793 rappelle celui de l'évêque constitutionnel de Blois, Grégoire. Mais Joubert n'a ni la foi profonde et solide, ni l'envergure intellectuelle, ni le courage politique de Grégoire qui, député à la Convention, gardait ouvertement ses insignes violets de prélat, dans une assemblée déchaînée contre la religion [2].

LE REMPLACEMENT DES CURÉS INSERMENTÉS

Le 10 mars, l'assemblée électorale du district d'Angoulême, réunie dans une salle du couvent des Cordeliers, procédait aux changements nécessaires en commençant par la ville d'Angoulême et les faubourgs, et, chose curieuse, on ne tenait aucun compte du nouveau découpage paroissial, et on nommait aux anciennes cures sept nouveaux curés dont deux étaient d'anciens religieux, un carme et un cordelier. Deux autres étaient issus de familles angoumoisines : Jean Siméon Guimberteau nommé à Saint-Paul — Joubert va en faire un de ses vicaires épiscopaux —, était d'une famille qui a fourni de nombreux révolutionnaires, dont le conventionnel son frère aîné, lui-même étant déjà un curé très engagé. L'autre est Jean Sazerac de la famille des négociants et hommes d'affaires, jusque-là curé du Château (Ile d'Oléron), nommé au Petit Saint-Cybard et qui ne prendra pas possession de sa paroisse.

Janvier avait été le mois du serment ou de son refus et des rétractations qui commençaient, mars, le mois du remplacement du clergé réfractaire, et l'opération n'ayant pas réussi pleinement, il fallut réunir de nouvelles assemblées électorales en mai pour compléter le clergé constitutionnel, mais, chose grave, on ne disposait plus, dans un diocèse pauvre en prêtres, d'effectifs suffisants dès l'instant où un tiers environ de l'ensemble était mis sur la touche pour refus incivique. Désormais tous les éléments d'une guerre civile religieuse sont en place avec les fidèles partagés entre les deux camps, derrière leurs curés l'un l'intrus, l'autre le réfractaire. Angoulême par la force des choses est l'un des points chauds de cette guerre larvée. Le directoire du département, celui du district, la municipalité, l'évêque et son conseil épiscopal, bref toutes les autorités civiles et religieuses sont impliquées dans un conflit que quelques mois auparavant on n'aurait pas imaginé [8].

INCIDENT AU DISTRICT

Le 23 mars, le district faisait rassembler le mobilier des différentes communautés religieuses d'hommes, aux Cordeliers, pour les mettre en vente aux enchères. Le 1er avril, il s'agit pour le directoire d'entrer en possession des titres et papiers de l'évêché en dépôt tant à Angoulême qu'à Vars ou autres résidences de l'évêque. La garde nationale est même alertée pour protéger l'opération que l'on élargit au chapitre et à la maison des dames de l'Union Chrétienne. C'est alors qu'éclate dans les bureaux du district un violent incident entre le procureur syndic Brun et le vicaire général déchu Montpeyroux, venu réclamer le traitement du ci-devant évêque pour l'année 1790 (?) (légalement les traitements ne devaient être versés qu'à partir du 1er janvier 1791). Brun, avant de parler de traitement, veut récupérer titres et papiers. Refus de Montpeyroux, le ton monte, chacun s'obstine sur ses positions et le ci-devant vicaire général d'affirmer que, s'il n'était pas payé, il brûlerait tous les papiers.

Brun : « Je vous trouve bien hardi, Monsieur, de me tenir un pareil propos. Vous ne parleriez pas ainsi devant le Directoire. »

Montpeyroux : « Je le dirais comme devant vous. »

Brun : « Eh bien Monsieur ! Venez avec moi. »

Et dans le bureau du président Lambert le vicaire général réitère son propos, le procureur se retire alors pour rédiger son réquisitoire aux fins de poursuite, cependant que le commandant de la garde nationale Bellegarde toujours prêt à intervenir, et plusieurs amis de la Constitution, accourent pour offrir leurs services et que le département alerté approuve le district [8].

En juillet c'est le procureur général syndic Trémeau qui adresse une mise en garde aux autorités contre « ... les ennemis du nouvel ordre de choses... » dans laquelle pour la première fois depuis 1789 pointe l'irréligion militante... « les fourbes et ils savent bien que la superstition ne sera jamais entièrement bannie de dessus la terre ; que, malgré la philosophie, l'homme sera toujours la proie de plus ou moins d'erreurs et que l'humaine raison soumise à d'injustes préjugés religieux se laissera conduire en tous les temps par le théocrate adroit et audacieux que l'ambition ou l'intérêt dévore... » [8].

ATTITUDE DE LA MUNICIPALITÉ DIFFÉRENTE DE CELLE DU DISTRICT ET DU DÉPARTEMENT

Mais la municipalité d'Angoulême, par la voix du procureur Souchet, prend la défense du clergé réfractaire face au département : « ... l'article 8 donne aux municipalités de maintenir la pleine liberté religieuse. Cependant par votre arrêté les prêtres qui n'ont pas cru pouvoir prêter le serment et les fidèles qui sont dans la même opinion n'ont plus de messe à dire ou à entendre que dans des églises dont leur opinion pourrait les éloigner... » L'arrêté du département avait fermé les chapelles des couvents et des hôpitaux au culte public pratiqué seulement dans les églises paroissiales. Et le 25 août la municipalité brave ouvertement le département en laissant célébrer une messe pour la Saint-Louis dans la chapelle du collège. Un lourd contentieux entre la municipalité et le département s'accumule en cet été de 1791, autour des prêtres insermentés et des chapelles fermées au culte, en même temps monte une tension, perceptible dans la correspondance, entre la municipalité et la garde nationale.

En cet été de 1791 décidément on semble sortir de cet unanimisme patriotique et lyrique qui, depuis le début, masquait les clivages inévitables dans la Révolution montante. À la fin de juin, la société des amis de la Constitution d'Angoulême se plaignait au département des négligences de toutes sortes de la municipalité qui ne faisait pas appliquer les lois et décrets, en particulier sur la destruction des armoiries et des emblèmes de l'ancienne noblesse et qui « ne servent qu'à rappeler leur nullité... l'étalage (des armoiries) peut exciter des troubles... ».

En septembre, la situation se détend quand on apprend que le roi a accepté la Constitution, et l'événement est annoncé par le maire qui proclame que « cette démarche du meilleur des rois contribuera nécessairement à ramener le calme et le bonheur... ». Le 18 septembre l'événement est célébré par un Te Deum à la cathédrale, et le 2 octobre nouvelle cérémonie : le maire Perrier de Gurat monte dans la chaire de Saint-Pierre pour lire la Constitution et cela se termine par un défilé militaire sur la place de la Commune (la ci-devant promenade d'Artois). Cette liesse générale et cette apparente réconciliation de la fin de septembre 1791 n'étaient pas particulières à Angoulême; dans la capitale il en était de même, mais dans son dernier discours à la Constituante le 29 septembre Robespierre déclarait : « Je ne crois pas que la Révolution soit finie. »

CONCLUSION

Loin d'être réglée, la question religieuse va connaître des développements nouveaux à partir de 1792. Par les difficultés et les excès qu'elle engendre, les oppositions et les passions qu'elle suscite dans le pays, bien au-delà des clivages et des divisions habituels inhérents à toute vie politique, elle compromet l'unité et la cohésion fondamentales de la nation, que dans un premier temps la Révolution avait confortées en 1789-1790. En parcourant le journal politique patriotique de la Charente[9], on constate une radicalisation des positions politiques dans le courant de 1791, face à la question religieuse, qui suscite des difficultés. Particulièrement la société des amis de la Constitution accentue ses sentiments et ses prises de position révolutionnaires au point de se faire appeler « les illuminés d'Angoulême » dans un journal aristocratique.

CHAPITRE VI

FIN 1791 - MARS 1793

Prudence et attentisme.

ÉLECTIONS DE 1791 POUR LA LÉGISLATIVE

L'année 1791 s'était achevée avec le renouvellement d'un certain nombre d'autorités. Entre le 1er et le 7 septembre 1791, il y avait eu l'élection des neuf députés charentais de la Législative appelée à remplacer la Constituante. Aucune assemblée durant la Révolution n'a connu une existence aussi éphémère que celle qui commence le 1er octobre 1791, mais nos représentants charentais s'y sont particulièrement distingués par une discrétion et un effacement, pour ne pas dire une inexistence politique remarquable. Angoulême y était représentée par Dubois-Bellegarde, le commandant de la garde nationale, et Jean Guimberteau, juge au tribunal du district. Tous les deux seront reconduits dans la Convention, et il faut attendre les événements de l'été 1792 et la suite, pour voir leur personnalité politique se dessiner. Guimberteau avait pourtant offert ses services à la municipalité pour prendre la relève du constituant Roy comme son correspondant et le défenseur de ses intérêts, mais si l'on s'en tient au vide des archives, ce représentant ne semble pas avoir entretenu de relations épistolaires avec la mairie d'Angoulême avant 1793-1794, où la situation des subsistances dans la ville obligera Guimberteau et les autres députés à intervenir auprès des autorités parisiennes, et à tenir Angoulême au courant de leurs démarches.

ÉLECTIONS À LA MAIRIE

En novembre 1791, autre renouvellement, celui de la moitié des officiers municipaux et des notables, et surtout du maire, du procureur de la commune et de son substitut. Louis Desbrandes, dès le premier tour, par trois cent cinquante-neuf voix sur cinq cent quatre-vingt-dix-sept votants, est choisi comme maire, mais toute une série de contestations, oppositions et protestations accompagnent son élection dans les deux sections de Saint-André et de Saint-Martial, au point que la proclamation en est quelque peu retardée, jusqu'au moment où une vigoureuse intervention de Prosper Chancel constatant que l'élection a été régulière, mettra fin aux intentions de certains d'en obtenir l'annulation. Le procureur, lui, est péniblement élu au troisième tour, avec cent sept voix sur cent quarante-neuf votants, et l'on constate que le nombre des participants fond progressivement d'un scrutin à l'autre : lassitude devant cet exercice trop répétitif ? Dans les nouveaux élus, le médecin Roch Joubert officier municipal, et son fils P.M. Joubert l'évêque du département. Le nouveau conseil est à peine installé, qu'en décembre l'ancien maire, Perrier, proteste contre son éviction de la présidence de l'administration des hôpitaux de la ville [1].

LE TROISIÈME MAIRE DE LA VILLE

Louis Desbrandes (1742-1817) maître ès arts, successivement notable, officier municipal avant d'être le troisième maire de la ville depuis 1790, exerce son mandat jusqu'en décembre 1792. Plus tard il reviendra comme officier municipal sous la Terreur en 1793-1794. Le représentant Pénières le nommera de nouveau à la tête de la mairie en mai-juin 1795, mais Desbrandes refusera la place au bout de quelques jours. On le retrouve administrateur municipal, en l'an VII, à la fin du Directoire. On le présente alors comme le « vétéran respectable de la Révolution » [2]. En réalité il y semble, du moins pour la période avancée 1793-1794, un peu égaré et engagé au-delà de ses convictions intimes. Mais les fructidoriens angoumoisins dans leurs difficultés, trouvaient en Desbrandes une image flatteuse et rassurante. À la fin de sa vie en 1816, dans la dixième et dernière rédaction des ses « Annales... de l'Angoumois » il écrit : « J'étais bien loin de penser, le 5 mars 1814, époque à laquelle je terminais le chapitre relatif à Monseigneur le Comte d'Artois... que les vœux que je faisais étaient sur le point de s'accomplir... nous allions toucher au dénouement des scènes sanglantes dont nous avions été témoins, pour en éviter désormais des semblables il n'est qu'un moyen qui est de suivre l'avis que saint Paul donne à tous les peuples d'être soumis aux principautés et aux puissances de la terre c'est-à-dire nos Rois... [3] » Le vétéran de la Révolution s'est mué en Bossuet ! Durant ses différents mandats il a la démission facile, mais c'est un administrateur très consciencieux.

Desbrandes arrive à la mairie à un moment où la situation devient plus difficile, l'euphorie et l'allégresse des premières années ont disparu, mais ce ne sont pas encore les moments critiques et dramatiques de la Révolution. D'ailleurs Angoulême et la Charente resteront à l'écart des premiers grands orages et des premières grandes tempêtes qui éclateront à Paris à compter de l'été 1792. Le ciel charentais, sans être serein et préservé, ne sera vraiment affecté et bou-

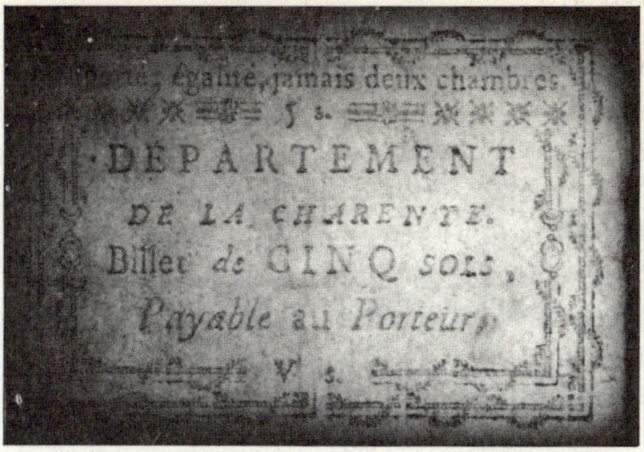

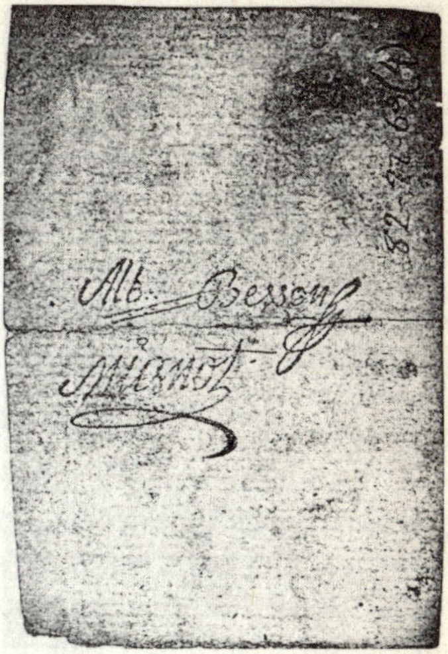

Un « billet de confiance » (recto et verso), sorte d'assignat départemental en petites coupures à propos duquel a éclaté l'affaire MEMINEAU - MAULDE - MIGNOT, en l'an II à la suite d'un déficit dans la caisse du département. L'original au musée des Beaux Arts d'Angoulême.

leversé qu'à partir du printemps de 1793. Mais, bien entendu, il faut gérer le quotidien, et les problèmes à résoudre s'accumulent. Les affaires ecclésiastiques, toujours présentes, l'économie et le commerce, qu'il faudrait relancer, et en janvier 1792 le département émet les billets de confiance, c'est-à-dire de nouveaux assignats en petites coupures de 10, 25 et 50 sous. Chaque district en reçoit l'équivalent de 30 000 livres et la ville d'Angoulême une dotation spéciale de 12 000 livres pour remplacer les billets que la municipalité, de son propre chef, avait émis sur le plan local [4]. L'apparition des petites coupures provoque la hausse des prix de détail.

En février 1792, il est question de créer un atelier de charité pour venir en aide à une classe indigente qui, faute de moyens pour se procurer du pain « dans les circonstances critiques où nous nous trouvons se porte aveuglément à de condamnables excès qu'approuvent avec satisfaction les ennemis du bien qui par là cherchent à s'ouvrir le chemin de la Contre-Révolution ». Notons en passant que les schémas idéologiques et les explications politiques des difficultés rencontrées sont désormais en place.

Le 27 février : un attroupement, dans le faubourg de La Bussate où l'on a attaqué quelques voituriers transportant des grains, voies de fait et atteinte à la libre circulation des grains, infractions à la loi et à l'ordre public, d'autant plus blâmables que si le blé est à un certain prix, au moins les marchés sont abondamment pourvus. On envoie la garde nationale et la gendarmerie avec deux commissaires de la municipalité pour rétablir l'ordre [1].

LA QUESTION RELIGIEUSE TOUJOURS PRÉSENTE

Toujours présente, la division religieuse, par exemple à l'hôtel-Dieu il faut rappeler à la supérieure que, seul l'aumônier officiel, nommé par l'administration, M. Sallée doit remplir toutes les fonctions, alors que dans la réalité personne ne suit sa messe, qu'il n'est jamais appelé auprès des agonisants, on lui laisse seulement les enterrements, auxquels n'assiste aucune religieuse, contrairement à l'usage qui veut la présence de deux sœurs. C'est le prédécesseur, l'abbé Thomas, qui remplit toutes les fonctions d'aumônier avec la complicité des religieuses [5].

En mars, la municipalité délibère sur le fait que les chapelles de tous les établissements sont devenues les lieux du culte du clergé réfractaire, alors qu'en principe elles devraient être fermées ; le maire Desbrandes prend position contre ces « prêtres non conformistes qui ont une conduite bien opposée à l'esprit de la loi... ils cherchent à troubler la Révolution... ils irritent les bons citoyens... ». On constate une meilleure collaboration entre l'administration nouvelle et les autres corps constitués que du temps de Perrier.

En juin un coup de théâtre : démissions du procureur Janet et du maire, à la suite d'un conflit interne du corps municipal, une affaire d'amour-propre, semble-t-il, et non politique. Tous les deux retirent leur démission.

L'ÉTÉ RÉVOLUTIONNAIRE DE 1792 VU D'ANGOULÊME

En juillet, lorsque la patrie est proclamée en danger, c'est une mobilisation générale autant contre l'ennemi intérieur que contre l'étranger qui est ainsi décrétée. Conformément à la loi du 8 juillet, tous les corps administratifs : départements, districts, municipalités sont appelés à siéger en permanence. À Angoulême c'est le 19 juillet que se réunissent à la fois le conseil général du département, celui du district et le conseil général de la commune. Les deux premiers commencent ainsi une longue session extraordinaire qui va se prolonger pendant plusieurs mois, cependant que les directoires semblent se mettre en retrait, c'est particulièrement net pour le département : le registre qui consigne les procès-verbaux de son directoire semble se tarir comme s'il était de moins en moins tenu à jour, et il faut se reporter à celui du conseil général pour suivre le travail qui s'accomplit au sommet du département [6]. Entre le 1er septembre et le 19 octobre rien n'est inscrit sur le registre principal, et ce qui est écrit dans le courant d'août est insignifiant, au regard des événements parisiens, dont le moment central est le 10 août l'attaque des Tuileries et la chute du roi. Nous sommes au début d'une nouvelle Révolution qui renverse la monarchie constitutionnelle, et cet événement majeur de notre histoire n'est même pas consigné sur le registre principal de notre administration départementale, mais nous savons par celui du conseil général que c'est dans l'après-midi du 12 août qu'un courrier extraordinaire a apporté à Angoulême le décret de la suspension du roi. Le 17 août, on apprend que le procureur général syndic du département, Trémeau, a démissionné depuis le 4 août estimant être plus utile, malgré son âge, à se battre pour la patrie aux frontières qu'à remplir sa fonction dans l'administration où il reviendra en mars 1793, mais pendant son absence Memimeau occupera le poste avec le titre de substitut, comme si le directoire lui réservait la place jusqu'à son retour[4].

On ne peut pas dire que l'enthousiasme règne dans ces différents conseils réunis en session extraordinaire et permanente, en particulier au conseil du département, où l'on constate une désaffection dans les jours qui ont suivi l'annonce de la suspension du roi. Il ne faut pas oublier que les conseils du département et des districts sont issus d'un corps électoral censitaire au deuxième degré, alors que celui de la commune est élu par l'ensemble des citoyens actifs au premier degré. Mais les autorités, à tous les niveaux, accomplissent leur travail et suivent les directives des lois et décrets. C'est le moment où il faut s'occuper de la levée des bataillons de volontaires de l'année 1792, les opérations se déroulent sur l'étendue du département entre le 5 et le 12 août, dans le cadre des cantons, sous la direction de commissaires nommés à cet effet. Des cinquante-sept compagnies de cent à cent trente hommes, Angoulême en fournit quatre et même les invalides du château d'Angoulême se portent volontaires[7].

On retrouve dans la ville un état de mobilisation qui rappelle un peu celui de la Grande Peur, mais sans l'anxiété cette fois d'un danger imminent d'invasion. Il s'agit davantage d'une application de la législation que d'une mobilisation spontanée. On fait l'inventaire des armes et des canons de la ville, qui d'ailleurs ne sont bons à rien, l'inspection de la garde nationale, on assure des permanences de nuit dans les différents conseils. Dans ces derniers, de nouvelles commissions sont formées, chargées d'étudier les questions et les problèmes brûlants, en particulier celle des cinq, chargée d'un rapport sur les mesures à prendre contre « les prêtres fanatiques et perturbateurs ».

Le 18 août, c'est un comité de sûreté publique de six membres qui est formé dans le même conseil du département, et le même organisme est composé, mais avec trois membres, à l'intérieur du conseil du district, tandis que la commune d'Angoulême, elle, met debout une commission de désarmement des citoyens suspects. Avec ces créations, on voit poindre pour la première fois et pour un temps très court, ces organes révolutionnaires circonstanciels, créés dans les moments de tension ou de danger, et qui fleuriront surtout à partir de l'été 1793. À la mairie, siège une commission chargée de dresser la liste des suspects, en application de la loi du 28 août 1792, et c'est l'évêque Joubert, très assidu aux séances municipales, qui est désigné comme rapporteur de ladite commission[1]. Le 10 septembre la séance est particulièrement animée, on y traite de la question des suspects et on nomme seize commissaires pour faire des visites domiciliaires. Ainsi en août-septembre, Angoulême a connu à sa manière sa « première Terreur » mais amortie, à peine esquissée, nullement comparable à celle de Paris : ni massacres, ni victimes et le temps des détentions politiques n'est pas encore venu ! Manifestement il y a un décalage entre la Révolution parisienne et l'état d'esprit et la mentalité du département. En particulier les administrations n'étaient pas du tout préparées à la chute de la monarchie constitutionnelle, mais légalistes, consciencieuses et appliquées, les autorités charentaises obéissent et mettent en pratique la législation reçue, cependant qu'ici et là quelques voix s'élèvent pour dénoncer la complaisance et le manque de rigueur envers les ennemis de l'intérieur, voix qui annoncent l'arrivée d'une nouvelle catégorie de révolutionnaires plus avancés que ces notables en place depuis les élections de 1790.

D'ailleurs, il y a au moins une autorité qui ne suit plus et préfère démissionner, c'est Pierre Philippe Lambert, président du district. Lorsqu'il s'agit pour chaque responsable de prononcer le serment de fidélité à la loi, le 17 août, Lambert s'abstient et cesse d'assister aux séances pendant quelques jours. Quand il y revient, il ne participe pas aux délibérations. Il est déclaré suspect par la commission du désarmement de la municipalité chargée justement de les découvrir [8]. Au début de septembre, on lui refuse de se rendre sur ses terres (district de Saint-Jean-d'Angély) pour faire ses vendanges. Il doit rester à son poste et finalement, à la fin de septembre, il démissionne en tant que président et membre du conseil du district. Ce départ est significatif de l'abandon d'une certaine bourgeoisie ou noblesse libérale, qui progressivement en 1792-1793 s'écarte ou est écartée des affaires.

À compter de septembre, une foule de gens défile au bureau municipal : autorités de toutes sortes, prêtres et vicaires épiscopaux, simples citoyens... pour prêter individuellement le serment dit de liberté-égalité institué en août, par lequel on fait allégeance à la nouvelle situation politique issue du 10 août. D'ailleurs, le registre des délibérations municipales devient alors le recueil de toutes sortes d'actes, attestations, déclarations, certificats de résidence... légalisés ou délivrés par le bureau municipal, sorte de permanence assurée par des officiers municipaux. Aux délibérations du conseil de la commune dont les procès-verbaux sont perdus au milieu d'une multitude d'actes individuels ainsi enregistrés, on constate à partir de septembre qu'il y a peu de présents, et en particulier le maire Desbrandes pendant plusieurs semaines cesse d'assister et de présider... jusqu'au 24 novembre, où il revient pour annoncer le renouvellement total du corps municipal en application de la loi du 19 octobre 1792 [1].

DUBOIS-BELLEGARDE
1738 - 1824 ou 1825 ?

Reproduction tirée des Études locales, article de Jérôme BUJEAUD, sans aucune indication sur le portrait correspondant.
Ce révolutionnaire a représenté Angoulême dans toutes les assemblées successives, de la législative au coup d'état de BONAPARTE.
Figure de proue, idole des révolutionnaires angoumoisins en 1793-1794, régicide sans état d'âme, s'affichant montagnard et jacobin. En fait il n'était pas une tête politique. Ancien militaire, il remplit plusieurs missions de représentant aux armées entre 1792 et 1795.

ÉLECTIONS DES DÉPUTÉS À LA CONVENTION

Au début de septembre, à La Rochefoucauld, l'assemblée électorale du département avait désigné ses neuf députés à la Convention nationale. Angoulême cette fois avait été particulièrement bien servie, puisque quatre députés étaient de la ville ou de la proximité immédiate, tous y ayant un domicile.

Élus en tête et dès le premier tour de scrutin : Dubois-Bellegarde et Jean Guimberteau déjà représentants à la Législative. Maulde de L'Oisellerie, déjà suppléant à la Législative où il avait siégé le dernier mois, réélu encore comme suppléant, mais tout de suite appelé à remplacer Carra, un journaliste qui avait opté pour un autre département. Enfin Jean Brun, le procureur du district depuis 1790 et dont nous avons suivi la carrière depuis l'Ancien Régime, où il était le lieutenant du maire et le subdélégué de l'intendant de Limoges.

Le premier acte de la Convention dès le 21 septembre avait été d'abolir la royauté en France, et la municipalité d'Angoulême en enregistra le décret le 23 septembre après l'avoir reçu du département.

RENOUVELLEMENT DE TOUTES LES AUTORITÉS (FIN 1792)

Le mois suivant, par la loi du 19 octobre 1792, l'assemblée décrétait le renouvellement de toutes les administrations, et ainsi le pays entrait dans un nouveau cycle d'élections répétées, rappelant l'année 1790, mais plus concentrées dans le temps, puisqu'elles allaient toutes se dérouler en novembre et décembre. Il y avait une autre différence entre 1792 et 1790 : le loi du 19 octobre reprenant en gros le mode d'élection à la Convention, décidé par la Législative, ne distinguait plus à la base citoyens passifs et citoyens actifs et instituait une sorte de suffrage universel : vingt et un ans pour élire et vingt-cinq ans pour être élu, être domicilié, vivre de son revenu ou du produit de son travail, ne pas être domestique ou mendiant, telles étaient les conditions, mais dans le contexte du moment, tant en septembre qu'en novembre et décembre, il y eut moins de votants que dans les assemblées électorales primaires de 1790. On estime qu'un dixième à peine des citoyens participèrent ainsi aux assemblées primaires d'août 1792 pour désigner les électeurs de l'assemblée électorale de département et pour les élections de novembre-décembre à Angoulême, d'un scrutin à l'autre du fait de l'effet d'usure, ce pourcentage pouvait tomber encore plus bas. On renouvela ainsi les administrations du département, du district, les juges de paix, ceux du tribunal de district, le président et l'accusateur public du tribunal criminel, les juges du tribunal de commerce, pour arriver enfin au renouvellement de la municipalité à compter du 3 décembre. Manifestement, à voir le nombre des votants, des suffrages recueillis et les refus aussi d'accepter les mandats, tout le monde est fatigué d'aller aux urnes et on constate que même les élections des principales autorités peuvent être frappées par la désaffection générale [1].

Le 9 décembre, Resnier est élu maire, au deuxième tour, par deux cent soixante-quinze voix, Henry l'aîné en recueillant soixante-dix-huit sur un total de trois cent quatre-vingt-deux votants. Le lendemain, à l'élection des onze officiers municipaux, au premier tour aucun élu avec deux cent quatre-vingt-deux votants, tous passent au deuxième tour à la majorité relative, mais ce qui est nouveau, certains refusent la place faisant valoir leurs occupations professionnelles trop contraignantes et on doit aller chercher les suivants de la liste, nouveaux refus... au point qu'il faudra voter de nouveau le 16 décembre pour compléter le corps des officiers municipaux, finalement bien différent de celui qui était sorti des urnes au départ. L'élection du procureur de la commune, non plus, ne fait pas recette, Étienne Souchet est quand même élu au deuxième tour avec cent soixante voix sur deux cent sept votants. Le 18 décembre pour désigner les vingt-quatre notables, encore moins de participants, et on déclare élus les vingt-quatre premiers qui ont recueilli entre soixante-douze et trente-huit voix ! Le 20 décembre, la nouvelle municipalité est installée.

LE QUATRIÈME MAIRE

André Resnier (1726-1810) : le quatrième maire de la ville en moins de trois ans ! et cette instabilité est le résultat de la simple exécution des lois, indépendamment de la situation politique locale. Greffier en chef du présidial sous l'Ancien Régime, comme l'avait été son père avant lui, il vient d'être élu juge de paix « intra-muros » quinze jours avant d'être porté à la mairie, d'où une élection de plus à faire !

Resnier et Souchet vont devoir administrer la ville dans les moments difficiles de 1793 où la situation se radicalise, les clivages se creusent et les prisons se remplissent. Très vite, aux yeux des révolutionnaires d'Angoulême, cette municipalité ne sera pas à la hauteur des circonstances. Resnier et Souchet penchent du côté des modérés, le premier plus neutre et semble-t-il assez effacé, le second plus affirmé, d'où la crise de juillet 1793. Resnier est le dernier maire modéré, avant la mainmise révolutionnaire sur la municipalité. En état de détention à son domicile sous la Terreur, il sera l'un des premiers à être remis en liberté après thermidor. Durement frappé par la condamnation à mort de sa fille et de son gendre Lavergne, au tribunal révolutionnaire de Paris, qui furent exécutés en même temps en 1794.

Son frère, le général Guillaume Resnier (1729-18..) est plus connu des Angoumoisins, c'est lui qui se lança du rempart du Nord, dans une hardie tentative de navigation aérienne [9].

À la question de savoir si les élections de novembre-décembre 1792 ont apporté un renouvellement profond des corps constitués, on peut répondre que le plus souvent on a reconduit les responsables antérieurs au département, au district et dans les tribunaux ; cependant des têtes nouvelles apparaissent à côté des notables déjà en place. De même à la mairie on assiste à la montée de catégories socioprofessionnelles, qui sans être écartées jusque-là, semblent à présent mieux représentées en nombre : apothicaires, chirurgiens, officiers de santé, avoués... peut-être moins de négociants... Ce sont là des nuances, des degrés dans la même échelle sociale, et à coup sûr on ne sort pas des familles bourgeoises du plateau. Il ne faut pas oublier que la Révolution est une grande aventure nationale où les comportements et les destins individuels comptent plus que l'appartenance à des groupes socioprofessionnels, et les partis politiques ne sont pas encore nés malgré les rapprochements et les affinités idéologiques ou les solidarités dans l'action publique. C'est souvent à l'intérieur même des familles angoumoisines que des tonalités, des sensibilités différentes peuvent se soupeser face à la situation révolutionnaire, quand ce ne sont pas des choix carrément opposés, les uns pour, les autres contre la Révolution, tels qu'il en apparaîtra dans le courant de 1793.

AGGRAVATION DE LA QUESTION RELIGIEUSE

Sous les apparences d'un calme relatif, les difficultés et les problèmes brûlants accaparaient les autorités, en particulier les affaires religieuses. Depuis 1791 une véritable guerre de tranchées opposait clergés réfractaire et constitutionnel, au point de décourager l'évêque constitutionnel Joubert et son conseil épiscopal. Par une lettre du 2 novembre 1791 au département, ces derniers en venaient à se demander s'il n'était pas préférable, devant le succès du culte réfractaire dans les chapelles, de rouvrir toutes les églises et les chapelles et de laisser ainsi s'exprimer au grand jour, des réunions secrètes et mystérieuses qui échappaient à la surveillance de la police [10]. La Législative prenait des mesures de plus en plus répressives contre les prêtres réfractaires par les décrets du 29 novembre 1791 et du 27 mai 1792, auxquels le roi refusait sa sanction. Progressivement on passait des interdictions aux persécutions, surtout dans la période d'août-septembre 1792, où le décret du 26 août décidait la déportation de tous les prêtres réfractaires, la déportation ayant ici le sens d'obligation de quitter le territoire français. Cette mesure atteignait plus de deux cents prêtres charentais dont l'évêque d'Albignac qui jusque-là n'avait pas voulu émigrer. C'est à Paris, à la section de Grenelle qu'il fit sa déclaration de départ pour l'Angleterre en novembre 1792. Quelques prêtres angoumoisins l'y suivirent, la plupart de ceux qui s'exilèrent prirent le chemin de l'Italie ou de l'Espagne [11]. Mais beaucoup se cachèrent. D'autre part, depuis septembre, le clergé constitutionnel et les prêtres n'ayant pas eu à prononcer le serment de la

Constitution civile du clergé parce qu'ils n'exerçaient pas de fonction publique, furent astreints à prononcer le nouveau serment dit de « liberté-égalité » qui était un serment civique sans référence à la religion.

Le clergé constitutionnel, à la fin de 1792, continuait de célébrer le culte, et l'on faisait dire des messes à l'occasion de l'installation des autorités, comme en 1790, par exemple, le 25 novembre pour mettre en place les juges du tribunal du district.

Le 28 décembre, un membre du conseil municipal intervenait pour signaler que les prêtres insermentés recommençaient leurs anciennes menées, causant du scandale dans les offices célébrés par le clergé constitutionnel, notamment à Saint-André et aux Bézines, et allant de maison en maison pour annoncer l'heure de leur messe, ou faisant circuler des billets tels que : « Il y aura messe à neuf heures qui ne sonnera pas. » Cette fois le clergé réfractaire resté sur place est entré dans la clandestinité, profitant de l'interdiction du costume ecclésiastique depuis août. La municipalité demandait au département de faire exécuter la loi contre les prêtres non assermentés, une délégation municipale devait aller en présenter la demande au département [1]. Est-ce en réponse qu'un arrêté du département, du 26 février 1793, décidait de regrouper à Angoulême dans l'ancien couvent des Carmélites tous les prêtres infirmes, sexagénaires, qui étaient insermentés ou avaient rétracté leur serment et qui « par leur dispersion dans toutes les parties du département auraient la facilité de suivre leurs vœux liberticides » [4] ?

L'un des effets de la législation votée depuis 1790, en bouleversant l'organisation du clergé, avait été de le faire sortir de ses cadres traditionnels et administratifs et de le rendre plus nomade, d'où des difficultés pour le surveiller, et c'est ce qui explique l'arrêté du conseil général du département, le 3 août 1792 qui ordonnait à tout prêtre non fonctionnaire et non né dans ce département d'en sortir sous les huit jours, et quand on consulte les listes des prêtres reclus à Angoulême à compter de 1793 on est frappé par l'extrême diversité de leurs origines géographiques.

Autre sujet de préoccupation, propre à la ville d'Angoulême : la montée des prix des denrées alimentaires, ce n'est pas pour le moment la pénurie des grains, mais par deux fois, en octobre 1792 et en janvier 1793, il faut taxer le prix de la viande de cochon et du lard, les marchands sont mécontents des prix fixés mais la municipalité maintient ses tarifs.

À compter du 21 février 1793, en application de la loi du 26 janvier 1793, la mairie doit délivrer des certificats de civisme aux fonctionnaires en place pour continuer leur fonction. Tous les deux jours le conseil général délibère avant de procéder par scrutin et ces opérations vont se dérouler sur plusieurs semaines, avec possibilité pour ceux qui ont vu le certificat refusé de repasser leur demande. Mais, très vite, la Société des Amis de la liberté et de l'égalité reproche à la municipalité d'avoir accordé des certificats après les avoir refusés dans un premier temps. Il est vrai qu'au moment où la municipalité est ainsi critiquée, Angoulême est entrée dans une nouvelle étape de la Révolution.

Quant aux députés d'Angoulême qui siégeaient à la Convention depuis le 20 septembre 1792, le premier à se signaler fut Dubois-Bellegarde par une lettre reçue au directoire du département, le 1er octobre, et dans laquelle en tant que commissaire de la Convention à l'armée du Nord il relate le siège de Lille. Dubois-Bellegarde était, semble-t-il, d'après l'état des archives en matière de correspondance, le premier à vouloir instruire ses mandants sur la politique générale, et plus particulièrement à donner des nouvelles de la guerre extérieure aux frontières.

LE VOTE DES DÉPUTÉS CHARENTAIS DANS LE PROCÈS DU ROI

Mais la grande affaire, à la fin de 1792-début 1793, fut le procès du roi dans lequel les quatre députés d'Angoulême eurent à se prononcer, sans être nullement liés ou guidés par leur département, à un moment où il n'y avait ni consignes ni mandat impératif. Ils eurent à se prononcer en leur âme et conscience, mais aussi dans le contexte parisien du moment, peu enclin à la clémence. Trois sur quatre votèrent la mort du roi. Dubois-Bellegarde, dans un imprimé destiné aux Charentais, soutint l'idée que la Convention avait le droit de juger seule et définitivement Capet, sans appel du peuple, et que sa mort serait un grand exemple. Bien entendu ses votes furent conformes aux intentions exprimées dans cet écrit antérieur au procès.

Jean Guimberteau était dans des dispositions proches et ses votes furent identiques ; d'ailleurs tous les deux siégeaient alors sur les bancs de la Montagne.

Les votes de Jean Brun qui, lui, se trouvait obscurément au milieu de la Plaine, furent les mêmes, sauf qu'il se prononça pour l'appel au peuple.

Seul d'Angoulême, Maulde de l'Oisellerie, après avoir déclaré Capet coupable, ne se prononça pas pour la mort, mais pour la détention perpétuelle, et dans les autres scrutins pour l'appel au peuple et le sursis [9]. Sur les neuf députés du département Maulde et Devars furent les seuls à ne pas voter la mort.

CONCLUSION

Entre 1791 et 1793 la Révolution parisienne est allée vite, très vite, en faisant passer le pays de la monarchie constitutionnelle à la République et la province a eu du mal à suivre les événements. Le renversement de la monarchie multiséculaire à laquelle les Français restaient attachés par de multiples liens, puis le procès et l'exécution du roi, ont été pour beaucoup de citoyens de véritables séismes et ont provoqué stupeur et prudence, attentisme et réticences chez les autorités. Il a fallu un certain temps aux responsables légalistes pour assimiler des changements indépendants de leurs volontés. Et quand éclate, en mars 1793, l'insurrection vendéenne, c'est la proximité géographique de la guerre civile qui va provoquer un déclic et engager les autorités charentaises et angoumoisines dans une défense républicaine sans réserve.

CHAPITRE VII

ANGOULÊME DANS LA TOURMENTE (I)

(Mars - octobre 1793)

C'est l'insurrection vendéenne avec la peur qu'elle suscite et les mesures qu'elle entraîne, qui fait entrer Angoulême et le département de plain-pied dans la Révolution au printemps de 1793. Jusqu'alors on avait pratiqué une politique modérée, tant dans la surveillance et l'arrestation des suspects que dans la conduite des affaires. On assiste, à partir de mars, à un durcissement vis-à-vis de tous ceux qui sont adversaires déclarés ou supposés du régime, et en même temps on active les mesures destinées à lever et armer les volontaires que l'on dirige au plus vite vers la Vendée[1].

Le 14 mars arrive à Angoulême un ordre de réquisition émanant des deux commissaires de la Convention, Bernard et Guimberteau, qui séjournent alors à Saintes, et qui demandent à la Charente de diriger au plus vite sur Nantes l'équivalent de deux bataillons d'infanterie avec quatre pièces de canons. Les deux députés étaient envoyés dans les deux départements charentais pour exécuter la levée des trois cent mille hommes.

ANGOULÊME ET LE DÉPARTEMENT EN ÉTAT DE MOBILISATION

Le 16 mars : le Directoire du département décrète que, dans toutes les communes, les municipalités devront faire les visites domiciliaires, afin de désarmer les suspects et distribuer leurs armes aux gardes nationales chargées de maintenir l'ordre public : le même jour, à 9 heures du soir, un courrier extraordinaire du directoire des Deux-Sèvres demande à la Charente d'envoyer le plus promptement possible toutes les forces dont on pourra disposer, afin de faire face à l'insurrection. Le directoire charentais siège toute la nuit, multiplie les appels et les consignes : aux autres autorités d'Angoulême de se joindre à lui, à celles extérieures à la ville, sur l'étendue du département, de se réunir en permanence et de se mettre en état de surveillance, et en même temps par des courriers extraordinaires on alerte les trois départements limitrophes : Haute-Vienne, Dordogne et Gironde. Une relation permanente avec des relais intermédiaires s'établit entre Angoulême et Niort, on place les canons sur les remparts de la ville. Un courrier venant de Saintes apporte des nouvelles alarmantes et des précisions sur la rébellion. On réquisitionne, au port de L'Houmeau, un chargement de fusils venant de Rochefort, et qui était destiné à la marine, pour les distribuer aux volontaires en partance pour les Deux-Sèvres. Les invalides du château sont invités à remettre leurs fusils et leurs gibernes, et en échange on fournira à chacun une pique. La ville et les faubourgs devront rester illuminés la nuit suivante. Deux compagnies de volontaires d'Angoulême et une du canton de La Valette, environ six cents hommes, défilent dans la salle de délibérations du directoire, pour entendre un discours du président de séance Michel Marvaud, avant de prendre la route de Niort.

Le 18 mars : les courriers et les commissions se multiplient entre les chefs-lieux, en particulier Angoulême et Niort. Jean-François Léridon, président du tribunal criminel, reçoit une « commission » pour mettre en place les relais, avec des postes de chevaux, à savoir Saint-Genis, Rouillac, Siecq et Matha, et ensuite il devra séjourner à Niort pour se concerter avec les autorités des Deux-Sèvres. Effectivement dans la deuxième quinzaine de mars, c'est Léridon qui, dans une série de lettres adressées de Niort, renseignera le département sur l'évolution de la situation vendéenne. Tout le Sud-Ouest se met aussi en état d'alerte et de liaison permanente : Limoges, Périgueux, Bordeaux, et chacun promet d'envoyer ses bataillons de volontaires. En Charente, chaque canton s'occupe de lever le sien, ce qui ne va pas sans résistance de la part des intéressés. Ainsi, à Angoulême, le 5 mars, c'est-à-dire avant l'insurrection, une centaine de jeunes gens s'étaient réfugiés sur les Chaumes de Crage en dehors de la ville, on en avait arrêté trente à quarante, et les autres s'étaient enfuis à l'approche de la troupe. De même, on signale que dans certains cantons du district de Confolens, il y a des refus de fournir des volontaires de la part de quelques communes.

Le 19 mars : dans la soirée, arrivent à Angoulême les deux conventionnels commissaires, Bernard et Guimberteau, ce dernier étant d'ailleurs angoumoisin. Quelques jours plus tard, ils feront sur le département un rapport plutôt optimiste et fortement teinté de l'esprit montagnard qui les anime : « L'esprit public est porté au niveau du vrai républicanisme... les autorités constituées et la société populaire ne forment qu'une seule assemblée, n'ont qu'une volonté... pourtant les aristocrates, journalistes stipendiés sans oublier les membres de la Convention nationale bien plus coupables encore que les autres ont distillé leur poison pour diviser les citoyens et les aigrir contre les vrais patriotes... pour empêcher le recrutement de l'armée... bientôt nous enverrons au tribunal extraordinaire quelques trente et quelque scélérats qui s'étaient réunis pour massacrer ceux qui s'aprêteraient *(sic)* au recrutement, l'un de nous y a des parents, d'anciens amis et ceux-là seront le moins ménagés. Succès de la levée des volontaires dans les districts : Ruffec qui devait trente-deux hommes en fournit quatre-vingt-seize... Ce département avant la loi du recrutement avait ordonné la formation d'un nouveau bataillon pour les frontières et les hommes de ce bataillon ne sont pas comptés dans le contingent du recrutement. Nous venons de mettre en état d'arrestation Lambert l'un des entrepreneurs de la fonderie de canons de Ruelle. Nous avons fait arrêter le curé de Roullet (Labrue)... [2] ». Voilà déjà en mars 1793 le langage et l'esprit des représentants en mission de l'an II. Mais manifestement nos deux conventionnels dramatisent la situation locale et « les trente et quelque scélérats... » ne peuvent être que les jeunes gens rassemblés sur les chaumes de CRAGE, excités depuis la veille et leurs palabres n'ont pas échappé aux autorités qui les font cueillir sur le champ.

NOUVEAUX ORGANES RÉVOLUTIONNAIRES

C'est dans le registre du directoire départemental, que l'on suit le mieux les retombées de l'insurrection vendéenne en Charente et à Angoulême, avec les réunions désormais communes des trois corps : département, district et commune. Mais à y regarder de près, en relevant dans les procès-verbaux de séance les noms des présents, on constate qu'il s'agit surtout de membres du conseil général et du directoire départementaux, et que district et municipalité n'y ont qu'une maigre délégation. Néanmoins on trouve là un organisme circonstanciel et informel, comme la Révolution devait en sécréter à plusieurs reprises dans les moments de panique et de tension. Trop nombreux pour agir efficacement, ils délèguent leurs attributions à des comités ou des bureaux restreints, qui siègent en permanence.

ARRESTATIONS, LES PRISONS SE REMPLISSENT

L'assemblée du 22 mars, sous la présidence de Marvaud, décide de diviser les suspects en deux catégories : ceux qui sont susceptibles d'agir et que l'on arrête, les moins dangereux qui sont désarmés et consignés chez eux. C'est le moment où les interrogatoires se multiplient et les prisons se remplissent : les hommes qui avaient des responsabilités quelques mois plus tôt dans la ville ou le district (Lambert, Perrier...) à la tour du château, les femmes au couvent des Ursulines qui reçoit aussi un contingent de plus de soixante personnes du district de Saint-Maixent, c'est-à-dire des suspects des Deux-Sèvres avec leurs familles et leurs domestiques parfois, que l'on avait dirigés sur Angoulême pour les éloigner du théâtre des opérations militaires, enfin les ecclésiastiques, regroupés au couvent des Carmélites. Pour ces derniers, il ne s'agit pas seulement des insermentés infirmes et sexagénaires que l'on avait regroupés depuis février pour les empêcher d'agir mais de prêtres qui, soit n'avaient pas eu à prononcer le premier serment de 1790 parce que n'occupant pas ou plus de fonctions publiques, soit des curés assermentés ayant souscrit à toutes les obligations, mais qui se trouvent en butte aux dénonciations de groupes de citoyens ou de leur municipalité : tels Vigneron grand vicaire d'Albignac et Pierre Labrue, curé de Roullet, dénoncé pour « incivisme » et qui va faire le voyage à Bordeaux avec une quinzaine de réfractaires charentais à la fin d'avril 1793 pour y être embarqué et déporté. En fait Labrue ne sera pas déporté et réintégrera la prison des Carmélites d'Angoulême [3].

Au début d'avril, différents organismes sont en place et suffisamment rodés pour fonctionner au nom des trois corps réunis, à savoir le comité militaire qui s'occupe d'organiser et de préparer les compagnies de volontaires, le comité de sûreté générale qui fait incarcérer les suspects. Dans le courant d'avril, tout en gardant les réunions communes, le directoire départemental s'en détache pour reprendre son travail administratif habituel. Au début de mai, c'est au tour de Poitiers et du département de la Vienne, craignant l'invasion des « brigands » de la Vendée, de connaître la panique et de faire appel à Angoulême, d'où la décision d'envoyer sur Poitiers deux compagnies de volontaires charentais qui étaient sur le point de partir pour Niort.

C'est le 25 mai que la municipalité d'Angoulême fait savoir qu'elle n'assistera plus aux réunions communes « considérant que le danger qui alarmait la République... devient chaque jour moins imminent du fait des victoires remportées et qu'il (le conseil général de la commune) est surchargé de travail à assurer et qu'ainsi il ne peut être à la fois à la maison commune et à l'assemblée générale » [4].

C'est la première fois, depuis 1789, que l'on voit les autorités charentaises agir et entreprendre d'elles-mêmes, sans être dans la situation de subir les changements ou de suivre uniquement des ordres venus de Paris. Prenant conscience de la situation et craignant la contagion ou l'invasion vendéenne, elles font preuve d'initiative, mais leur action s'exerce dans le désordre et s'accompagne d'une certaine dose de panique, qui n'est pas sans rappeler la Grande Peur de 1789. Que de réunions, de comités et commissions, de courriers expédiés dans toutes les directions ! On déploie, un peu dans le vide, un zèle et une énergie fébriles, mais ce trait n'est pas particulier aux Charentais, c'est une donnée fréquente, un fait de société à l'époque révolutionnaire, particulièrement dans la première moitié.

LA SOCIÉTÉ RÉVOLUTIONNAIRE D'ANGOULÊME

Au printemps de 1793, il y a l'accélération des faits et l'aggravation de la situation, à l'affaire vendéenne s'ajoute le duel final Gironde - Montagne, perceptible dans le rapport des commissaires Bernard et Guimberteau. La radicalisation de la situation entraîne une accentuation des divisions et des oppositions politiques, même si ces dernières sur le plan local ne correspondent pas rigoureusement aux grandes lignes de fractures de la politique parisienne. Le 25 avril 1793, les amis de la liberté et de l'égalité qui est la société révolutionnaire d'Angoulême dans son appellation du moment, adressent au département une pétition où on demande le changement, dans le conseil général de la commune, des hommes qui ne sont pas à la hauteur des circonstances où se trouve la République. Leur motion est signée de cent trois citoyens, en tête Latreille, le président, vicaire épiscopal, Blandeau le secrétaire, apothicaire, Guimberteau, avoué, frère du conventionnel... Leclerc dit la Rose... Lescallier... Buchey[4]...

D'un autre côté, depuis mai, des citoyens se plaignent des arrestations de parents et d'amis, et reprochent à la municipalité de rester indifférente à leur égard. Cette dernière décide d'envoyer une adresse au directoire du département pour lui demander de faire examiner les cas d'arrestations et ainsi distinguer les coupables des innocents (30 mai). Le procureur Souchet propose que l'adresse paternelle qui porte la marque de son auteur le maire, soit aussi envoyée au comité de sûreté constitué depuis quelques semaines. Ainsi, au sujet des prisonniers politiques dont le nombre a considérablement grossi, tous les éléments d'une crise sont en place, et elle éclate en juillet.

L'INSURRECTION FÉDÉRALISTE DE BORDEAUX

Mais ce n'est pas tout, à la suite de la victoire de la Commune de Paris sur les Girondins, le 2 juin, plusieurs départements s'agitent et se mettent en état de rébellion. C'est le cas de Bordeaux, à compter du 7 juin. De ce fait Angoulême et les autorités charentaises se trouvent presque à mi-distance de deux foyers de guerre civile, l'insurrection vendéenne au nord, l'insurrection fédéraliste au sud. D'après Babaud-Laribière[5], Mémineau membre du directoire du département aurait été désigné, le 10 juin, pour aller à Bordeaux, prendre connaissance des intentions des autorités de la Gironde, et de retour à Angoulême le 14 juin, il aurait engagé le département et la société populaire réunis, à ne point s'associer à l'entreprise bordelaise. De toute manière, on voit mal les autorités charentaises prendre une telle initiative. Pendant ce temps, Marvaud et Desprez, toujours d'après Babaud-Laribière, auraient été à Paris prendre le pouls de la capitale. Les archives elles, ne portent aucune trace de ces démarches de responsables charentais, qui ne pouvaient être qu'officieuses.

ACCENTUATION DES DIVISIONS POLITIQUES

Simultanément c'est l'approfondissement des divisions et des clivages à travers les organismes administratifs et les familles de la bourgeoisie angoumoisine. D'abord, au sein des familles qui restent dans le même camp, on peut percevoir des nuances et des degrés dans l'adhésion à la Révolution : chez les Henry papetiers, Henry l'aîné est plus modéré que son cadet Pierre Auguste Henry-Villarmain, ou son neveu Dervaud aîné, tous deux plus engagés. De même chez les Clavaud, l'aîné Jean est plus ouvert aux révolutionnaires que le plus jeune Guillaume, carrément réticent. Les quatre frères Guimberteau, derrière leur aîné le conventionnel, adhèrent tous, mais le médecin est plus réservé, semble-t-il. Beaucoup de familles, à présent ramifiées, sur deux générations, fournissent des partisans aux deux camps de la Révolution et de la Contre-Révolution qui se forment sous nos yeux. Chez les Trémeau dont les parentés sont, il est vrai, très distanciées à présent, dans la branche anoblie, il y a le procureur général syndic du département qui a fait cause commune avec la Révolution montante jusqu'en 1795, et dans une autre famille les deux frères Trémeau ordonnés prêtres par Joubert en 1791 : l'un insoumis après rétractation du serment, se réfugie à Ferrare en Italie et l'autre vicaire épiscopal de Joubert est à la veille d'abdiquer, de se marier et de s'établir comme imprimeur à Angoulême [6]. De même, les Sazerac sont assez nombreux pour fournir des officiers municipaux jusqu'en 1793, et un membre du conseil général du district, nommé par Romme en l'an II, mais en même temps deux Sazerac de la nouvelle génération sont émigrés, et combattent en 1792 dans l'armée de Condé. Les trois frères Huet, fils de Simon Huet, marchand de draps, ont émigré en 1791 et 1792 pour combattre dans l'armée des princes avec les gentilshommes d'Aunis, Saintonge et Angoumois, et deux d'entre eux participeront à l'expédition de Quiberon en 1795 ; pendant ce temps, leur beau-frère Philippe Sicard nommé agent de la commune par Romme, en mai-juin 1794, prononce devant le conseil général des discours révolutionnaires purs et durs, et l'année suivante, Pénières, chargé de l'épuration thermidorienne, garde le même Sicard pour en faire le procureur général du district.

C'est un fait assez généralisé que de voir les pères de la bourgeoisie ou de la noblesse locales restés à Angoulême, où ils continuent de vaquer à leurs affaires et les fils eux, émigrés ou présumés tels. Au total au moins une dizaine de jeunes gens de la bourgeoisie d'Angoulême servent dans les armées de l'émigration [7].

LA CRISE DE JUILLET 1793

Le 11 juillet, le maire Resnier, en conseil général, soulève la question des prisonniers de la tour. À l'unanimité, le conseil demande au département d'abréger leur détention, en se prononçant sur leur sort. Une commission de six membres, le maire en tête, présente la requête au directoire, en lui demandant d'accélérer la procédure vis-à-vis de « ceux qu'on ne peut convaincre de crime ni de complots nuisibles à la patrie », faisant valoir que les délais fixés par le département pour étudier leur cas sont trop longs à un moment où « les chaleurs excessives rendant le séjour des détenus mortel il est de la justice et de l'humanité de se hâter à prononcer sur leur sort... ». De plus, on va se prononcer sur la Constitution, et il n'y a pas de raison d'empêcher ces détenus de venir l'approuver en tant que citoyens. Dans un autre texte, d'une manière solennelle, la commune s'adresse à toutes les autorités constituées : « Il ne se passe aucun jour que nos concitoyens désolés ne nous demandent avec le plus vif intérêt et à grands cris quels sont les crimes qu'ont commis leurs pères, leurs parents, leurs amis depuis longtemps détenus et incarcérés... Ah ! Si vous n'avez pas la force de les mettre à couvert de l'oppression, au moins indiquez-leur un tribunal plus juste que le vôtre. Cessez d'être l'instrument passif des volontés tyranniques de quelques perfides individus [8]... »

Le 14 juillet, le conseil général, le maire, cinq officiers municipaux, dix notables étant présents, avec le procureur Souchet et le substitut Ganivet, remet en liberté une dizaine de détenus.

Le même jour, en assemblée primaire, dans leurs sections respectives, les citoyens d'Angoulême se prononcent sur l'acte constitutionnel. Les sections changent de noms : Saint-André devient le centre, L'Houmeau la fraternité, les Cordeliers la liberté et Saint-Martial les sans-culottes. Quelque 1 325 citoyens, soit la plus forte participation électorale de la Révolution, approuvent la deuxième Constitution de notre histoire, qui ne sera jamais mise en application. Il ne pouvait être question de voter contre, et bien mieux, dans l'une des sections, deux citoyens, dont un, Lassée, proposent que ceux qui, sans cause légitime, ne sont pas venus approuver, soient regardés comme de mauvais citoyens, indignes de toute fonction publique, et qu'ils figurent sur une liste à publier. Le vœu est repris, et il sera porté à la Convention nationale, qui dut en recevoir de semblables en grand nombre. C'est un député charentais Devars (ou Desvars) qui intervenait à la séance du 11 août 1793 de la Convention pour s'opposer au décret tendant à interdire l'éligibilité à toute fonction publique aux citoyens qui n'auraient pas apporté leur soutien à la Constitution, en n'assistant pas aux assemblées primaires [9].

Le 20 juillet, nouvelle pétition en faveur de la libération des détenus de la tour du château, séance tenante le conseil décide l'élargissement d'une nouvelle série, soit au total vingt-sept citoyens ou citoyennes : Perrier l'ancien maire, Lambert l'ancien président du district, le prêtre Vigneron, la dame veuve Montalembert, la dame Roy... Le commandant de la garde nationale Lescallier est chargé de les remettre en liberté et d'après le compte rendu qu'il en fait le lendemain, l'opération s'est déroulée au milieu de l'allégresse et de la satisfaction générale, et d'une affluence telle que les forces de l'ordre ont eu du mal à se frayer un chemin jusqu'à la première porte de la tour.

LA MUNICIPALITÉ FACE AU DÉPARTEMENT ET À LA CONVENTION

Alors le département réagit, et demande à la mairie de lui rendre compte de sa décision : maire, procureur, deux officiers municipaux et deux notables sont convoqués. Ils refusent d'obtempérer, jusqu'à ce que l'on ait fait connaître une loi qui les soumette à cette subordination (22 juillet). Le lendemain, le maire et le procureur sont suspendus provisoirement de leurs fonctions, et c'est Henry aîné, qui préside la séance du conseil, qui décide d'envoyer à Paris un mémoire explicatif, de même qu'une proclamation aux administrés. Dans les jours qui suivent, des accusations d'incivisme et d'aristocratie circulent contre les autorités communales, et le 31 juillet, on apprend à Angoulême que la Convention a donné raison sur toute la ligne au département : elle suspend tous ceux qui ont signé la mise en liberté, le maire et le procureur sont convoqués à la barre de l'assemblée, et les personnes libérées doivent réintégrer leur prison.

On assiste à ce moment-là à un revirement dans le conseil général de la commune : Blandeau, l'apothicaire, qui avait signé la mise en liberté et participé à la rédaction des documents justificatifs adressés à Paris et aux administrés, retire sa signature et se désolidarise de la conduite jusqu'alors adoptée, prétextant que le procureur Souchet l'a induit en erreur au sujet des lois en cours, et plusieurs notables le suivent dans sa volte-face.

Le 4 août, le conseil général restant, par cooptation semble-t-il, nomme une dizaine de personnes pour remplacer ceux suspendus, toutes de tendance révolutionnaire assez prononcée : Buchey apothicaire, Hubert, Aubert marchand, Thibault greffier du tribunal, Tillet marchand, Guimberteau avoué, Callaud chirurgien, Latreille ministre du culte catholique, Hazard huissier. Buchey est élu procureur et Latreille substitut. Ce nouveau conseil demande au comité de salut public de la ville d'exercer la plus grande vigilance sur les étrangers de plus en plus nombreux dans la commune, et au concierge de la tour d'être très strict vis-à-vis de ceux qui rendent visite aux détenus. D'ailleurs, à plusieurs reprises, le conseil revient sur la réglementation de ce droit de visite aux prisonniers de la tour.

DESTITUTIONS À LA MAIRIE

C'est à la fin d'août que l'on connaît à Angoulême le décret du 26, par lequel la Convention destitue six membres du conseil général dont Sazerac, Ganivet, Clavaud jeune, Petit (prêtre)... Resnier est réintégré dans sa fonction de maire, mais Souchet reste suspendu. Enfin une arrestation est décrétée, celle de Descordes, et la municipalité est chargée d'établir un dossier contre ce suspect, et de l'envoyer au comité de sûreté générale de Paris [10].

L'affaire des prisonniers de la tour trouvait ainsi son épilogue dans le désaveu total et la mise au pas des autorités de la ville. Jusqu'à ce moment la Charente avait cette particularité de garder à Angoulême une municipalité plus modérée que les autorités du département, contrairement à la situation la plus répandue dans le pays, d'abord à Paris, où la Commune faisait un peu la loi depuis 1792, et aussi dans la majorité des autres départements. Mais la situation ainsi créée n'est pas non plus définitive, avec la venue du représentant Roux-Fazillac, en septembre, c'est à une mise à l'heure montagnarde du département que l'on va assister.

Fin août : quelle joie pour les révolutionnaires angoumoisins d'avoir Dubois-Bellegarde dans leurs murs ! Le conseil général de la commune est le premier à lui témoigner son sentiment, et le directoire du département lui demande de trouver une solution au cas Descordes en état d'arrestation, et qui demande un sursis à sa détention. Le 1er septembre Bellegarde passe en revue la garde nationale rassemblée sur la place de la Commune (l'ex-promenade d'Artois) ayant à ses côtés le général Lechelle, un autre Charentais, dont il a favorisé l'avancement ultra-rapide, et qui bientôt ira commander les armées républicaines de Vendée, où il fera preuve d'incompétence, au point d'être obligé de démissionner au bout de quelques semaines et de mourir de chagrin peu après.

ROUX-FAZILLAC À ANGOULÊME

C'est le 15 septembre que Pierre Roux-Fazillac, député de la Dordogne, montagnard grand teint, arrive à Angoulême, investi d'un mandat de représentant en mission, qui couvre plusieurs départements dont la Charente et la Dordogne, où il réside. Deux jours après son arrivée, son collègue Tallien reprend la ville de Bordeaux aux fédérés, ce qui permet à Roux-Fazillac d'envoyer les huit bataillons charentais sur Niort et la Vendée, bataillons levés en application de la loi du 23 août 1793 dite de la levée en masse. C'est la raison première de sa mission en Charente [11]. On parle toujours de volontaires, mais en fait il s'agit désormais d'un enrôlement forcé de jeunes gens de dix-huit à vingt-cinq ans. Comme en mars 1793, en septembre tout un dispositif de recrutement a été mis en place dans les municipalités et les cantons. L'historien Boissonnade nous a décrit le séjour de trois à six mois de ces Charentais en Vendée, dans le dénuement, l'oisiveté, les maladies, tout un cortège de maux qui provoquaient les désertions. Devant les difficultés de l'armement, Roux-Fazillac, dès son arrivée, conçoit le projet d'établir à Angoulême une manufacture de fusils et il envoie deux commissaires à Tulle et à Saint-Étienne pour se renseigner et faire les achats nécessaires, mais le projet ne survivra pas à son passage.

DESTITUTIONS AU DÉPARTEMENT

Par le moyen d'un organisme révolutionnaire nouveau, dit le comité de surveillance général, dans lequel chaque district du département est représenté par au moins une personnalité politique sûre, il opère un renouvellement de l'administration départementale. Il s'agit d'une procédure révolutionnaire nouvelle, qui consiste, en dehors des élections, à faire destituer les responsables modérés par des révolutionnaires choisis et organisés à cet effet. Ainsi le vingt-sixième jour du premier mois de l'an II : 17 octobre (le calendrier républicain n'a pas encore son appellation définitive) ce comité de surveillance départemental, délibérant en assemblée, destitue Mémineau, Maulde et Mignot, du directoire central « pour fait de fédéralisme et d'incivisme », ainsi que le secrétaire général Ducluzeau, et les remplace par Quichaud, Despres et Latreille. La même opération est faite pour le conseil général du département dont on écarte par exemple Dubois-Labernade curé constitutionnel de Beaulieu. La disgrâce des premiers n'est pas encore totale, elle viendra quelques mois plus tard, avec des accusations précises, ainsi que la prison, en février 1794 [12].

NOUVELLE MUNICIPALITÉ

C'est le même comité qui opère une refonte totale de la municipalité d'Angoulême. Cette fois, il s'agit d'un renouvellement entier, préparé par Roux-Fazillac, mais rendu public sous Harmand, qui lui a succédé, à la date du 22 octobre. Les responsables de la mairie, qui avaient échappé à l'épuration de la Convention en août, sont cette fois écartés : Resnier, le maire, qui avait réapparu le 7 septembre, Henry aîné, qui avait présidé et assuré l'intérim. C'est le « comité général » qui a proposé à la nomination d'Harmand le nouveau conseil général et la liste incomplète des officiers municipaux. Avec ce nouveau conseil général nous sommes face au noyau central révolutionnaire angoumoisin, au moment de l'approche maximale d'un recrutement plus populaire. Malheureusement, la profession de chacun n'est pas donnée mais il y a indiqués : un huissier, un cordonnier, un garde... C'est le moment dans l'histoire de la Révolution où l'on s'écarte le plus du recrutement traditionnel des notables, par une sorte d'injection d'éléments nouveaux, mais il ne s'agit nullement d'une relève sociologique ou socioprofessionnelle globale, et dès qu'on regarde du côté des officiers municipaux, du maire et du procureur, on retrouve la garantie des notabilités traditionnelles de la ville, même s'il s'y trouve quelques têtes chaudes. Le maire, Michel Marvaud surtout, continue une carrière commencée sous l'Ancien Régime à la mairie, sans interruption, ou si brève sous la Révolution, pour finir grand notable sous l'Empire. Il se situe à la charnière des modérés et des révolutionnaires avancés, ce qui fait qu'il réussira à mécontenter les uns et les autres et des moments difficiles restent à traverser pour Michel Marvaud, promu à la tête de la mairie, alors que la Terreur n'en est qu'à son début.

LE CINQUIÈME MAIRE DE LA VILLE

Michel Marvaud-Baudet (1743-1820) : de l'administration des eaux et forêts comme son père sous l'Ancien Régime, premier assesseur du dernier corps municipal d'Angoulême avant 1789, avait failli être le quatrième député du tiers état de l'Angoumois en 1789. Au directoire du district de Cognac en 1790, au conseil général du département en 1791, au directoire du département à partir de décembre 1792. Vice-président et remplaçant souvent le président du département Dumas-Champvallier en 1793. Maire d'Angoulême d'octobre 1793 à mai 1795, puis de nouveau d'octobre 1795 à avril 1796 avec le titre de président de l'administration municipale. Commissaire du pouvoir exécutif du Directoire près le département d'avril 1796 à avril 1798. Législateur au Conseil des Cinq-Cents, d'avril 1798 au coup d'État de Bonaparte. Sa grande carrière publique se termine alors, mais il demeure juge de paix et président du canton de Jarnac sous le Consultat et l'Empire, de même que membre du conseil d'arrondissement. Il est difficile de trouver une carrière plus remplie [6].

LA SITUATION A LA FIN D'OCTOBRE 1793

Ainsi, à la fin d'octobre 1793, après le séjour de près d'un mois de Roux-Fazillac, suivi d'un second représentant en mission, Harmand, qui a pris le relais, Angoulême et la Charente ont été mis au pas et à l'heure de la politique montagnarde, tant par l'épuration des corps administratifs centraux que par l'adjonction d'organismes nouveaux circonstanciels, dont certains n'ont qu'une existence bien éphémère. Dans les trois corps légaux d'Angoulême, seul le district n'a pas été touché. L'élimination des révolutionnaires modérés ne va pas sans lâchetés de la part de leurs collègues restants, par exemple, le 1er nivôse an II, quand les membres du directoire départemental retirent leur signature, accordée quelques jours plus tôt, à un certificat de civisme pour Mémineau lui-même au directoire depuis 1790 [13].

Dans le domaine ecclésiastique la situation aussi évolue. Lorsque le

30 septembre 1793 Jean-Pierre Guimberteau, curé de Chadurie se marie à Angoulême il est assisté de nombreux parents et amis qui représentent la fine fleur révolutionnaire angoumoisine ; entre autres on relève, à l'acte, les signatures de Roux-Fazillac le représentant en mission, Mémineau, Latreille, Blandeau (apothicaire, cousin de la mariée), deux Guimberteau (cousins du marié, frères du conventionnel, l'un vicaire de Saint-Pierre, l'autre avoué)... l'abdication et l'abjuration du clergé constitutionnel charentais ne sont pas loin.

CHAPITRE VIII

ANGOULÊME DANS LA TOURMENTE (II)

(Octobre 1793-octobre 1794)

Après celle du printemps précédent, c'est à une nouvelle avancée de la Révolution que l'on assiste à l'automne 1793, cette fois sous l'impulsion directe des 2 représentants en mission qui se succèdent à Angoulême : après Roux-Fazillac retourné à Périgueux, d'où il continue de s'occuper des questions qu'il a lancées, Jean-Baptiste Harmand de la Meuse, présent à Angoulême du 14 octobre au 10 décembre, c'est-à-dire le séjour le plus long d'un représentant en mission dans le département.

Dessin au crayon, collect. A.D. de la Charente.
Des différentes vues de l'abbaye de Beaulieu, celle qui évoque le mieux la fonction de prison sous la Révolution, avec les bâtiments du château de la Léotardie.

LE REPRÉSENTANT EN MISSION HARMAND EN CHARENTE

La raison première de sa venue est d'ordre militaire, il s'agit de réquisitionner des chevaux de cavalerie dans la région et effectivement pendant plusieurs semaines, les autorités ont concouru à réaliser cette mission qui n'allait pas sans difficultés, au point que l'exécution n'était pas achevée au moment où Harmand est rappelé à Paris, et il charge Mémineau, dont la disgrâce n'est pas encore totale, de la terminer.

On assiste à de nouvelles arrestations, qui touchent à présent des Charentais qui avaient encore des responsabilités quelques semaines plus tôt. Les prisonniers de la tour du château ont été transférés à Beaulieu, dans la ci-devant abbaye, et en leur compagnie, des noms nouveaux : Henry-Villarmain, Caminade (de Cognac), Navarre-Ducluzeau, Albert (homme de loi)... par une décision du comité de surveillance d'Angoulême du 29 brumaire an II, les gardiens de la prison de Beaulieu seront rémunérés par le produit d'une imposition progressive établie sur les détenus.

Pendant ce temps, le district d'Angoulême s'occupe activement de la question des émigrés, tant pour vendre leurs mobiliers que pour faire expertiser leurs biens immobiliers avant de les diviser en lots pour la vente. Le directoire décide de prélever dans les bibliothèques des émigrés les livres de littérature ou autres, utiles à la science ou aux arts, afin de les regrouper en une bibliothèque du district à Angoulême. De nouveaux séquestres frappent les biens des parents d'émigrés.

Mais le nom du représentant Harmand est surtout lié à la politique de déchristianisation en Charente. Quelques années plus tard, ce conventionnel exterroriste [1], député aux Cinq-Cents, rallié à Bonaparte après le coup d'État, nommé préfet du Haut-Rhin en 1800, recommandait au ministre Lucien Bonaparte, Desprez d'Angoulême qui était sur les rangs pour la sous-préfecture de Barbezieux. « Dans le moment le plus cruel du gouvernement révolutionnaire, écrivait-il, j'ai dû au citoyen Desprez alors administrateur du département, les renseignements les plus utiles et les plus analogues aux principes réparateurs qui nous gouvernent aujourd'hui. Il a concouru avec moi à faire abattre les échafauds de la Terreur et à empêcher l'effusion de sang [2]. » Quelle faculté d'oubli ou de mémoire sélective ! Le passage d'Harmand en Charente s'inscrit dans la ligne terroriste la plus pure, et c'est justement pendant son séjour que le tribunal criminel de la Charente a prononcé les trois condamnations à mort de caractère politique, les seules de toute la Révolution, à savoir Jean Hyacinthe Élion huissier et Jean Fauvaud tonnelier, de Mazerolles, tous les deux exécutés à Angoulême en novembre, et le troisième Pierre Vicart, tailleur d'habits, à La Rochefoucauld en décembre.

LA FÊTE DE LA DÉESSE RAISON

Bien avant la venue d'Harmand, depuis l'été 1792, une nouvelle législation se développait et se renforçait, atteignant à présent le clergé constitutionnel : le nouveau serment de liberté-égalité, d'août 1792, mieux accepté d'ailleurs que celui de la Constitution civile du clergé, et auquel les curés adhèrent sans difficultés, la loi autorisant et encourageant le mariage des prêtres, l'interdiction du port du costume ecclésiastique, la suppression des vicaires épiscopaux (septembre 1793). C'est à l'automne de 1793, dans une campagne organisée et généralisée à l'ensemble de la République, que le coup fatal était porté à l'Église constitutionnelle, et en Charente c'est l'ancien séminariste Harmand qui en fut le promoteur et l'agent. L'un des moments clefs de l'entreprise fut la fête de la déesse Raison le 10 frimaire dans la ci-devant cathédrale d'Angoulême. Le représentant Harmand s'était occupé personnellement de la transformation de l'église en faisant disparaître toutes les marques de l'ancien ordre des choses. Pendant une quinzaine de jours, une équipe d'une trentaine d'ouvriers y avait travaillé jour et nuit, à raison de 50 sous par jour ou nuit [3]. Il n'est pas sûr que toutes les autorités du lieu, même les plus avancées, aient approuvé l'initiative du représentant en mission. Dès le lendemain de la fête, Harmand commandait de nouveaux travaux, alors que Latreille du département faisait savoir à l'entrepreneur qu'il n'y avait pas de fonds pour les continuer, et c'est ainsi qu'en l'an VII la deuxième tranche de travaux exécutés n'était pas encore payée. D'autre part, certains responsables semblent avoir boudé la cérémonie du 10 frimaire, et le récit qu'en fait Quignon, qui n'est pas toujours fiable, ne correspond ni pour la date ni pour les discours prononcés à ce que nous en savons par ailleurs. Une absence remarquée, celle du maire Marvaud. Les discours de Harmand et François Trémeau, le procureur général syndic du département, ont célébré l'athéisme officiel et la supériorité de la philosophie rationaliste qui trouve son idéal en l'homme. Une demoiselle de la ville du nom d'Aubert-Bouniceau, fort belle d'après Quignon, symbolisait en l'occurrence la déesse Raison [4]. Cette fête devait être reprise dans les chefs-lieux des districts et les cantons. Notons pour terminer que les registres officiels (département, district et municipalité) sont soit silencieux soit seulement allusifs à son sujet.

LA DÉCHRISTIANISATION

Mais le plus important est qu'en quelques semaines, en nivôse et frimaire an II, plus de deux cents curés et vicaires charentais, dans le cadre des districts, démissionnaient de leur fonction pastorale, et remettaient leurs lettres de prêtrise aux autorités. Certains ont assorti leur démission d'une profession de foi athéiste, reniant leur foi et insultant même la religion qu'ils servaient. Bien entendu un tel abandon généralisé et concentré sur quelques semaines ne peut s'expliquer que par une politique de coercition sur des êtres isolés, de la part d'autorités locales, municipales ou de district. Sur le plan départemental, c'est le procureur général syndic Trémeau qui annonce aux autorités parisiennes les abdications de trois prêtres d'Angoulême et de la région [5] : « ... Je ne manquerai pas, citoyens, de vous faire part de toutes les abjurations pareilles qui se répètent à chaque instant devant nos autorités constituées... » Le district d'Angoulême est le seul dont nous n'ayons pas la liste complète des abdications. Ainsi le culte, brutalement, a cessé d'être pratiqué en novembre-décembre 1793, et il ne reprendra vraiment qu'avec la restauration par Bonaparte après 1800 en rendant les églises à l'exercice de la religion. Dans certains départements le culte de l'Église constitutionnelle a pu se reconstituer sous le Directoire, grâce aux efforts et à la persévérance de quelques évêques qui s'étaient maintenus malgré la tourmente déchristianisatrice de l'automne 1793, mais ce ne fut pas le cas de la Charente dont l'évêque était parti dès novembre 1792 et n'avait jamais été remplacé. Fermées, les églises étaient vidées de leur contenu, l'argenterie déposée dans les services du directoire du district, les cloches descendues, et de prairial an II à germinal an III il y a eu, à Angoulême, plusieurs ventes successives aux enchères publiques des richesses : ornements, mobiliers... de quelque douze églises, chapelles, couvents... pour un total de 28 812 livres [6].

Quant aux abdicataires, ils tombaient dans la situation de recevoir une pension ou des secours de l'État en vertu de la loi du deuxième jour des sans-culottides de l'an II. Le plus grand nombre cherchait à se recaser dans la société. Ainsi un état administratif, du 4 prairial an II, des ci-devant prêtres, religieux résidant dans la commune d'Angoulême [7] signale qu'il y en a ainsi quatre-vingt-dix, à moins d'être infirmes, ils se sont reclassés ou aspirent à le faire : commis ou employés d'administration ou de l'imprimerie, instituteurs, agriculteurs... les plus jeunes ont repris des études en chirurgie. Certains se disent « mariés » seulement. Sur l'ensemble du district, percevant une pension en l'an III, il y a ainsi plus de cent cinquante ci-devant curés ou ex-religieux et cent vingt ex-religieuses [7].

LE CLERGÉ RÉFRACTAIRE

Au même moment, quelque soixante-dix ecclésiastiques, au titre de réfractaires, sont en état de détention dans les prisons de la ville [8].

34 ou 37 (suivant les états successifs) aux Carmélites, prison affectée aux ecclésiastiques ;

6 à l'ancienne abbaye de Beaulieu ;
2 à la maison de justice ou prison Saint-Paul ;
26 à l'Hôpital général (il s'agit de prêtres âgés et infirmes qui à d'autres moments semblent avoir été placés aux Carmélites).

DES CAS PARTICULIERS

Il faut rappeller que, jusqu'à la fin de 1792, la législation en cours leur avait laissé la possibilité soit de quitter le département pour un autre jusqu'en août, soit de s'expatrier à partir de septembre. Mais à compter de 1793 les insermentés restés en Charente et à présent détenus, risquaient la déportation organisée. Ainsi en avril 1793 et surtout en l'an II, des commissions, où siégeaient des officiers de santé, passent dans les prisons pour faire le tri de ceux ayant moins de soixante ans, non malades ou infirmes, susceptibles d'être déportés qu'on dirigera sur Bordeaux pour y être embarqués. Les 17 et 18 floréal an II une soixantaine d'ecclésiastiques provenant des différents districts du département et de l'extérieur, en détention à Angoulême, sont examinés : trente et un d'entre eux sont « exceptés » à cause de leur âge ou de leurs infirmités, les autres étant reconnus aptes à la déportation. Parmi ces derniers, Pierre Labrue, l'ancien curé constitutionnel de Roullet, qui a prêté tous les serments, abdiqué et remis ses lettres de prêtrise, dénoncé pour incivisme et arrêté depuis mars 1793. Fin avril 1793, il aurait déjà fait un premier voyage à Bordeaux pour être déporté, revenu à Angoulême il est inscrit en floréal an II sur une nouvelle liste de déportation. Sa situation pose un cas de conscience à la municipalité de même que celle du ci-devant curé de Saint-Ausone Clément Penot. Lui aussi a prêté tous les serments, abdiqué et remis toutes ses lettres de prêtrise, on n'a rien à lui reprocher, de l'avis même du comité de surveillance et il a été incarcéré sous l'effet de vengeances personnelles. À plusieurs reprises il a été placé sur les listes de personnes à élargir « mais les représentants en mission vu sa qualité n'en ont jamais voulu entendre parler. Il est malheureux sans être coupable... telle est la justice que la municipalité aime à rendre à qui la mérite ». Voilà ce qu'écrit la commission municipale composée de Letourneau et Desbrandes lors de sa tournée dans les prisons le 12 ventôse an II. Letourneau est lui-même un ancien prêtre, ancien vicaire épiscopal, supérieur du séminaire, qui a abdiqué toutes ses fonctions sacerdotales depuis quelques mois, et il faut remarquer que dans le personnel révolutionnaire de la ville on trouve beaucoup d'ecclésiastiques qui viennent d'abandonner leur état. Celui qui est le plus en flèche Latreille, à présent au directoire du département, mais aussi Marquet ancien desservant de Touvre à présent délégué du représentant en mission.

Harmand, dans son rapport du 2 brumaire au Comité de salut public, se flatte d'avoir relancé les sociétés populaires et les comités de surveillance :

« Fédéralistes, royalistes, presbytériens sont enfermés ; le patriotisme des sans-culottes a repris dans Angoulême son énergie et sa force[9]. » Il était venu à la séance du conseil général de la commune, le 25 octobre, dire à ceux qui ne se sentiraient pas « dans la forme morale et physique nécessaire à remplir la fonction » de se retirer. Il constatait avec plaisir que tous, loin d'être effrayés « au contraire volent avec empressement au-devant des travaux qui les attendent ».

LE VŒU D'APPELER ANGOULÊME MONTAGNE-CHARENTE

Le 7 frimaire, Marc Joubert officier municipal et Buchey, le procureur, rapportent au bureau municipal le vœu unanime des Amis de la Société Populaire, que le nom de Montagne-Charente remplace celui d'Angoulême, et dès le lendemain le vœu est présenté à la séance du conseil général, présidé par Desbrandes officier municipal, sur nomination d'Harmand, cependant que le maire, Marvaud, est toujours absent. Le vœu est adopté à l'unanimité, une motion est adressée à la Convention nationale, qui est d'abord un acte de foi montagnarde, avec le serment de suivre « la ligne sans-culottide », et en même temps la demande de changer le nom d'Angoulême « ... odieux, il rappelle à notre mémoire le souvenir honteux ou exécrable de nos ci-devant fils de France, ducs d'Angoulême et surtout de ce brigand nommé François Ier... »[10].

La loi du 14 frimaire, en réorganisant le gouvernement révolutionnaire, donne plus d'attributions aux districts aux dépens du département, le procureur général syndic disparaît, et quelques jours plus tard Trémeau par nomination de Roux-Fazillac, depuis Périgueux, est placé au directoire départemental.

Harmand parti, le département reste quelques mois sans visite de représentant en mission. Cependant Lequinio, un député breton du Morbihan en tournée dans la Charente-Inférieure, et qui a reçu une délégation pour la Charente-Supérieure, annonce à plusieurs reprises sa visite, mais en fait il ne vient pas.

L'AFFAIRE MÉMINEAU

En pluviôse an II, à Angoulême, l'affaire Mémineau - Maulde - Mignot et Ducluzeau secrétaire général du département revient au premier plan de l'actualité : ils sont accusés de vols, détournements et soustraction de pièces. Depuis novembre 1792, un déficit de 93 600 livres avait été constaté dans la caisse du département, à la suite de la création des billets de confiance, déficit que la situation inflationniste relativisait. Mémineau et ses collègues en étaient rendus responsables mais derrière cette accusation se cachaient des mobiles politiques. Une commission avait été nommée pour étudier leur dossier, et l'un des plus acharnés à les accabler était Quichaud du directoire départemental. L'affaire est constamment sur la sellette en pluviôse. Arrêtés une première fois, les inculpés sont remis en liberté, puis définitivement mis en détention et ils y resteront jusqu'en brumaire an III (novembre 1795) où un arrêté du comité de sûreté générale de la Convention ordonnera de les remettre en liberté [11].

LE COMITÉ DE SURVEILLANCE ET RÉVOLUTIONNAIRE

Quant à la municipalité, depuis nivôse, le plus clair de son temps se passe à traiter le problème des subsistances, qui occupe aussi les autorités du district. D'ailleurs l'une et l'autre s'adressent réciproquement des reproches au sujet de la question alimentaire. À côté des autorités de la mairie et du district, se maintient un organisme d'essence révolutionnaire, créé par Roux-Fazillac lors de son passage, et qui va fonctionner régulièrement jusque dans le courant de l'an III, c'est le « comité de surveillance et révolutionnaire » d'Angoulême. Il est en quelque sorte le comité de sûreté générale du département, qui sera appelé, en floréal an II à fournir un état détaillé des détenus politiques de la ville, en réponse à des circulaires venues des comités de salut public et de sûreté générale de Paris, qui demandaient de leur fournir des renseignements précis et détaillés concernant chaque détenu et non des observations diffuses. Le comité de surveillance en remettant son rapport concernant quatre-vingt-huit détenus hommes se flatte d'avoir eu « ... la probité, la vertu et la justice (comme) boussole dans le travail ». Il s'étonne aussi que l'on n'ait pas demandé les mêmes renseignements pour les détenues femmes. Aucun autre organe révolutionnaire n'a survécu au départ de Roux-Fazillac, à la différence du comité de surveillance dont on suit la composition différente après renouvellement en l'an II et en l'an III. Il est de plus, une autorité relativement modérée qui, réglant ses comptes avec les autorités légales traditionnelles, ira jusqu'à accuser ces dernières d'être responsables du maintien injuste en détention de certaines personnes à élargir [12].

LE REPRÉSENTANT EN MISSION ROMME À ANGOULÊME

Du 9 ventôse au 11 germinal an II (22 février au 31 mars 1794) le représentant en mission, Romme, séjourne à Angoulême et en Charente, et si l'on en croit le registre des délibérations municipales aux 27 et 28 thermidor, il est de nouveau à Angoulême à ces dates.

Gilbert Romme (1750-1795), le seul des représentants en mission passés en Charente à avoir atteint une renommée nationale dans la Révolution, mathématicien distingué, acquis aux idées philosophiques avant 1789, libre penseur, très engagé dans le mouvement révolutionnaire, principal auteur du calendrier républicain. Son fanatisme ne suscite pas la sympathie. Il avait l'habitude de porter à la cravate une épingle en forme de guillotine et Quignon, dans ses propos anecdotiques, raconte que, passant en inspection les bureaux de l'administration départementale, à Angoulême, il remarque un employé à la mise très soignée, ayant les cheveux poudrés comme sous l'Ancien Régime, Romme lui fait de sévères remontrances, s'attirant cette réplique de l'interpellé : « Citoyen représentant, la propreté n'est pas défendue par la Constitution » — « Tu appelles cela la propreté, toi ! Eh bien je lui donne un tout autre nom. Va plutôt te décrasser la tête que cette poudre pourrait peut-être faire tomber. » Sa mission dans le Sud-Ouest devait durer sept mois, allant au-delà du 9 thermidor. De retour à la Convention, Romme s'engagera contre la réaction thermidorienne, faisant partie du noyau des derniers montagnards dits les crêtois, arrêtés et condamnés à mort pour avoir pactisé avec les insurgés du 1er prairial an III (20 mai 1795) et qui se poignardèrent dans leur prison le 18 juin 1795.

Au départ, la mission confiée à Romme dans le Sud-Ouest est de transformer un certain nombre de hauts fourneaux en fonderies de canons. En Charente il s'est particulièrement occupé de la fonderie de Ruelle, accordant des avantages, du point de vue des subsistances, aux ouvriers et à leurs familles, à un moment où une grave pénurie alimentaire sévit à Angoulême, au point que les autorités du district, n'ayant aucune autre ressource, décident de puiser dans le grenier de Ruelle réservé au personnel de la fonderie. Romme tance sévèrement les autorités du district : « ... la loi du 14 frimaire vous défend, sous les peines les plus graves, d'interpréter, de modifier, de suspendre une loi dans aucune de ses dispositions. Un arrêté d'un représentant du peuple est un acte de l'autorité du peuple, c'est une loi pour vous [13]. »

Dans le cadre de sa politique de relance de la métallurgie et de la fabrication des armes, de Périgueux où il siège, il prend un arrêté qui ordonne la réquisition générale de toutes les fontes, poteries de fer, plaques de foyers de cheminées appartenant aux particuliers. Une fois le ramassage fait, on se rendra compte que ces fontes sont inutilisables, et la municipalité d'Angoulême devra alors s'employer à rendre à leurs propriétaires des quantités d'objets ramassés sans indication de leur origine [14].

Durant le temps de sa mission, Romme est intervenu dans de nombreux domaines, et d'abord dans l'administration de la ville. Lors de son séjour, il a assisté à deux séances du conseil général, une première fois pour préparer une réorganisation partielle de la municipalité, à la suite de la démission pour raisons de santé de Desbrandes, officier municipal qui remplaçait le plus souvent Marvaud le maire absent. Il ne s'agit pas d'une épuration, mais d'une recherche de l'efficacité en redistribuant les tâches, après avoir demandé leur avis aux intéressés. Lors de la deuxième séance, le 2 germinal, Romme donne l'accolade à Marvaud qui est revenu, le confirmant ainsi dans sa fonction de maire.

Plus tard, par arrêté du 10 prairial, depuis Périgueux, il apportera des modifications à la fois au district profondément modifié, et à la municipalité, pour remplacer les promus au district. C'est ainsi que Buchey l'apothicaire, jusqu'alors agent national de la commune, devient celui du district et il est remplacé à la commune par Philippe Sicard, avoué, jusqu'alors substitut dans la même fonction. Comme notables au conseil général de la commune Romme nomme Marchais-Laberge fils aîné de l'ancien maire, et Basque, un cordonnier. Autre promotion : celle de Guimberteau, l'avoué, le frère du conventionnel, au directoire du district [15].

Pendant son séjour, en ventôse, Romme s'est aussi intéressé à la question des suspects détenus en prison, dont le nombre s'est encore accru, ainsi qu'à une nouvelle catégorie qui tombe sous le coup de la loi, celle des parents, père et mère d'émigrés, dont les biens sont aussi mis sous séquestre de la nation.

LA TERREUR À ANGOULÊME ET EN CHARENTE

Alors que la Terreur est à son paroxysme en l'été de 1794, le moment nous paraît venu de répondre à la question souvent posée : Angoulême et le département ont-ils été particulièrement marqués ou épargnés par l'application d'une législation sévère et contraignante, car la Terreur est en quelque sorte un état de siège établi en fonction d'une situation exceptionnelle, pleine de dangers et de menaces et qui a amené les pouvoirs publics à suspendre temporairement la légalité des lois ordinaires et à ne plus garantir pour un temps les droits et les libertés fondamentaux. La réponse à la question précédente n'est pas simple, Angoulême n'a pas connu les excès et les débordements du district de La Rochefoucauld, ni les haines et passions politiques d'une ville comme Cognac. Les autorités légales et la majorité du personnel des organismes révolutionnaires du chef-lieu départemental proviennent des mêmes couches bourgeoises, ayant à peu près la même instruction et le même degré d'évolution que ceux qu'ils poursuivent ou combattent. On n'est guère sorti des cercles habituels des notables traditionnnels, seulement élargis. Les confrontations et les oppositions ont gardé à Angoulême jusqu'en 1795, un degré de modération, qui n'exclut pas les dérapages et les excès, qui résident plus dans les paroles que dans les actes. Il reste que les trois condamnations à mort du tribunal criminel d'Angoulême ont frappé de malheureux individus qui n'étaient ni des aristocrates, ni de dangereux comploteurs et auxquels on ne pouvait reprocher que des déclarations imprudentes et dont l'authenticité n'était même pas garantie [15 bis]. Mais au moins, contrairement à d'autres districts, Angoulême a su garder ses suspects et ses détenus, et ne pas les livrer au tribunal révolutionnaire de Paris, ce qui était les vouer à une mort presque certaine. Dans l'exercice de leurs responsabilités, le souci primordial des autorités était de s'en tenir au respect des

Victoire de LAVERGNE-CHAMPLAURIER, née RESNIER

- née à Angoulême, le 4 mai 1762 ;
- condamnée à mort par le tribunal révolutionnaire de Paris le 11 germinal an II.

D'après la photographie communiquée par le Docteur GIGON, d'une miniature appartenant à la famille.

Elle était la fille du maire RESNIER. Au procès de son mari, commandant de la place de Longwy en 1792, en entendant prononcer la sentence de mort, indignée, elle avança dans le prétoire pour proclamer des sentiments royalistes, ce qui lui valut d'être condamnée à son tour. Le mari et la femme allèrent à l'échafaud ensemble.

lois ; il ne leur serait jamais venu à l'idée d'enfreindre la légalité, même révolutionnaire, et certains tomberont de haut quand viendront les épurations thermidoriennes, persuadés qu'ils sont de n'avoir fait qu'appliquer les lois en vigueur selon leur devoir, et de s'être dévoués à la cause publique dans des moments difficiles et au détriment de leurs intérêts privés.

Il est difficile de connaître exactement le nombre des détenus en l'été 1794 ; le registre du district à la date du 21 floréal donne le chiffre de quatre-vingt-huit, manifestement inférieur à la réalité du moment, mais correspondant à celui des dossiers préparés par le comité de surveillance, le docteur Gigon l'historien de la Terreur en Charente indique cent cinquante-cinq incarcérations, et son fils S.C. Gigon, lui, avance le chiffre de quatre cents suspects arrêtés qui nous paraît exagéré [16]. Une chose est sûre, dans l'été de 1794 les prisons d'Angoulême ont atteint un niveau de saturation qui commence à poser problème et susciter des soucis aux autorités de la mairie et au comité de surveillance, comme une marmite trop pleine dont le couvercle remue. En effet de nombreux détenus présentent des doléances, soit pour obtenir leur libération, ignorant la raison de leur détention, soit pour préparer leur dossier de défense. Les prisonniers de la tour du château ont hissé au sommet de leur prison un drapeau tricolore, ce qui fait dire à Sicard qu'ils sont dans leurs cachots partisans de la liberté qu'ils n'ont pas su apprécier ni respecter lorsqu'ils en jouissaient. L'ancien procureur de la commune, Souchet, est sorti chaque jour de sa prison et conduit au bureau municipal pour préparer la reddition de ses comptes. En plus de la prison d'État dite le Châtelet, ou encore la prison Saint-Paul (à l'emplacement des halles actuelles) et celle de la tour de la porte Saint-Pierre, sorte de prison municipale, il a fallu depuis 1792 transformer en lieux de détention plusieurs anciens couvents : les Carmélites réservées aux ecclésiastiques, l'ancienne abbaye de Beaulieu, la tour des Lusignan dans le château (dans l'hôtel de ville actuel), le couvent des Ursulines près de Saint-Martial. Il faut y ajouter les locaux destinés à recevoir les prisonniers militaires, d'abord les Espagnols : les Capucins (à l'emplacement de la cité administrative actuelle), les bâtiments de l'ancien collège des Jésuites (vers la salle philharmonique) et les églises désaffectées (Saint-André et Saint-Jean).

APRÈS LE 9 THERMIDOR

Le plus étonnant est de voir comment les choses ont peu changé à Angoulême après le 9 thermidor. C'est à la séance du 16 thermidor que l'agent Sicard a informé le conseil général de la commune des changements de Paris. Il en est résulté à coup sûr une grande confusion, avec des ratures et des corrections dans le procès-verbal de séance et un texte peu clair. Dès le lendemain, chacun a repris ses esprits et il est alors possible, à l'unanimité, d'adresser une motion à la Convention pour la féliciter de « (son) courage historique... dans un moment d'orage (contre) le monstre Robespierre... ». Mais en fait rien ne va changer dans la ligne politique suivie et le langage révolutionnaire. La société populaire reste active, et Sicard tient toujours ses discours purs et durs, et à ce propos il faut s'attarder un moment sur ce personnage de la mairie d'Angoulême promu par Romme le 10 prairial et qui va tenir une place importante pendant quelques mois, tant avant qu'après thermidor. Philippe Sicard, l'agent national de la commune, exerce une sorte de dictature morale sur ses collègues, sorte

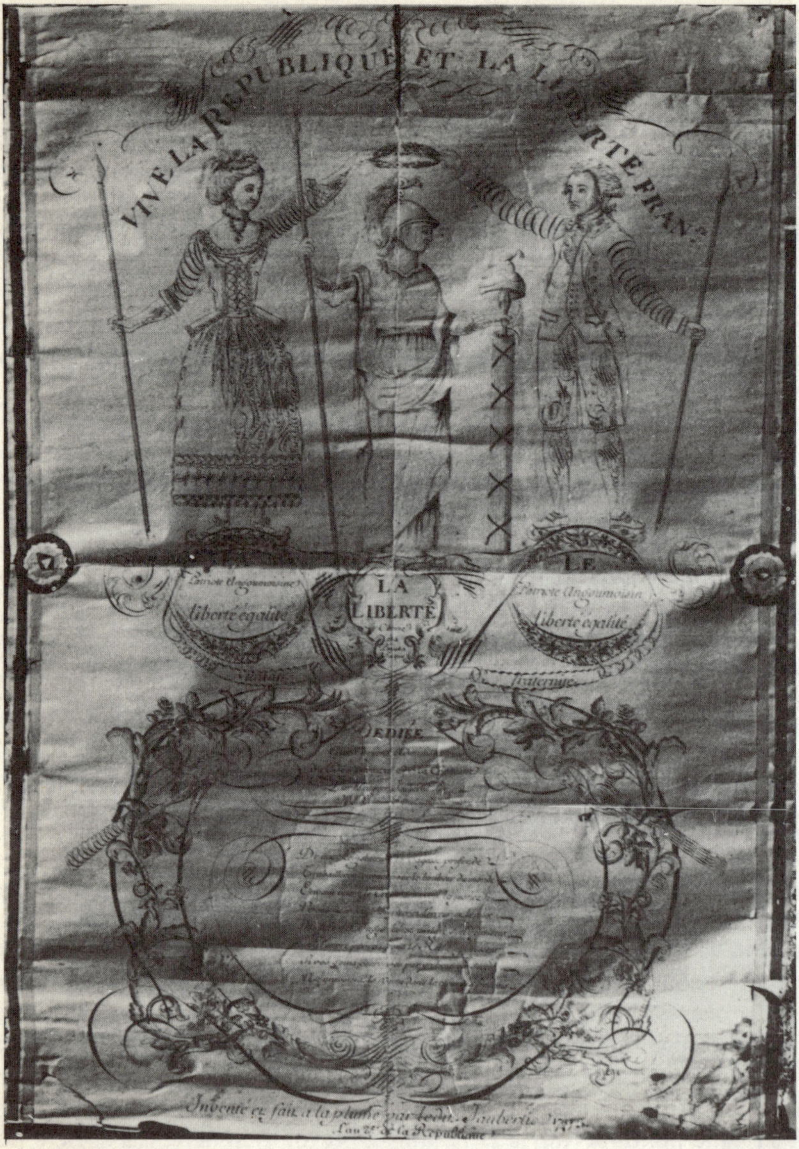

Dessin à la plume sur papier verger rehaussé. Musée des Beaux Arts - Angoulême - 1793
Voici un produit typiquement angoumoisin représentant une patriote et un patriote, qui ne correspondent pas au type révolutionnaire courant. Habillés en bourgeois sinon en aristocrates, l'homme portant perruque, culotte, bas et souliers. Cette image reflète bien la réalité sociologique d'Angoulême qui n'a cessé de choisir ses responsables dans la bourgeoisie locale.

VIVE LA RÉPUBLIQUE ET LA LIBERTÉ FRANÇAISE

La Patriote angoumoisine Liberté égalité	La Liberté chérie des patriotes français	Le Patriote angoumoisin Liberté égalité

union fraternité

Dédiée
aux citoyens administrateurs
du département de la Charente (sic)
Par le citoyen Jaubertie père
Me écrivain et aritméticien

De nos Législateurs la Sagesse profonde
Travaillerait en vain pour le bonheur du monde
En vain contre le Crime armerait la justice
Nous verrions triompher et l'erreur et le vice
Malgré nos sages lois, malgré son défenseur
Le Pauvre périrait sous le Riche oppresseur
Si vos soins couronnés par un heureux succès
Ne gravaient la vertu dans le cœur des
français.

Inventé et fait à la plume par le dit Jaubertie 1793
L'an 2 de la République

de Robespierre municipal, il multiplie exhortations, recommandations et objurgations, rappelant à chacun ses devoirs et ses obligations dans l'exercice de son mandat de même que la primauté et les exigences de la loi révolutionnaire. Marvaud est le plus souvent absent, et Sicard exerce son empire d'autant plus facilement. Le 30 messidor, il demande que le conseil général se réunisse tous les jours dans l'après-midi mais à la longue les effets de ce discours moralisateur et vertueux s'atténuent et malgré des rappels à l'ordre, et même des menaces, il y a toujours des absents aux réunions municipales.

La direction politique suivie reste la même, longtemps après le 9 thermidor. En vendémiaire, on refuse des certificats de civisme à des citoyennes qui avaient déclaré préférer être guillotinées ou mourir de faim plutôt que d'aller au temple de l'Être Suprême, qui avait remplacé celui de la Raison depuis prairial, lors d'une fête minutieusement préparée et présidée par Marvaud avec un cortège qui avait traversé la ville depuis la place Beaulieu jusqu'au Champ-de-Mars et retour par la place de la Commune pour finir au temple de l'Être Suprême (ex-cathédrale) le 13 prairial [15].

Toujours en vendémiaire, le conseil général refuse un congé de huit jours au maire Marvaud qui demandait à rester à la campagne pour faire ses vendanges, la raison de ce refus étant que la situation exige la présence du maire à son poste. Les autorités angoumoisines restent ainsi sous la surveillance des organismes et des forces révolutionnaires à l'automne de 1794, cependant que Paris a amorcé un mouvement inverse de décompression depuis la fin d'août. Un arrêté du comité de sûreté générale du mois d'août décide de faire lever la garde des individus détenus à leur domicile. L'avocat Descordes qui était dans cette situation depuis un an, payant deux hommes pour le surveiller, demande à bénéficier de cet arrêté, et l'on voit alors la commune, le district et le département se renvoyer la balle, chacun évitant de prendre la décision, et finalement on s'adresse à la Convention elle-même [17].

À partir de septembre 1794, viennent, toujours sur arrêtés du même comité de sûreté générale, les premières libérations de détenus politiques, et les prisons d'Angoulême et des autres districts vont ainsi progressivement, en l'an III, se vider, et un représentant charentais a particulièrement joué un rôle très actif par ses demandes réitérées dans ce mouvement de libération, c'est Desvars. Lentement la Charente s'adapte au tournant thermidorien, venu davantage de l'extérieur que d'elle-même, comme tous les autres changements.

CONCLUSION

Dans ces deux chapitres successifs de la traversée de la Terreur, certains auront peut-être été étonnés de n'avoir pas rencontré de sans-culottes angoumoisins, ni de journées révolutionnaires angoumoisines ; de n'avoir pas vu apparaître à un moment ou à un autre cette image d'Épinal de la Révolution du patriote en pantalon, coiffé du bonnet phrygien, armé d'une pique. Désolé de le dire, mais il n'y a pas de sans-culotterie angoumoisine correspondant à celle des sections parisiennes. Angoulême n'a ni la dimension, ni le nombre d'habitants, ni l'économie qui permettent de déployer l'éventail socioprofessionnel de la capitale. Elle n'a pas non plus l'encadrement idéologique révolutionnaire. Le seul idéologue que la Charente ait produit est le prêtre Jacques Roux (1759-1794), ancien professeur au séminaire d'Angoulême, qui a quitté le diocèse pour Paris, où il est devenu un ardent révolutionnaire de la section des Gravilliers. Jacques Roux dans son engagement est allé plus loin que les plus avancés des montagnards.

Il n'y a pas non plus de journées révolutionnaires à Angoulême, et les seules interventions populaires sont celles de groupes en colère rassemblés, qui pillent des voitures de grains à La Bussatte, ou prêts à se mettre en état d'insurrection, dans la section de Fraternité, derrière des agitateurs, en attendant le moment d'être servis en grains. Ce sont des mouvements de la faim ou plutôt de l'inquiétude et de la peur de la faim car à Angoulême, à compter de l'an II la question des subsistances n'a cessé de se poser.

CHAPITRE IX

CHRONIQUE DE LA PÉNURIE ALIMENTAIRE ET DE LA VIE CHÈRE ET LEURS CONSÉQUENCES

CONDITIONS GÉNÉRALES DE L'ÉPOQUE

Le problème des subsistances se posait déjà sous l'Ancien Régime, dans les années où les grains étaient rares et chers, avec une agriculture à faible rendement, où les productions céréalières se situaient le plus souvent aux limites de la suffisance. Sous la Révolution, cette question a pris une ampleur et une gravité exceptionnelles, du fait des perturbations de toutes sortes s'ajoutant aux faiblesses habituelles, en particulier l'inflation entraînant la hausse des prix alimentaires a complètement dérangé la situation dans les villes plus que dans les campagnes. Angoulême a connu des difficultés à s'approvisionner, principalement en grains, à une époque où le pain occupe une place presque exclusive dans la nourriture des classes populaires, mais cette pénurie s'est étendue à d'autres produits.

AUTOMNE 89 : PREMIÈRES PÉNURIES

Dès le 25 août 1789 le comité d'Angoulême doit s'occuper de la question des grains, en faisant remarquer que la province en temps ordinaire, n'en produit que pour se nourrir cinq mois sur douze, d'où la nécessité permanente d'en faire venir d'ailleurs. À l'automne de 1789 les régions céréalières du nord de l'Angoumois et du Poitou semblent particulièrement sollicitées par des commissionnaires travaillant pour le compte des villes comme Limoges, La Rochelle, et quand les commissaires délégués par Angoulême arrivent, alors que la saison des battages est avancée, bien des grains sont déjà enlevés ou promis. D'autre part, par deux fois en septembre et en novembre, le comité d'Angoulême accepte les propositions d'achats de blé à l'étranger de deux négociants de la ville : Sazerac de Forge à Lubeck en Allemagne et Marchais-

Laberge, fils aîné, en Irlande. La première au moins de ces entreprises n'a pas abouti [1].

CHERTÉ

Dès la fin de 1789 on voit en place à Angoulême tous les éléments de la vie chère : plaintes contre les bouchers qui ne font pas sur leur étal les distinctions réglementaires entre les viandes, et contre les regrattiers et les revendeurs qui court-circuitent les marchandises les jours de marché, protestations contre les prix pratiqués par les aubergistes et les cabaretiers. Bellegarde, de son côté, fait un rapport sur les accaparements de grains, à Mansle et à Ruffec, pratiqués par les agents de la comtesse de Broglie.

1790

Durant l'année 1790, les problèmes de subsistances continuent d'occuper une grande place dans les travaux de la municipalité. Il y a alors trois sortes de pain à Angoulême : le pain blanc, le pain dans toute sa fleur, celui de troisième qualité. Dans le courant de septembre, devant la cherté des grains, toute une campagne se développe en particulier dans la garde nationale, pour demander la taxation, mais la municipalité s'y refuse, considérant que c'est la libre circulation qui assure le mieux l'approvisionnement et que la réglementation a pour effet de provoquer la rareté et le renchérissement [2].

En cette année 1790, devant la misère provoquée par la cherté des grains, soixante-deux citoyens d'Angoulême « n'ont consulté que leur pieux civisme pour assurer la subsistance de leurs frères indigents » et se sont associés dans une souscription pour acheter douze mille boisseaux de froment en Poitou et à l'étranger, mais ces blés ont été mis en vente dans des greniers ouverts à tous, et ils ont été vendus de 10 à 20 sous au-dessous du cours du marché. Ainsi l'initiative n'a pas profité aux pauvres, elle a, de plus, désorganisé les circuits. En conséquence, il se trouve un déficit de 51 000 livres. La municipalité et le district demandent à l'Assemblée nationale de mettre au compte du trésor public cette somme de 51 000 livres, qu'il ne faudrait pas laisser à la charge de ceux qui seraient victimes de leur humanité [3].

Un rapport du maire Perrier, du 15 novembre 1790, sur les causes de la mendicité et les moyens d'y remédier, distingue les vrais pauvres et les mendiants. Seuls les premiers méritent considération et aide, les hôpitaux, hôtels-Dieu, sont faits pour eux. Par contre, les seconds consomment les biens de la terre sans produire, et n'ont droit à aucune compassion de la part du maire : « ... Il faudrait (les) forcer au travail en leur rendant impossible tout autre moyen de subsister et en leur fournissant en même temps tous ceux... analogues à leurs forces et à leurs talents. » Quant au nombre des mendiants présents dans la ville, il varie d'une heure à l'autre. Le même état estime à 1 059 le nombre des individus qui ont besoin d'assistance, sur une population de 13 100 personnes et 2 700 feux [4].

1791

L'année 1791, du point de vue de l'approvisionnement, semble poser moins de problèmes, mais du point de vue social, on assiste à l'extension du nombre des indigents, et c'est pour leur venir en aide que la municipalité, en février 1792, projette de créer un atelier de charité à Angoulême. Trois ateliers fonctionnent déjà aux portes de la ville : à Fléac, à la porte de Chande et sur le chemin de Saint-Saturnin [5]. La pauvreté a gagné du terrain depuis 1789. Un rapport qui concerne une partie du district, constate que la mendicité a gagné les villes, à cause de l'habitude de donner aux portes, et cette forme de charité augmente le nombre des pauvres, d'où le souhait émis que chaque commune garde ses mendiants [4].

1792

Le 29 février 1792, au faubourg de La Bussatte, des voitures transportant des grains sont interceptées et pillées ; il faut envoyer la garde nationale et la gendarmerie pour dissiper les attroupements et arrêter les pilleurs [6].

Sur le plan social les différentes administrations voient augmenter le nombre des demandes de secours, et c'est Angoulême qui a le plus grand nombre de bénéficiaires dans le département.

En octobre 1792, c'est le procureur de la commune qui demande la taxation du prix du porc, un règlement est établi provoquant la colère des marchands, la municipalité maintient ses tarifs, renouvelés en janvier suivant.

1793

À partir de juin 1793 l'approvisionnement en grains est constamment au premier plan des préoccupations administratives. En partie à cause de l'insurrection vendéenne, Angoulême voit défiler des troupes de passage qu'il faut nourrir, les prisons se remplissent de suspects, dont ceux des districts vendéens repliés ici. En juillet, les prix du pain ont atteint 6 sols et demi la livre et les boulangers sont convoqués à la mairie pour fixer de nouveaux prix. Un peu

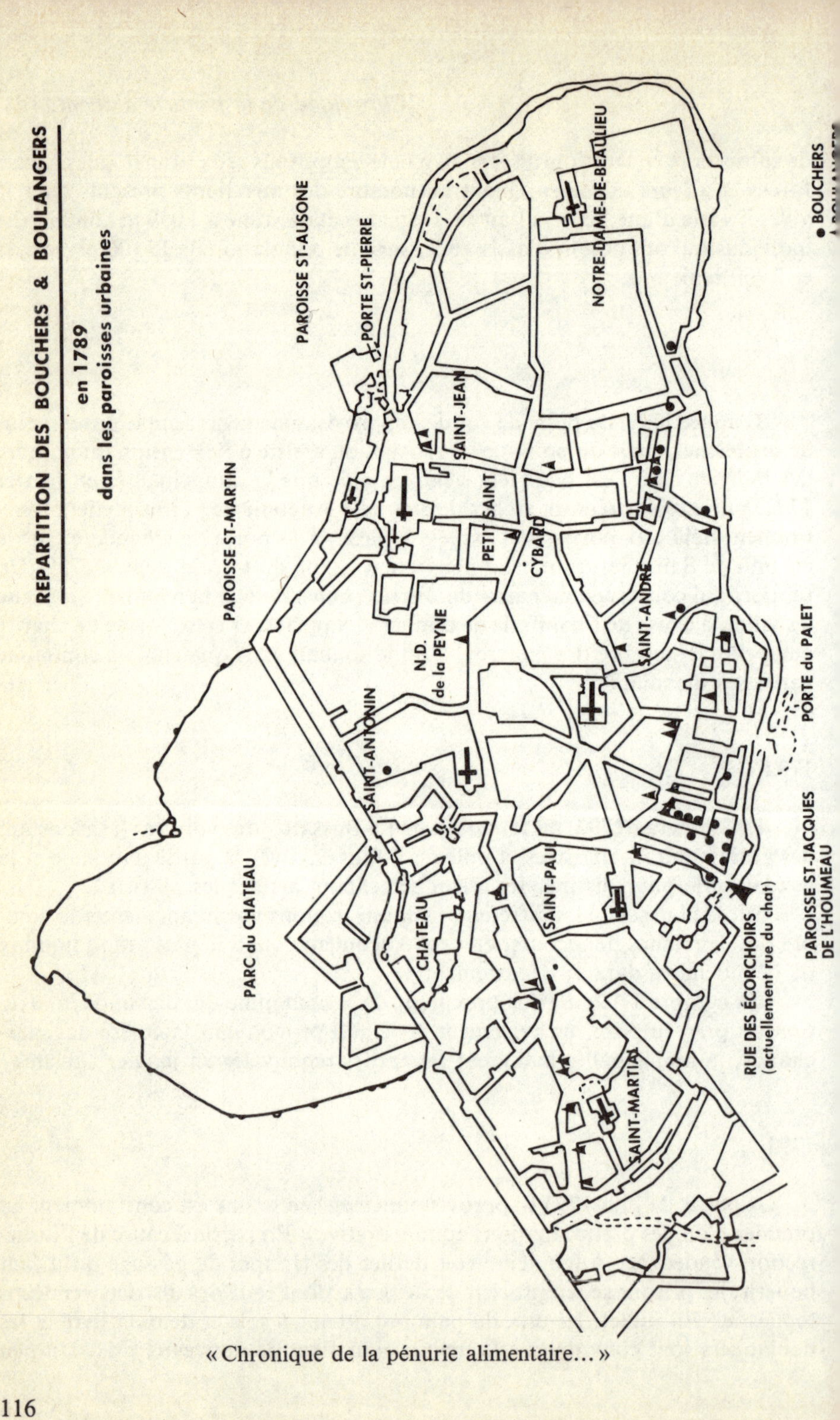

« Chronique de la pénurie alimentaire… »

plus tard le représentant en mission Roux-Fazillac fait installer la guillotine sur la place du Mûrier, pour faire peur aux meuniers qui vendent leurs produits trop chers.

Le 13 nivôse an II (2 janvier 1794) est mis au point un long arrêté municipal sur les subsistances. Pour la première fois apparaît clairement l'institution à Angoulême du grenier public, de caractère communal, qui n'a rien à voir avec les greniers d'abondance dont la création avait été préconisée par le décret de la Convention du 9 août précédent à raison d'un par district, et qui devaient être pourvus par les versements des contribuables payant leur contribution en nature, ou par des achats opérés par l'administration. Le même arrêté annonçait la constitution d'un comité des subsistances, ce n'était pas le premier, de neuf membres chargés de remédier aux abus multiples qui se sont introduits dans les distributions du grenier public et de normaliser les prix des grains et du pain [6].

La pénurie s'est aggravée, et désormais, sur près de deux ans, Angoulême sera confrontée à ce problème qui ne cessera d'occuper la première place dans les délibérations de la municipalité. Toutes les autorités, de la commune au département, ainsi que les représentants en mission et les conventionnels charentais auront à s'en charger, les derniers cités devant intervenir auprès des comités parisiens concernés.

1794

Le 12 pluviôse (31 janvier 1794) il n'y a plus de blé dans le grenier public, et la réquisition dans le district de Confolens sur ordre de la Convention n'a rien donné. Il n'est plus possible d'approvisionner à tour de rôle les différentes sections, et les vingt-six boulangers de la ville vont devoir cesser de faire du pain. Les autorités du district s'adressent au représentant Lequinio à Rochefort, qui accorde des contingents de blés à prendre dans les districts de Ruffec et de Barbezieux. La municipalité et le district en viennent à s'accuser réciproquement : la première fait grief au second de n'avoir pas su établir un grenier d'abondance comme le prévoyait la loi du 9 août 1793 dans chaque district, et le second reproche à la première de ne pas savoir tenir un compte exact du grenier municipal [6].

Le 1er ventôse (19 février) on est au bord de la famine, on craint des troubles dans la section de la Fraternité (L'Houmeau) où sont situés plusieurs magasins d'approvisionnement pour Bordeaux, l'armée des Pyrénées et autres. Le comité de surveillance d'Angoulême suggère de leur faire des emprunts avec engagement de les rendre. Appel de détresse à la Convention qui vient d'annuler l'ordre de réquisition accordée sur le district de Confolens, et finalement c'est Tallien, le représentant en mission à Bordeaux qui accorde un prélèvement et sauve la situation dans l'immédiat.

Le 24 ventôse (14 mars) nouvelle pénurie au grenier public. Romme, présent à Angoulême, est appelé à s'en occuper. Il imagine de nommer des commissaires issus des comités révolutionnaires, qui ne ménageront pas, dans leurs réquisitions, les riches propriétaires, persuadé qu'il est d'une pénurie plus feinte que réelle. En même temps, on fabriquera un pain uniforme et on le rationnera à raison de trois quarts de livre par citoyen, sauf pour les travailleurs de force, les gabarriers et les femmes enceintes qui recevront une livre par jour [7].

Le 11 floréal (30 avril) le conseil général de la commune doit intervenir dans les distributions du grenier public, après avoir constaté que les boulangers et les meuniers réussissent à se faire réserver les meilleurs grains.

En ce printemps de 1794, on constate que la pénurie alimentaire ne se limite pas aux grains et au pain. Toutes les productions de saison : pois, fèves, cerises et autres, ainsi que les œufs et le poisson se trouvent détournés d'Angoulême à cause d'une application plus stricte de la loi du maximum, et dirigées vers des marchés secondaires circonvoisins. On lance un appel aux producteurs des communes environnantes en les assurant du meilleur accueil aux halles et sur les marchés de la ville [3].

Il y a aussi le problème de la viande, et les bouchers, coincés entre la cherté des bestiaux et les prix qu'ils doivent respecter sur leur étal, en viennent à suggérer au représentant Romme d'inviter la population à se passer de viande. Mais la municipalité, elle, n'est pas d'accord. Après avoir réduit la ration de pain il n'est pas possible de la « sevrer » de viande, surtout les malades, les vieillards et... les autres. Dans une lettre à Romme du 23 prairial, la municipalité lui demande de trouver une solution qui concilie l'intérêt général et celui des particuliers [3].

LES DIFFICULTÉS DE LA SOUDURE DANS L'ÉTÉ 1794

Au début de messidor (fin juin) nouvelle alerte à la pénurie, et l'on envoie des courriers extraordinaires aux représentants en mission, à Périgueux et à Rochefort pour leur demander de faire passer quelques secours. Il faut pourvoir à la subsistance des troupes qui séjournent à Angoulême, lors de passages répétés. On fait appel aux responsables de magasins à grains appartenant à la Haute-Vienne et à la Creuse, et qui sont placés sur le territoire de la commune. On va jusqu'à demander aux habitants d'Angoulême de déposer au grenier public les grains ou les farines qu'ils ont en leur possession au-delà des besoins de quatre jours. Cette crise en messidor (juin-juillet) est liée aux difficultés de la soudure entre deux récoltes successives, et le manque est tel qu'on demande aux producteurs d'orge et de seigle des campagnes environnantes de livrer leur récolte en cours de ramassage au plus vite. Mais on constate alors que le grain livré trop tôt, avant complète maturité, ne peut être converti en farine. On vit à l'affût de nouvelles et de rumeurs, par exemple trente-cinq vaisseaux chargés de blés sont arrivés au port de Bordeaux, et on écrit au député Bellegarde pour qu'il intervienne et fasse profiter Angoulême de cet arrivage. On multiplie les démarches dans toutes les directions, et le 30 messidor on craint de l'agitation dans la section des Sans-Culottes [8].

Dans le courant de juillet la situation s'améliore, et le 22 thermidor un arrêté municipal décide qu'un boulanger de la ville fabriquera du pain de pur froment destiné aux malades, qui sera délivré à raison d'une demi-livre par jour à ceux inscrits sur une liste établie « tous les quintidi de chaque décade » par les officiers de santé [3].

Une autre pénurie : celle des sons et de l'avoine pour l'alimentation du bétail, des volailles et des chevaux, fort nombreux dans le dépôt de l'armée et les transports.

L'HIVER 1795 DIFFICILE

En vendémiaire an III (septembre) voilà que la situation de nouveau se dégrade, il n'y a plus de grain au grenier public, et l'on s'achemine déjà vers ce qui sera l'hiver le plus dur de toute la Révolution française à Angoulême, car cette fois tous les éléments vont se conjuguer pour aggraver les choses. Toutes les autorités sont sollicitées pour intervenir, et c'est ainsi que le 16 brumaire (6 novembre) les conventionnels charentais annoncent dans une lettre, une forte attribution de grains (douze mille quintaux dont les trois quarts en froment, un quart en méteil) sur le district de Barbezieux. Une fois de plus, il y aura loin de la décision prise à Paris, par la commission du commerce et approvisionnements, à la réalisation sur le terrain et huit mois plus tard, en juin 1795, Barbezieux n'aura livré que six mille sept cent vingt et un quintaux !

Dans l'immédiat, il y a les difficultés et les contestations au sujet du lieu de livraison et du transport, facteurs qui interviennent pour renchérir le prix final du produit. Quand une solution est trouvée, le 26 frimaire (6 décembre) les voituriers chargés de l'opération demandent une augmentation de leurs tarifs puis le 1er nivôse (21 décembre) ce sont les boulangers qui manquent de bois pour faire cuire le pain [8].

Le 14 nivôse (3 janvier 1795) les voituriers, malgré un ordre de réquisition, refusent de se rendre à Barbezieux, tant qu'ils n'auront pas obtenu les 12 sous ramenés à 10 par quintal, le maximum autorisé étant de 4. Après discussions, on transige à 8 sous. Voilà les difficultés aplanies, et le 19 nivôse quand les voituriers sont prêts à partir, on apprend qu'il n'y a pas de blés à prendre à Barbezieux, à cause de la lenteur des versements.

Le 23 nivôse, ce sont les boulangers de nouveau qui manquent de bois, et les bouviers des voitures à bois refusent de se déplacer : la commune et le district se disputent au sujet de la décision à prendre, et quand elle est prise, le froid et le gel empêchent tout déplacement [8].

En ce mois de nivôse, la tenue des foires annuelles d'Angoulême, dans les ci-devant Jacobins, attire beaucoup de marchands, et il faut réduire la ration de pain et de nouveau prier les citoyens largement approvisionnés pour quinze jours de se dispenser de venir au grenier. Dans un tel contexte, il faut ouvrir une souscription pour alléger le prix du pain et distribuer des secours aux indigents. Dans sa séance du 4 ventôse an III, le conseil général du district doit traiter cette question des indigents. Angoulême compte alors quatre cent cinquante-deux feux d'indigents, auxquels il faut en ajouter cinquante-cinq dans les communes voisines. Mais la municipalité fait parvenir au district un deuxième tableau supplétif de quarante-six autres familles, auxquelles elle doit accorder des secours provisoires. Il s'agit de foyers comportant le plus souvent trois, quatre ou cinq personnes, et dont le plus grand nombre, dix-huit, habite la section des Sans-Culottes (Saint-Martial). L'autorité communale s'attend à de nouvelles demandes de secours, qui l'obligeront à établir un troisième tableau [9].

Ainsi en pluviôse et ventôse an III (janvier-février 1795) la crise des subsistances a atteint son niveau le plus critique, du fait qu'à la pénurie en grains s'ajoute désormais l'élévation constante des prix. L'assignat est entré dans une phase accélérée de dépréciation, et l'on assiste à l'augmentation journalière des cours des grains, augmentation qui s'accompagne d'une extrême variabilité des prix suivant les lieux et les marchés conclus par le grand nombre de commissaires qui battent la campagne, travaillant pour le compte de différents commanditaires et se concurrençant. Il faut établir un prix moyen de chaque espèce de grain en fonction des frais et des cours variés, à l'intérieur du grenier public.

FÉVRIER 1795
LE GRENIER PUBLIC RÉSERVÉ AUX PLUS DÉFAVORISÉS

Mais la grande nouveauté est qu'à la séance du 17 pluviôse, la municipalité d'Angoulême, après avoir demandé cinq jours plus tôt aux citoyens aisés de ne plus s'approvisionner au grenier public, a décidé d'en fermer l'accès aux citoyens susceptibles de se ravitailler par leurs propres moyens et de le réserver à ceux qui n'avaient pas les moyens de se nourrir autrement. Ainsi le 18 pluviôse (6 février 1795) est publié un long arrêté municipal qui ferme le grenier aux catégories suivantes : boulangers, meuniers, aubergistes, maîtres de pension, propriétaires de domaines, commerçants et tous les gens aisés... qui devront se servir une dernière fois et rapporter leurs « patentes » au bureau des subsistances. Désormais, le grenier public sera réservé aux classes les plus démunies. Restait le problème des prix élevés, et la mairie décide de lancer une souscription volontaire, dont le produit servira à diminuer le prix du pain [8].

Le 24 pluviôse (12 février) la liste des citoyens admis au grenier public est définitivement établie, et le 26 pluviôse en sont écartés les hôpitaux et les hospices dont l'administration est invitée à s'approvisionner directement sur les marchés, à un moment où la libre circulation des grains est rétablie.

Malgré ces délestages successifs, la situation oblige à emprunter des blés à différents greniers ou magasins : armée de l'Ouest, la marine... de plus on ne trouve plus de volontaires pour aller prospecter des campagnes maintes fois parcourues.

CHERTÉ DES GRAINS

Mais plus que la pénurie, c'est maintenant le cours des denrées qui inquiète les responsables, rendant les achats impraticables, et une délégation de citoyennes expose au conseil général qu'elles sont dans l'impossibilité de payer le contingent de grains auquel elles ont droit dans le grenier public (le 2 ventôse) [8].

Sur « la rivière de Bordeaux » des marchands proposent du riz contre du numéraire, la commune décide d'employer les 3 000 livres en numéraire qui lui restent pour s'en procurer, et c'est Marchais-Laberge, notable, qui s'en charge. Mais le numéraire ne suffit pas, et il faut y ajouter 110 000 livres en assignats, qu'il faut emprunter, pour acheter cinq cents quintaux de riz. La situation financière est catastrophique, le maire Marvaud et des membres du conseil sont obligés de faire des avances de 14 000 livres pour payer des grains fournis par Barbezieux, qui menace de cesser toute livraison si on ne règle pas immédiatement. On en arrive à devoir emprunter les assignats nécessaires à payer les achats de grains, ou à avoir recours aux avances personnelles des membres du conseil général. À la fin de ventôse une lettre de Guimberteau annonce l'attribution à Angoulême d'un prêt de 100 000 livres par le Comité de salut public, afin de subvenir aux achats de grains [8].

SECOURS AUX INDIGENTS

Le niveau exorbitant des prix oblige la municipalité à accroître les secours accordés aux familles indigentes, le 8 ventôse l'agent national Sicard propose la répartition suivante dans chaque famille d'indigents :

le père et la mère : 40 sols à chacun
à chaque enfant : 20 sols.

Le 4 floréal (23 avril) ayant fait l'acquisition de sept cents quintaux de riz, la municipalité imagine l'opération suivante : en soustraire la quantité de deux cents quintaux qui seront vendus au prix de 100 sols la livre, alors que le prix d'achat était de 55 et reporter le bénéfice réalisé sur le prix du grain délivré aux indigents. Ainsi les citoyens aisés, en achetant du riz à un prix qui reste inférieur aux cours des marchés, viendront au secours des malheureux. Au bout de quelques jours on constate que le riz ainsi mis en vente a peu de succès, par contre des citoyens cupides poussent les indigents à recevoir leur contigent de la même denrée, qu'ils rétrocèdent moyennant un petit bénéfice de 10 sols par livre à ceux-là même qui leur ont avancé l'argent nécessaire à le payer. La spéculation tire profit de toutes les situations.

Le grenier public continue de fonctionner, mais progressivement le nombre de ceux y ayant accès diminue, à commencer par les parents des défenseurs de la patrie qui ne sont pas dans le besoin (depuis mars 1795).

Le 2 messidor (20 juin) la commune d'Angoulême se déclare incapable de rembourser en nature les nombreux emprunts de grains effectués dans différents magasins, de même que les sommes avancées par l'administration pour en acheter.

PERMANENCE DES DIFFICULTÉS

Alors que le grenier public assure désormais un service réduit, il connaît encore en fructidor an IV (septembre 1795) une pénurie de grains causée par un retard dans les « battaisons », mais le plus grave réside désormais dans leur cherté alors que l'on est entré dans la phase finale de dépréciation de l'assignat. Le 19 fructidor (5 septembre) la municipalité avait décidé de ne plus délivrer de blé au grenier public que l'on allait fermer, tout le monde devant dès lors passer par le marché libre, selon la loi du 4 thermidor. Mais l'agiotage est tel que ce serait condamner les indigents à la famine, et, dès octobre, le conseil général de la commune décide de continuer le service du grenier public. En 1796 il servira même à verser une certaine quantité de blé et de méture aux employés de l'administration municipale, en guise de traitement, après la disparition de l'assignat. Depuis octobre 1795, le problème des subsistances a cessé d'être traité dans les délibérations du conseil municipal. Le problème a été évacué mais nullement résolu, il continue de se poser quotidiennement aux Angoumoisins les plus démunis, même si l'administration n'en parle plus ou peu. C'est ainsi qu'une adresse de l'administration centrale de la Charente du 23 frimaire an IV (14 décembre 1795) au Directoire exécutif de Paris, attire l'attention du gouvernement sur la situation des employés et des salariés, en prenant l'exemple d'Angoulême, où le quintal de froment, au taux de 14 livres 13 sous en 1790, était monté à 3 050 livres à la fin de 1795, soit plus de deux cents fois le prix initial, alors qu'un employé percevait trente fois le chiffre de 1790 [10]. S'il n'est pas possible de reconstituer l'hiver 1795-1796 du point de vue des subsistances, une chose est sûre, l'on a gardé le grenier public qui fonctionne toujours en brumaire an V [11].

CONCLUSIONS

De cette chronique alimentaire, il faut tirer un certain nombre de conclusions.

1) Angoulême dans son département était particulièrement désavantagée à cause du nombre de ses habitants, qui obligeait de tout temps à recourir aux productions de régions dépassant le cadre présent du district. À plus forte raison dans une situation d'insuffisance et de pénurie en grains, entraînant la concurrence inégale et la surenchère, risquait-elle des difficultés d'approvisionnement.

2) Les circuits blés, farines et pain étaient à l'époque multiples et variés : soit on achetait son pain comme de nos jours, soit on fournissait la farine pour ne payer que la cuisson de son pain aux boulangers et « fourniers », soit, solution très répandue à l'époque, on fabriquait soi-même son pain. Beaucoup de citoyens riches ou aisés faisaient venir leurs provisions de « leurs campagnes », domaines d'exploitation ou borderies plus proches de la ville. La Convention avait conseillé la municipalisation de la boulangerie, mais Angoulême s'était orientée vers une sorte de grenier municipal, où tous riches, aisés et autres, devaient venir munis d'une « patente », se ravitailler en grains. C'était au départ une solution erronée, dans la mesure où l'on accordait des facilités d'approvisionnement à ceux qui n'en avaient pas besoin, au lieu de se concentrer sur le sort des indigents et des gens démunis de toute autre possibilité. Ce qui explique la facilité et la rapidité avec lesquelles il a été possible d'interdire le grenier public en février 1795 à toutes sortes de catégories sociales.

3) Très vite les autorités, et en particulier les représentants en mission, ont accordé au ravitaillement des armées, et dans le cas de Ruelle, aux ouvriers travaillant pour les besoins militaires, la priorité sur les populations civiles. D'ailleurs c'est toute l'économie qui est perturbée. En parcourant le registre municipal de L'Houmeau-Pontouvre on constate que ses habitants sont soumis à des réquisitions répétées : pour transporter du bois à L'Houmeau, du charbon de terre à Ruelle, autres transports pour l'armée ou pour la municipalité d'Angoulême... d'où une résistance locale des bouviers, rouliers et voituriers... pour échapper à ces appels impératifs avec la complicité des aubergistes et des cabaretiers... et la municipalité obligée d'intervenir à chaque instant pour les contraindre [12].

4) La loi du maximum et la réglementation qui l'accompagna eurent pour effet, sinon de créer, du moins d'aggraver la pénurie, de l'avis du représentant Harmand lui-même.

5) L'un des effets de la réglementation et du rationnement était de pousser des individus avides et cupides à l'accaparement de denrées de toutes sor-

tes, en stockant des quantités qui allaient bien au-delà de leurs besoins. Les procès-verbaux de jugements de la police municipale nous fournissent ainsi plusieurs exemples d'accapareurs.

6) Les autorités municipales d'Angoulême, devant la pénurie et l'obligation de faire un choix, font preuve d'un sens social qui fonctionne différemment de celui de notre époque. Les catégories que de nos jours nous dirions prioritaires : élèves des pensions et des écoles, infirmes, invalides et pensionnaires des hôpitaux et hospices, sont ainsi parmi les premiers à être livrés au marché libre. En 1794-1795 on venait au secours des plus démunis, soit individuellement, soit dans le cadre de leur foyer, sans conception d'ensemble de la catégorie sociale à laquelle ils appartenaient. La conscience de classe n'est pas encore établie, l'individualisme prime sur le collectif, même pour remédier à la pauvreté.

LES HÔPITAUX

De leur côté les hôpitaux d'Angoulême avaient vu leur situation financière se dégrader bien avant la crise des subsistances de 1794-1795. Le rapport budgétaire du 31 janvier 1793 faisait valoir que les deux établissements : hôtel-Dieu et Hôpital général, avaient subi une baisse de leurs revenus, du fait des « suppressions seigneuriales », c'est-à-dire la disparition de rentes qui entraient dans leurs propriétés, mais aussi du fait de l'incapacité de certains débiteurs à faire face à leurs obligations, et enfin que d'autres, ayant émigré, avaient cessé de payer des rentes établies sur les hôpitaux [13].

L'administration des hôpitaux avait cependant réussi à boucler son budget en faisant rentrer des « arrérages arriérés », mais à présent à peu près tout était récupéré, et les denrées alimentaires coûtaient de plus en plus cher. Elle avait aussi réussi, grâce au dévouement des religieuses hospitalières, qui maintenaient jusque-là un engagement vieux de quarante ans, de nourrir les pauvres des hospices à raison de 5 sous par jour. Mais à présent, l'exploit n'était plus possible, d'où leurs réclamations depuis deux ans, auxquelles le département ne répondait pas.

À l'Hôpital général, une liste de quarante-huit vieillards et infirmes était en attente d'admission, faute de place, et le bureau municipal estimait qu'il fallait les loger dans le bâtiment de la filature qui rapportait peu [13].

Dans la situation inflationniste de l'an IV, les administrateurs ne pouvaient plus faire face à leurs dépenses, d'où des appels de détresse pour des crédits en constante ascension : 150 000, 300 000, 400 000 livres pour les besoins les plus élémentaires.

En application d'une loi organique de la Convention du 11 juillet 1794, on avait commencé à mettre en vente les biens immobiliers des hôpitaux, mais dès juillet 1795 on avait stoppé toute vente avec l'accord des autorités (district, département) [13].

AGGRAVATION DE LA PAUVRETÉ ET DE LA MISÈRE DEPUIS 1789

Ainsi si l'on considère la pauvreté sous ses différents aspects, on constate que depuis 1789 la situation s'est aggravée. Il suffit de parcourir les nombreuses demandes de secours individuelles, adressées à l'administration et qui font la navette entre la mairie, le district et le département, pour mesurer la précarité et la fragilité sociale. On y trouve toutes les causes et les circonstances possibles de détresse dans un monde qui ignore tous les systèmes de protection contemporains : ni retraites ni assurances d'aucune sorte face au malheur ou à la malchance. La distance à parcourir sur la route du progrès social dépassait la dimension d'une conjoncture politique favorable. Mais les circonstances ont fait que la pauvreté qui était déjà une réalité de l'Ancien Régime, malgré les bonnes intentions des assemblées révolutionnaires, a pris un développement nouveau à cause de la guerre, l'inflation, la cherté des subsistances, sans oublier les bouleversements sociaux, issus par exemple de la suppression des établissements religieux, employeurs de main-d'œuvre, agents économiques et partie prenante de la bienfaisance publique.

Un dernier secteur qui témoigne de cette dégradation par manque de crédits insuffisants face à l'inflation, c'est celui des enfants trouvés. Le 8 décembre 1792 Navarre, trésorier des hôpitaux, chargé du soin des pauvres, écrit au directoire du département pour signaler le retard pris par les allocations accordées aux nourrices. Cependant le dernier trimestre lui a laissé un reliquat, du fait d'une mortalité très élevée chez les enfants. « ... le prix que vous leur donnez n'est pas proportionné à la valeur des denrées qui sont à un prix de près d'un tiers de moins lorsque vous avez fait notre premier règlement il y a deux ans. En outre elles sont découragées parce qu'on habille les enfants que tous les quatre ans [14]... »

Quatre ans plus tard, en pluviôse an VI, sous le Directoire, la situation ne s'est pas améliorée et les administrateurs de l'hospice des enfants abandonnés lançent un appel de détresse : il est dû aux nourrices et sevreuses de cinq cent trente-deux enfants (entre zéro et quatorze ans) une somme de 19 230 livres pour deux trimestres de salaires, et depuis trois ans rien n'a été versé pour les habiller [14].

CONCLUSION GÉNÉRALE

Au total, sous tous les aspects, la pauvreté, le dénuement et la misère ont progressé. La Révolution, de par ses intentions et du fait de la situation, a abandonné le libéralisme dominant et développé une expérience d'économie dirigée, du moins dans la distribution, avec toutes les contraintes du Maximum. Mais cette tentative ne pouvait réussir car les conditions nécessaires à son fonctionnement et à son succès n'étaient pas réalisées. Les interventions incessantes des pouvoirs publics, à tous les échelons de la hiérarchie, se croisant, se concurrençant et se contredisant, aboutissaient à une confusion et aggravaient la pénurie plus qu'elles ne la résorbaient.

CHAPITRE X

LE TOURNANT THERMIDORIEN À ANGOULÊME

(Fin 1794-1795)

LA POLITIQUE THERMIDORIENNE

Alors que la municipalité, concentrée sur les difficultés de la situation alimentaire à Angoulême, garde le langage et les réflexes révolutionnaires d'avant le 9 thermidor, c'est au département qu'il faut chercher les premiers signes du tournant thermidorien commandé de Paris, et qui consiste, sans se désavouer soi-même, à reconnaître les excès et les crimes de la période terroriste, et à en faire porter par Robespierre et ses amis tout le poids et la responsabilité. Sans revenir sur la politique passée, il s'agit d'atténuer la rigueur des lois et des mesures prises et de retrouver une ligne politique moyenne, républicaine et révolutionnaire, qui évite à la fois le « modérantisme » et le terrorisme. Mais la définition et la mise en place de la politique thermidorienne prend du temps, d'abord à la Convention elle-même, où elle signifie un déplacement de majorité vers le centre ou le Marais, en y intégrant les rescapés politiques des différentes éliminations, girondins et autres, sortis de prison ou de la clandestinité. En un mot, il s'agit, progressivement, de revenir à la situation du 31 mai 1793.

LES REMISES EN LIBERTÉ

Le premier signe d'un changement à Angoulême, a été les premières remises en liberté de détenus politiques, dès la fin du mois d'août, sur ordre du Comité de sûreté générale de la Convention. Le premier à en bénéficier a été, semble-t-il, l'ancien maire Resnier, détenu à son domicile. Le mouvement s'est répété, amplifié, d'abord à Angoulême et un peu plus tard dans les autres chefs-lieux de district. Dans les premiers mois, on a libéré les anciens responsables des années 1790-1793, par exemple les deux frères Henry, Prosper Chancel, Souchet, Lambert père, Perrier de Gurat, un peu à part le trio Mémineau -

Maulde - Mignot, et le secrétaire général du département, Ducluzeau... Beaucoup d'interventions d'autorités de toutes sortes en faveur de ces libérations, mais celui qui a agi le plus dans ce sens c'est le conventionnel Devars [1].

À partir de décembre 1794, c'est au tour des aristocrates charentais, soupçonnés de royalisme et d'hostilité à la Révolution de quitter la prison : Arnaud de Ronsenac, Descravayat de Belat, l'épouse Roy, la dame Montmorency veuve de Broglie, le prêtre Vigneron... Les remises en liberté, au début individuelles, se font ensuite par fournées et continuent jusqu'en avril-mai 1795.

LE REPRÉSENTANT BORDAS À ANGOULÊME

Sur le plan politique, le passage à Angoulême du représentant en mission Bordas est un grand moment. Ancien avocat, député de la Haute-Vienne, envoyé par la Convention en Charente, Dordogne et Gironde, venant de Paris, il est à Ruffec le 5 frimaire et à Angoulême le 7 (27 novembre 1794). Il convoque toutes les autorités constituées à une séance générale et publique qui se déroule au département (l'ancien évêché). C'est Dupuy-Lépine, riche propriétaire du canton de Segonzac, assurant la présidence mensuelle du directoire départemental qui accueille le représentant en mission [2]. Celui-ci répond par les compliments d'usage sur le département de la Charente qui se range parmi ceux qui ont le mieux mérité de la nation française. On passe à l'étude des questions concrètes, en tête celle des subsistances. Une discussion longue et animée sur le sujet, avec plusieurs intervenants, dont le premier, commis au département, provoque murmures et protestations dans l'assemblée en atténuant exagérément et maladroitement le problème qui affecte la ville d'Angoulême... « Il est faux que vous ayez manqué de pain, il est vrai que vous avez été réduits à une petite portion, mais si vous considérez nos frères qui font la guerre et qui se battent tout un jour sans manger... » ou encore « l'on peut vivre avec une portion plus médiocre de pain si l'on a à boire (du vin)... ». C'est Desgagniers, du comité révolutionnaire, qui réplique à de tels propos, en insistant sur les charges excessives qui pèsent sur Angoulême avec les réfugiés vendéens, les prisonniers espagnols, les passages répétés de troupes... et de ce fait la ville se voit privée du nécessaire quand les voisins sont dans l'abondance. À ce moment le représentant Bordas intervient dans le débat.

Finalement c'est Grellier commissaire des guerres qui donne les indications les plus précieuses, en déclarant que le district d'Angoulême ne produit que pour quatre mois de l'année, celui de La Rochefoucauld se suffit à lui-même, ceux de Confolens, Ruffec et Cognac un tiers de plus que leur consommation et Barbezieux une moitié de plus. On conclut sur la nécessité d'un recensement exact de l'état des grains par les municipalités, et Bordas veut rassurer tout le monde en déclarant que la Convention a pris des mesures pour faire venir des blés de l'étranger en quantité suffisante pour nourrir un tiers de la population, et que les armées ont trouvé chez l'ennemi de quoi se nourrir sans prélever à l'intérieur du pays. Bel espoir pour les Angoumoisins qui sont à la veille de l'hiver le plus rude du point de vue alimentaire de toute la Révolution !

Quand on en vient à la question des accapareurs, curieusement c'est le prix excessif du vin, rare et inabordable, qu'on dénonce, à cause des négociants et des fabricants d'eaux-de-vie.

Ensuite, à propos des vexations commises par plusieurs comités révolutionnaires sous le règne de la Terreur, aucune voix ne s'élève dans l'assemblée, constate Desprez, pour dénoncer celui d'Angoulême : « Les citoyens qui le composent n'ont jamais dévié des principes... »

On en arrive au renouvellement des autorités constituées, et Bordas, une fois de plus, invite le public à faire connaître ses appréciations, et l'on voit alors Brun, membre du comité révolutionnaire, s'en prendre à Léridon, le président du tribunal révolutionnaire et Buchey, l'agent national du district « ... qui ont calomnié le comité révolutionnaire, (qu'ils) s'expliquent sur les propos injurieux qu'ils ont tenus contre lui ». Les deux interpellés lui demandent alors de préciser quels propos, mais Brun abandonne la partie et l'incident en reste là, cependant révélateur d'une tension entre le « comité de surveillance et révolutionnaire » d'Angoulême et certaines autorités, et ce malaise sera de nouveau perceptible, après le passage de Bordas, quand l'organisme révolutionnaire refusera de cautionner les détentions de prêtres, qu'il n'avait jamais demandées et qui sont le fait des autorités légales. De même, dès le 13 frimaire le comité fera savoir, mécontent semble-t-il, qu'à l'avenir il se bornera aux fonctions que la loi lui a déléguées à savoir « la surveillance coercitive des ennemis de la République ».

La séance publique au département aura duré quatre heures, le lendemain, Bordas fait une visite au conseil général de la commune où il est reçu par Marvaud. Une fois de plus, la question des subsistances est à l'ordre du jour, et le représentant en mission rassure tout le monde[3]. Les jours suivants, il visite quelques districts, sans doute Cognac, mais à coup sûr La Rochefoucauld, le 18 frimaire, où les divisions et les tensions sont bien plus graves et nécessitent son intervention. Dix jours après son passage, un arrêté du représentant en mission reconduit toutes les autorités d'Angoulême, au département, au district et à la mairie. Bordas n'aura rien changé dans la marche des affaires du chef-lieu, ce qui correspond à sa démarche générale et à son discours qui ont été de ne rien remettre en cause et de couvrir tout le monde, une sorte d'unanimisme révolutionnaire maintenu, sauf dans quelques cas exceptionnels et flagrants, qui ne concernent pas Angoulême[3].

Sicard, l'agent national, continue son travail à la mairie, et c'est lui qui se charge, en application de la décision de Bordas, de faire rendre à leurs anciens propriétaires les plaques de cheminées et les chenets réquisitionnés par Romme l'été précédent. Opération délicate et difficile que de retrouver le bien de chacun, et quand les objets ont été cassés il faut indemniser. Que de complications ! Et Sicard veut associer le district à l'entreprise pour lui faire partager les risques de mécontentement [3].

La mairie continue de délivrer des certificats de civisme, et le 12 pluviôse, par exemple, elle ajourne celui demandé par Lambert (père) ancien président du district sorti de prison. La société populaire, de son côté, continue d'intervenir dans la gestion des affaires. Le maître de poste Boussiron, devant les prix atteints par les fourrages et l'avoine, menace d'arrêter son service, ce qui signifierait l'arrêt des communications officielles entre Paris et le département, et la mairie, en germinal, s'empresse d'étudier la question [4].

En ventôse (mars) l'application d'un décret de la Convention réduisant le nombre des administrateurs du département de huit à cinq a provoqué une crise au directoire, où Quichaud, non réélu, refuse son élimination, démontrant une fois de plus, s'il était nécessaire, que les responsables révolutionnaires étaient moins unis et solidaires qu'il n'y paraît [5].

Le 25 germinal (14 avril) un pas de plus est franchi dans la désescalade thermidorienne, quand le département reçoit le décret du désarmement des responsables connus pour avoir participé aux « horreurs de la tyrannie » d'avant le 9 thermidor, et les administrations de districts seront chargées de l'appliquer.

Le représentant Legendre de la Nièvre, en mission pour visiter usines et fonderies travaillant pour la marine, donc Ruelle, passe à Angoulême et prononce des discours au temple décadaire, le 30 germinal, sur le retour au bonheur et à l'union de tous, la concorde intérieure, la paix extérieure [6] ; mais c'est le 6 floréal (25 avril) que le département, sur instructions et directives venues de Paris, accomplit sa mue décisive en rédigeant par la plume de Desprez la longue adresse aux Charentais qui sera imprimée à mille deux cents exemplaires et diffusée. Ce texte expose et explique la nouvelle politique thermidorienne arrivée à maturité [7]. Ainsi le département est prêt à recevoir la visite du représentant en mission Pénières, dont le passage et le séjour marquent un moment fondamental et décisif de la Révolution charentaise.

LE REPRÉSENTANT PÉNIÈRES À ANGOULÊME

Venant de Limoges Jean Augustin Pénières (1766-1821), avocat, député de la Corrèze, régicide (il mourra en exil aux États-Unis), se présente au directoire départemental le 1er prairial [8]. Il annonce sa couleur politique d'entrée, en déclarant qu'il n'est pas le représentant de cette Montagne insolente qui a désolé si longtemps le pays et fait couler le sang des bons citoyens. Le 7 il assiste à une séance du conseil de la commune d'Angoulême, et le 24 prairial c'est une nouvelle séance plénière au département, avec un public nombreux. Entre-temps il est allé à La Rochefoucauld, le 21 prairial, et durant un séjour d'un mois, il a épuré et réorganisé toutes les administrations du département. Autant le travail de Bordas avait été limité, se bornant à déplacer quelques responsables, et n'éliminant que les plus compromis, tout en leur trouvant des excuses, autant Pénières accable, épure, tranche dans le vif, au point que ses destitutions provoquent des demandes d'explication, des protestations et des réactions d'autodéfense d'autorités qui ne s'attendaient nullement à un tel désaveu. Aucun autre représentant en mission, même sous la Terreur, n'en a fait autant, les organismes des six districts charentais ont été profondément modifiés, sinon totalement changés. Au directoire départemental, seul Desprez, pourtant fortement engagé dans la politique terroriste est maintenu, et à ceux qui protestent, Pénières répond que leur remplacement n'est pas une destitution mais la conséquence d'une meilleure répartition entre les districts qui doivent participer à l'administration[8 bis].

CHANGEMENTS À LA MAIRIE

À la mairie d'Angoulême, Marvaud est remplacé par Desbrandes qui avait, lui aussi, flirté avec les révolutionnaires de la ville. Installé le jour même de sa nomination le 7 prairial (26 mai) Desbrandes démissionne dès le huit juin « ayant exposé au représentant du peuple qu'il ne pouvait exercer la mairie pour des raisons légitimes ; il fit sa démission avec son agrément dans la tribune de l'église cathédrale où se tenaient alors les assemblées décadaires. Il prononça à ce sujet un discours devant le représentant et ses concitoyens auxquels il témoigna ses regrets de ne pouvoir être utile à la chose publique ». On n'en saura pas plus sur les raisons de ce refus, ainsi relaté par Desbrandes lui-même dans l'un de ses manuscrits[9]. En même temps, le corps municipal est profondément remanié avec le retour de Henry aîné, Gratereau aîné... comme officiers municipaux. Sicard, l'agent national de la commune qui avait beaucoup exalté la foi et les devoirs révolutionnaires depuis que Romme l'avait placé à ce poste, paradoxalement se voit promu au district dans la fonction de procureur syndic restaurée. Quant au district d'Angoulême, où seul le président Lavialle est gardé, Buchey remplacé par Sicard accepte difficilement son élimination[10].

Au total, les changements de Pénières, même s'ils frappent le personnel angoumoisin engagé dans la Terreur ne vont pas à sens unique, à un moment où les classements politiques ne sont pas encore définitifs. Par contre on peut dire que Pénières a, lui, hâté ces classements en créant chez certains des responsables écartés, une solidarité et une conscience collective politiques, persuadés qu'ils sont d'être les victimes d'une épuration imméritée.

LES ÉPURATIONS DE PÉNIÈRES

La principale victime de Pénières à Angoulême est Léridon, le président du tribunal criminel, qui, en plus de sa charge, avait cumulé les fonctions dans les organismes révolutionnaires depuis 1793, par exemple commissaire du département en Vendée en mars-avril 1793. Destitué et incarcéré, il est, à la demande de son épouse, extrait de prison pour comparaître à la séance plénière du 24 prairial devant le représentant en mission qui l'accable de reproches : d'avoir joué un rôle de « sbire ». « Tu as été président du tribunal criminel. Ce caractère nécessitait de la délicatesse cependant tu l'as déshonoré dans l'affaire du citoyen Goret des Fourniers » arrêté et acquitté contre l'avis de Léridon qui a eu l'impudence de dire « qu'il aurait voulu manger du boudin et de la grillade de goret ». Léridon se défend assez mal en répondant qu'il a été obligé d'agir ainsi par Guimberteau [7]. Il retourne en prison et on lui notifiera plus tard les inculpations. En fait il n'y aura pas de poursuites contre Léridon, coutumier de propos excessifs, qui ne se traduisaient pas dans les actes. Même Gigon, peu suspect de complaisance, reconnaissait au président du tribunal des qualités de magistrat, et lors de la parution de son livre, en 1866, sur la Terreur en Charente, Henri Léridon, un descendant, apportait une réponse à l'historien local en insistant sur le nombre des acquittements et des remises en liberté prononcés à Angoulême en 1793-1794 [11]. Gigon, dans son livre, reconnaît à plusieurs reprises la modération du comité révolutionnaire d'Angoulême composé en majorité de gens honnêtes et modérés qui échapperont aux mesures de Pénières.

Autres victimes de ce dernier à Angoulême : Blandeau, apothicaire, lui aussi emprisonné et appelé à comparaître à la séance plénière du 24 prairial, Pénières lui promet qu'il sera entendu et jugé avec équité ; Durou l'armurier, Prieur de la garde nationale... En dehors des arrestations, des mesures de désarmement comme terroristes ou d'interdiction d'élire et de se faire élire, soit dans l'administration, soit dans la garde nationale ont été prises par le représentant en mission contre de nombreux citoyens tant à Angoulême que dans l'ensemble du département, mais cette fois, Pénières outrepassait ses pouvoirs, et c'est la Convention, en fructidor, qui annulait les arrêtés, sur la proposition du conventionnel lui-même, qui reconnaissait être allé trop loin dans la répression [6].

FERMETURE DE LA SOCIÉTÉ POPULAIRE

Le 23 prairial, Pénières fait enlever les papiers et les registres de la société populaire d'Angoulême par deux représentants du département, et lorsque le 14 fructidor (30 août 1795) suivant les autorités municipales, en application de la loi du 6 du même mois sur la fermeture des sociétés révolutionnaires viendront pour fermer le local et prendre en dépôt les archives, elles ne trouveront que des journaux et des imprimés sans grande valeur, mais plus d'archives proprement dites, d'où l'indigence de nos connaissances sur la société populaire d'Angoulême.

Au total, le passage de Pénières en Charente a suscité beaucoup de bruit, faisant oublier à certains historiens locaux que la raison de sa venue était de punir les excès commis auparavant sous la Terreur. Ainsi Jérôme Bujeaud, en 1924, opposant l'équité de Bordas au parti pris de Pénières, écrit que ce dernier « rétablit les anciens administrateurs dans leurs emplois, destitua, fit jeter en prison quiconque lui fut dénoncé comme terroriste, désarma les patriotes, épura... » [12]. La réalité est plus complexe et moins manichéenne... et les victimes de Pénières sont sorties de prison ou de l'ostracisme au bout de quelques semaines pour reprendre leur place dans la société ou l'administration. Dès septembre ou octobre 1795, les anciens fonctionnaires de l'administration sont en liberté et les dossiers d'inculpation clos sans suite. D'ailleurs le représentant en mission, dans un arrêté du 24 prairial, faisait lui-même la distinction entre les terroristes les plus coupables et « ... ceux qui un instant ont paru s'être écartés de la ligne du devoir ». Il a aussi procédé par retouches successives, avant de parvenir à une réorganisation définitive des autorités, et en particulier de la municipalité, où il nomme, dans un deuxième temps l'avocat Descordes, qui n'est pas un partisan de la Révolution.

TRION MAIRE

Surtout, il lui a fallu choisir un autre maire, du fait de la défection de Desbrandes, et il a désigné Trion, de son vrai nom Louis François Joseph Bonaventure de Trion-Montalembert, représentatif d'une noblesse d'Ancien Régime libérale et qui avait fait partie du premier conseil général et du premier Directoire départemental en 1790 [13]. Nommé le 25 prairial, et installé maire le 3 messidor, Trion n'assistera guère aux séances du conseil général, présidé toujours par Henry aîné.

En plus de la persistance des difficultés des subsistances, dans les derniers mois de l'an III, de messidor à fructidor, ce sont les remous et les réactions provoqués par les mesures de Pénières, retourné à Limoges, qui retiennent l'attention. On constate que les victimes de Pénières se défendent, organisent bien leur défense, trouvant des appuis jusque dans la municipalité nouvelle et sont remises en liberté plus tôt que prévu, après avoir joui d'un régime spécial pendant leur détention de quelques semaines.

Le 10 fructidor, le conseil général de la commune d'Angoulême, arrête que, de concert avec les administrations supérieures sollicitées, on demandera à Pénières lui-même la réhabilitation des citoyens frappés par ses différents arrêtés, et l'avant-dernier jour complémentaire de l'an III, c'est le Comité de sûreté générale, apprend-on à Angoulême, qui annule l'arrêté de désarmement frappant plus d'une douzaine de citoyens de la ville. Tout est ainsi effacé, et les victimes de Pénières s'apprêtent à prendre une belle revanche électorale sur le plan municipal.

En effet pendant les derniers mois de l'an III, la Convention nationale s'est occupée de doter le pays de nouvelles institutions, dont la Constitution de l'an III, et leur mise en place va donner l'occasion de renouer avec les élections qui ne sont plus pratiquées depuis la fin de 1792 pour désigner les autorités. La dernière fois où le peuple a été convoqué, fut pour approuver la Constitution de l'an I dans le courant de juillet 1793. Le 21 fructidor an III (7 septembre 1795), on remet à la mairie les différents procès-verbaux d'acceptation de la nouvelle Constitution dans les quatre sections, et le lendemain les citoyens, de nouveau dans leurs assemblées primaires, désignent leurs électeurs, car on est revenu au régime censitaire à deux degrés. Les deux sections de la Fraternité (L'Houmeau) et des Sans-Culottes (Saint-Martial) désignaient chacune trois électeurs, celles du centre (Saint-André) et de la Liberté (les Cordeliers) respectivement deux électeurs et l'on voyait la dernière citée choisir deux personnalités révolutionnaires notoires, victimes de Pénières : Duval le secrétaire destitué du département et Léridon l'ancien président du tribunal criminel.

Les changements politiques thermidoriens ont été plus faciles au département qu'à la mairie. Néanmoins après le passage du dernier représentant, persiste une certaine instabilité faite soit de refus d'accepter la fonction, soit de démissions pour des raisons très diverses : à la mairie, le 25 vendémiaire an IV il faut trouver un nouveau maire provisoire pour quelques semaines, en attendant la nouvelle organisation municipale ; et c'est Abraham François Robin qui est élu par treize voix sur vingt et un votants du conseil.

ROBIN MAIRE PROVISOIRE

Robin est un très vieux grand notable de l'Ancien Régime né en 1716, imprimeur, papetier et banquier, entré au corps de ville en 1754, il y était toujours en 1789 comme premier échevin. Très lié en son temps avec l'intendant de Limoges, auteur de nombreux projets fiscaux vers 1760-1765, l'une des principales victimes de l'affaire des banquiers en 1769 [15]. Vu son âge et ses infirmités on lui accole un officier municipal comme suppléant pendant le temps de son mandat.

Cependant, quand les électeurs sont convoqués en vendémiaire an IV (octobre 1795) pour désigner les nouvelles administrations, la ligne politique officielle, elle, est définitivement trouvée et tracée dans l'adresse du 13 messidor du département aux Charentais : « Après quinze mois d'une tyrannie dont les annales du genre humain n'offrent pas d'exemple la vertu triomphe du crime... Vous ne frémirez plus à l'aspect de ces proconsuls insolents dont les ordres, les signes et jusqu'à leur silence annonçaient le brigandage ou la mort, un législateur sensible et juste est venu parmi vous essuyer vos larmes, compatir à vos malheurs et répandre sur vos plaies le baume [16]... »

LES ÉCOLES PRIMAIRES

Il est un domaine, distinct de la politique, où les choses ont un peu progressé dans la période thermidorienne : celui de l'enseignement primaire. Là, encore plus qu'ailleurs, que de distance entre les intentions, les principes énoncés et les réalisations effectuées sur le terrain ! La Convention thermidorienne vota deux lois successives : celle du 27 brumaire an III (17 novembre 1794) déclarant qu'il faudrait une école primaire par mille habitants, avec un traitement pour les maîtres, et celle du 3 brumaire an IV (25 octobre 1795), qui représentait un recul par rapport à la précédente, en supprimant le traitement des instituteurs et la gratuité de l'instruction. Entre-temps et en application de la première des deux lois, un jury d'instruction du district d'Angoulême avait été mis en place et il se montrait très actif dans le courant de l'an III. En faisait partie Pierre Ausone Chancel. Il décidait ainsi qu'Angoulême avec ses douze mille habitants aurait douze écoles, sept intra-muros et cinq extra-muros. Mais la difficulté était grande de trouver les maîtres et surtout des maîtres valables, au point que la commission exécutive de l'instruction de la Convention, en ventôse an III (février - mars 1795) au vu du rapport adressé par le jury du district lui répondait de ne pas se montrer trop difficile dans le choix des instituteurs, et qu'à défaut de talents et de connaissances il fallait tenir compte du patriotisme et de l'esprit civique.

Au total en prairial an III il n'y avait à Angoulême depuis peu que deux instituteurs et six institutrices pour un ensemble théorique de douze écoles primaires [17].

CONCLUSION

Ainsi dans la période thermidorienne, toutes les contraintes de la Terreur se sont relâchées, la situation s'est détendue, les prisons ont rendu leurs suspects à la liberté mais sans se vider complètement, un virage politique a été pris de manière douce avec Bordas, brutale avec Pénières. Tout s'est déroulé sur toile de fond de pénurie alimentaire, vie chère, inflation galopante et agiotage, ce qui n'a fait qu'aggraver la situation matérielle des pauvres et des déshérités, cependant que les classes productrices ont la possibilité de pratiquer l'économie du troc. L'un des effets de la dévaluation accélérée de l'assignat a été, à partir de l'an III, une reprise très nette des adjudications d'immeubles des domaines nationaux à Angoulême. Les prix atteignent des sommets en liaison directe avec l'inflation du moment, et nullement comparables à ceux pratiqués en 1791. Ainsi, à la fin de l'an III et au début de l'an IV, six maisons et un domaine qui appartenaient à l'ancien collège des jésuites sont adjugés : chacune près de 200 000 livres, l'une montant à 446 000 livres et le domaine 101 000 livres. Les délais de paiement qui étaient de douze ans ont été ramenés à six mois par tiers [18].

CHAPITRE XI

ANGOULÊME SOUS LE DIRECTOIRE (I)

(1795-1797)

VUE GÉNÉRALE

Le Directoire s'inscrit dans le droit fil de la Convention thermidorienne sans coupure ni rupture : même personnel, même politique face aux mêmes difficultés et problèmes, la différence étant que désormais, à compter de l'automne 1795, le pays est doté d'une constitution politique qui fonctionne, et que les institutions administratives ont été profondément remaniées. En somme, c'est un nouveau départ institutionnel pour la République, comme celui de 1790 pour la monarchie constitutionnelle.

Le Directoire, terme qui désigne aussi la période de quatre ans où ce régime fonctionne, n'a pas dans l'histoire l'auréole romantique, héroïque et passionnelle des années antérieures. Les grands révolutionnaires ont disparu, engloutis dans la tourmente, et ceux qui les ont remplacés, moins connus, ne suscitent pas les mêmes passions. Les temps sont moins dramatiques mais aussi moins cruels, les héros et leurs spectateurs sont las, et les illusions sont tombées, la vie est plus plate et plus prosaïque, d'où un intérêt et une attention moins soutenus pour une époque qui a été injustement un peu sacrifiée dans l'histoire, au point que certains vont jusqu'à croire que la Révolution française s'arrête au 9 thermidor. En réalité, il reste encore un ou deux actes à jouer dans le drame, et il ne faut pas quitter la pièce avant la fin.

Le Directoire représente une nouvelle expérience politique et administrative de la France, dans laquelle, pour la deuxième fois, le pays s'est exercé au fonctionnement régulier des institutions, et les citoyens ont pratiqué un nouveau suffrage censitaire et se sont exprimés de nouveau après un silence de près de deux ans sous la dictature montagnarde. D'autre part, l'administration dans son fonctionnement a fait des progrès, et l'on dispose désormais d'archives plus abondantes et plus suivies que dans la période tourmentée et chaotique antérieure. L'histoire du Directoire se scinde en deux périodes, séparées par le coup d'État du 18 fructidor an V (septembre 1797) qu'il faut ranger dans les grandes dates de la Révolution au même titre que le 10 août 1792, le 31 mai 1793 et le 9 thermidor an II.

Si, du niveau central et parisien, nous revenons au département et à Angoulême, nous constaterons que désormais ils vivent, l'un et l'autre, davantage en harmonie, sans retrouver les distorsions et les contradictions antérieures de la capitale au chef-lieu charentais lors des grandes crises. Angoulême surtout, plus que les campagnes charentaises, semble avoir assimilé le jeu, et les tendances politiques générales se reflètent désormais sur le plan local, le personnel politique et administratif se range mieux qu'auparavant dans les catégories nationales. On peut penser que la pratique antérieure des votes depuis 1790, la traversée des périodes terroriste et thermidorienne, ont donné une expérience politique, ont constitué un apprentissage qui se traduit à présent dans les votes. Finis désormais ces procès-verbaux rédigés en termes de greffiers et de notaires, répétitifs, d'où ne se dégageait aucune signification politique précise. Avec le Directoire, les villes et les gros bourgs charentais entrent en politique.

LES ÉLECTIONS DE VENDÉMIAIRE AN IV

En vendémiaire an IV, les citoyens sont convoqués pour désigner les nouvelles autorités. Pendant dix jours, les électeurs de l'assemblée électorale départementale, désignés dans leurs assemblées primaires de cantons, et qui, vu les conditions de fortune ou de revenus exigées, ne peuvent être que des gens riches ou très aisés, seront convoqués à Angoulême pour choisir les députés du corps législatif, les administrateurs du département, les membres des tribunaux. Ces électeurs du second degré, beaucoup moins nombreux que ceux du système en cours en 1790-1792, seront logés par billets chez l'habitant, et il leur sera fourni par jour une livre et demie de pain et une livre de viandre, autant sinon plus que la ration alimentaire d'un travailleur de force [1] !

UNE ADMINISTRATION SIMPLIFIÉE, AUX EFFECTIFS RÉDUITS

C'est le 25 vendémiaire (17 octobre 1795) que cette assemblée a désigné les cinq membres de la nouvelle administration centrale du département, ce qui représente un allègement considérable par rapport au système de 1790 où il y avait à la fois un conseil de trente-six administrateurs et un directoire de huit personnes. En l'occurence les choix faits sont conformes à ceux de Pénières en prairial précédent, ce sont les mêmes hommes, dont Thorel, que ses collègues reconduisent comme président [2]. Mais tout de suite l'on voit renaître ce mal incessant des administrations révolutionnaires que sont les démissions fréquentes, maintenant ainsi une certaine instabilité[2].

La plus grande nouveauté administrative de l'an III, consista à supprimer les districts, et à créer au niveau de chacun des quarante-quatre cantons charentais une nouvelle institution : la municipalité de canton où se retrouvaient un agent municipal et un adjoint par commune et à la tête de ce conseil cantonal restreint un président élu par l'assemblée primaire. C'est là une expérience unique dans les annales de notre histoire administrative et qui était une solution au nombre excessif de petites communes dans les campagnes charentaises pour l'administration desquelles il était difficile sinon impossible de trouver un personnel suffisant et valable. Là encore quelle réduction du corps municipal par rapport au système mis en place en 1790 ! Angoulême, du fait de sa population, était dans le département la seule commune à garder son organisation municipale autonome, puisqu'elle dépassait cinq mille habitants. Mais au lieu d'un corps de trente-six membres (maire, onze officiers municipaux, vingt-quatre notables) c'était un organisme réduit, de sept officiers municipaux qui élisaient leur président. Distincte d'Angoulême, il y avait à côté l'administration du canton qui regroupait Soyaux, Puymoyen, Saint-Yrieix, Saint-Michel, L'Houmeau-Pontouvre, Fléac et L'Isle-d'Espagnac, mise en place le 28 brumaire an IV, et qui devait s'installer dans l'ancien presbytère de L'Houmeau[4].

LES COMMISSAIRES DU POUVOIR EXÉCUTIF

A tous les échelons de l'administration, dans chaque organisme et dans chaque tribunal, siégeait désormais un commissaire du pouvoir exécutif nommé par le pouvoir central parisien, dont il était à la fois le représentant et l'œil, et à la différence des procureurs et procureurs syndics du système de 1790 les commissaires du Directoire n'étaient plus élus. Au départ, en attendant la mise en marche définitive du système, c'est l'autorité centrale départementale qui nommait à titre provisoire les différents commissaires. Au total avec le Directoire on allait faire l'essai d'un nouveau système administratif allégé, à la fois dans le nombre de ses rouages et des effectifs de chacun, et sur lequel le pouvoir central avait une meilleure prise par les différents commissaires qui le représentaient.

LA MUNICIPALITÉ D'ANGOULÊME

Dans le courant de brumaire, Angoulême et les communes du canton d'Angoulême procédaient à l'élection de leurs nouveaux responsables municipaux par l'ensemble des électeurs du premier degré dans le cadre de chaque commune. À Angoulême, au premier tour, seul Michel Marvaud était élu par trois cent cinquante-cinq voix sur six cent quatre-vingt-quatre votants, mais au deuxième tour, avec 718 votants, les voix se concentraient si bien sur les premiers que le résultat donnait toutes les apparences d'un scrutin de liste, sans que la chose existât, au profit d'hommes qui avaient en commun des responsabilités dans le passé et surtout leurs affinités révolutionnaires qui leur avaient valu d'être écartés et même frappés par les mesures de Pénières. Pour la première fois de notre histoire locale, un scrutin prenait une signification politique aussi bien affirmée [5]. Ainsi étaient élus dans l'ordre, Boursac jeune, Aubert, Buchey (qui n'accepte pas), Blandeau, Félix, Guimberteau et Dervaud aîné (pour remplacer Buchey), les six premiers cités avaient réuni entre quatre cent cinquante-huit et quatre cent six voix sur les sept cent dix-huit suffrages. Il s'agissait bien d'une revanche sur Pénières, et dès le départ, la municipalité d'Angoulême prenait ainsi une orientation politique de gauche, dirait-on de nos jours, à l'opposé du département qui restait dans la ligne thermidorienne modérée. À cela plusieurs explications possibles, dont la principale est que le conseil municipal était issu directement des électeurs du premier degré, à la base du suffrage censitaire, cependant que les responsables départementaux procédaient, eux, d'un scrutin du deuxième degré où s'exprimaient avant tout des notables venus de tout le département.

Ainsi, sous le Directoire commençant, face à un département modéré une municipalité d'Angoulême plus avancée, situation inverse de celle des années 1790-1793, où, face à un département plus patriotique et acquis aux réformes, se plaçait un corps municipal nettement réticent, tantôt traînant les pieds et résistant, tantôt s'opposant plus ouvertement.

Les sept officiers municipaux d'Angoulême élisaient à leur tour parmi eux le président de l'administration municipale (nouvelle appellation du maire) en la personne de Michel Marvaud, qui ne faisait ainsi qu'un bref passage dans son administration d'origine, les eaux et forêts, où il était retourné entre ses deux mandats à la mairie. C'est le 20 brumaire an IV (1er novembre 1795) que le nouveau corps municipal est officiellement installé dans une ambiance et un enthousiasme qualifiés de « républicains », entendons de connotation révolutionnaire assez marquée, auxquels le peuple des tribunes participe, au milieu de discours, d'acclamations et de chants. C'est une victoire politique, sortie des urnes, qu'on célèbre ainsi, et qui est prolongée le lendemain par le choix de Latreille comme secrétaire greffier, et plus tard par la nomination, en frimaire, de Prieur ex-adjudant de la garde nationale au poste de commissaire du Directoire auprès de la municipalité, lui aussi une victime de Pénières. Prieur, en 1794, avait joué un rôle très actif dans la levée des bataillons de volontaires en Charente avec le titre d'agent supérieur sur nomination du Comité de salut public de Paris, en janvier 1794, et à un moment où l'enthousiasme de 1791-1792 étant dissipé, l'enrôlement était devenu une forme de conscription déguisée.

Marvaud restera à la tête de la mairie jusqu'en germinal (début avril 1796) où il est nommé par le Directoire de Paris commissaire auprès de l'administration départementale, fonction très importante, qui dans la continuité de nos institutions, se situe entre le procureur général syndic d'avant 1795 et le préfet d'à partir de 1800. Il est remplacé à la tête de la mairie par Jean-Auguste Dervaud aîné, papetier, neveu des frères Henry. Marvaud et Dervaud présentaient à Angoulême un double avantage : d'une part ils passaient pour des révolutionnaires sûrs et garantis, d'autre part ils restaient des notables, issus de familles bourgeoises établies et Marvaud, d'une génération antérieure, avait, lui, une longue expérience des responsabilités administratives.

La situation intérieure du pays a évolué depuis thermidor, en fonction de la politique des thermidoriens qui ont pensé un moment, au début de 1795, pouvoir réaliser une réconciliation générale, mettre fin à la rébellion de l'Ouest et rétablir la liberté des cultes. Mais très vite cette politique a été contrariée et stoppée avant la fin de la Convention en octobre 1795, à cause des déconvenues subies : excès localisés de la Terreur blanche, expédition de Quiberon, la révolte du 13 vendémiaire à Paris, et l'on est revenu à une conduite des affaires plus proche de l'orthodoxie révolutionnaire. Une détente même passagère et relative, après les contraintes de la Terreur, a suffi pour réveiller les forces du royalisme et les courants contre-révolutionnaires trop longtemps comprimés. Désormais, sous le Directoire, il faudra compter avec ces forces qui s'enhardissent sans s'affirmer encore au grand jour, dans un contexte trop défavorable. Elles deviennent une composante de l'opinion sinon du paysage politique, présents à Angoulême et en Charente. D'ailleurs on assiste à un début de retour d'émigrés et de prêtres réfractaires. Le 28 pluviôse (17 février 1796), suivant un arrêté du Directoire de Paris, les deux officiers municipaux Blandeau et Boursac sont chargés d'établir un état des citoyens émigrés, prêtres réfractaires ou déportés qui sont rentrés, tâche d'autant plus difficile pour eux qu'ils ne disposent pas des papiers de l'ex-district d'Angoulême [6].

UNE POLITIQUE HÉSITANTE

Le Directoire faisant alterner la politique de persécution et celle d'apaisement religieux, selon qu'il applique ou n'applique pas l'arsenal des lois existantes, on vit dans un régime mal défini de semi-liberté ou d'interdiction des cultes. Ainsi le 15 nivôse, l'église Saint-André, par arrêté municipal, serait rouverte à « un ou plusieurs cultes », par contre la chapelle des Bézines reste fermée, puis un autre arrêté autorise son ouverture à une heure fixe, les clefs étant entre les mains des commissaires de police, enfin au printemps de 1796 des citoyens demandent la réouverture à plein temps de ladite chapelle et la municipalité hésite pour l'accorder.

LE CULTE DÉCADAIRE

Par contre, les autorités appuient à fond le culte décadaire qui célèbre les faits importants de la Révolution, par exemple le 1er pluviôse (21 janvier 1796) on commémore « la juste punition du dernier roi des Français ». Chaque décadi, un sujet donné est l'objet d'une célébration, ainsi le 10 germinal, la fête de la jeunesse, mais ces cérémonies décadaires sont l'occasion pour des opposants de se rendre au temple (l'ex-cathédrale), d'y faire du bruit et de « tenir des propos qui tendent à avilir les autorités constituées et à tourner en ridicule les cérémonies... », lit-on dans le registre municipal. Il y a ainsi dans la ville différents moyens d'exprimer son hostilité à l'ordre établi, par exemple en chantant ou en obligeant à chanter « l'air homicide » du réveil du peuple interdit par les autorités, ou encore en se rendant à la prison pour y entendre la messe célébrée par des prêtres réfractaires reclus [6].

RÉUNIONS D'ANCIENS RESPONSABLES RÉVOLUTIONNAIRES

Toute une vie souterraine, faite de rumeurs, de bruits de complots, de réunions secrètes et de dénonciations, se perçoit à Angoulême au printemps de 1796, au point que le ministre de la police générale demande des éclaircissements au commissaire du département, Marvaud, le 5 prairial an IV, qui à son tour s'adresse à deux reprises au commissaire Prieur de l'administration municipale. Il faut replacer l'inquiétude des autorités supérieures dans le contexte parisien du moment, où il y a eu des rencontres répétées et des ébauches de rapprochement entre les babouvistes et les derniers montagnards. Sur le plan angoumoisin, il s'agit essentiellement de deux réunions successives de citoyens qui ont soupé le 15 et dîné le 16 germinal chez l'aubergiste Pinasseau. Ils étaient quatorze la première fois et dix la seconde, d'anciens révolutionnaires actifs et ayant eu des responsabilités sous la Terreur, mais leurs rencontres n'ont été l'occasion que de porter des toasts et de chanter des chants patriotiques entre vieux compagnons. Parmi eux il y a deux officiers municipaux, Blandeau et Félix, que Marvaud est bien placé pour connaître et il rassure le ministre à leur sujet, trois responsables anciens du canton de Jarnac, et il y en a quatre ou cinq qui ont été « très sévères à l'époque désastreuse du gouvernement révolutionnaire, d'ailleurs je ne connais pas assez leur moralité et leurs principes pour me prononcer sur leur compte mais j'avouerai franchement que je ne les crois pas capables de se révolter ni de prêcher la révolte contre le gouvernement... s'ils ont paru exaltés dans les temps révolutionnaires... ils sont depuis longtemps d'une tranquillité exemplaire », lit-on dans la réponse du commissaire du pouvoir exécutif auprès du département au ministre de la Police[7].

LE 10 THERMIDOR AN IV À ANGOULÊME

Nous arrivons aux événements du 10 thermidor an IV (28 juillet 1796) à Angoulême, qui font voir au grand jour que l'opinion est traversée par des courants politiques contraires, ravivés par la célébration de la chute de Robespierre. Cette commémoration, étalée sur deux jours, les 9 et 10, avait été préparée en commun par l'administration municipale du canton et celle de la commune d'Angoulême, en application de la loi du 3 brumaire et d'un arrêté du Directoire exécutif de Paris. C'était l'une des fêtes nationales du régime. Alors que les registres de la municipalité d'Angoulême et du département nous renseignent longuement sur les incidents survenus, celui du canton n'y fait aucune allusion, le désordre se déroulant, il est vrai, en dehors de son territoire et de son domaine administratif. Des nombreux procès-verbaux longs et confus, faits à chaud par les responsables municipaux et départementaux qui, de l'endroit de la bagarre, viennent directement déposer, se dégage l'essentiel qui suit[8].

Le 10 thermidor angoumoisin n'est pas une journée révolutionnaire ou contre-révolutionnaire à l'image des journées parisiennes, mais ce jour-là la ville connaît toute une succession d'incidents et de débuts de bagarres entre personnes et groupes d'opinions opposées, cependant que les autorités municipales et départementales tentent de s'interposer et de ramener le calme. Dès le matin, sur la place de la commune (l'ancien cours d'Artois), pendant que la cérémonie se déroule autour de l'arbre de la liberté, Maulde, l'administrateur du département, constate une grande excitation dans les rangs de la garde nationale, où une bouteille de vin circule et le commandant Lescalier boit avec sa troupe. C'est à partir de la mi-journée que les incidents se succèdent dans la ville : des canonniers en garnison à Angoulême poursuivant des jeunes gens de la bourgeoisie locale auxquels ils reprochent d'avoir leurs cheveux tressés « en cadenette » ou de porter des cravates vertes, signes distinctifs d'une jeunesse animée de sentiments contre-révolutionnaires. Autres lieux d'affrontements : le café de la dame Rezé et la place du Mûrier, où sont impliqués des membres de la garde nationale prêts à dégainer. Maulde et les membres de l'administration municipale Dervaud, Blandeau, Félix se font prendre à partie en voulant intervenir, et il leur faut avoir recours aux gendarmes pour se faire obéir. Manifestement les officiers municipaux n'ont pas la sympathie de certains notables présents sur les lieux d'affrontements. Quand un rassemblement est dissipé, il s'en forme de nouveaux. Les deux administrations de la municipalité et du département siègent en permanence et prennent des mesures, surtout la première plus directement concernée. On décide ainsi d'interdire le port de tout insigne autre que la cocarde tricolore et de fermer les cafés et autres lieux de réunion. Le procès-verbal de Maulde a une tonalité un peu différente de celle des responsables municipaux, et il s'étonne de ne pas voir de force armée organisée en ordre, et son rapport présente une critique implicite et voilée de la garde nationale et de son chef Lescalier ; il est vrai que ladite garde nationale est elle-même divisée de l'intérieur, et sur la place de Beaulieu il y a eu aussi des incidents, en particulier une compagnie a refusé de se laisser commander par un de ses officiers, Louis Sazerac, en habit gris, une canne à la main. Au total si l'ensemble de la journée laisse l'impression de grande confusion, il semble que le matin on ait assisté à des démonstrations du camp de la Révolution, alors que l'après-midi c'est le parti adverse qui manifeste. Au lendemain de cette journée, Bellegarde aurait adressé un rapport au ministre de la Police pour demander des poursuites contre les assaillants des patriotes, que le président du tribunal criminel aurait refusées [9]. Une chose est sûre : Angoulême est entré en politique.

LE 14 MESSIDOR AN V

L'année suivante, le 14 messidor an V (2 juillet 1797), il y aura de nouveaux troubles, de même nature sur la place Beaulieu, et le soir à la sortie du spectacle sur la place du Mûrier [10], et cette fois l'administration départementale, dans une longue proclamation s'en prend aux agitateurs, qui sous le prétexte d'une « prétendue différence d'opinions politiques... sèment l'égarement parmi les hommes faibles et crédules... des hommes sans pudeur et sans principes fomentent et propagent les exaspérations en sens divers » [11].

LES ÉLECTIONS DE GERMINAL AN V

Entre-temps, en germinal an V, les élections pour le renouvellement partiel des autorités ont abouti à des changements notoires à Angoulême et dans le département. Tout d'abord Thorel, un modéré, jusque-là président du département, et Descordes, un royaliste, sont élus au corps législatif. Au département on reconduit une administration modérée [12] mais à la commune d'Angoulême on assiste à de grands changements. Cette fois le corps électoral élit quatre officiers municipaux modérés. Sur mille trois cent huit votants : Mallet, Ganivet fils aîné, Simon Sazerac, et Dereix aîné sont élus avec huit cent vingt-six à huit cent trois voix chacun, alors que les quatre sortants n'obtiennent que quatre cent soixante ou quatre cent cinquante-neuf [13] voix. Encore mieux qu'en brumaire an IV, ces résultats présentent la pureté de cristal d'un scrutin de liste, et attestent d'une forte motivation politique en même temps que d'une maîtrise du mécanisme électoral. C'est une défaite, la seule de tout le Directoire, de la gauche municipale d'Angoulême, résultat d'une usure au pouvoir et d'une impopularité qui se traduisait par l'apposition de placards injurieux sur les portes des domiciles des responsables ou de la mairie, sur laquelle un matin on lisait : « Vive Louis XVII malgré les gueux de la municipalité [14]. »

La municipalité élue en germinal an V se choisissait comme président Mallet, l'accusateur public du tribunal criminel sous la Terreur, reconduit dans la fonction par Pénières. Pierre Mallet (1751-1818), grand notable angoumoisin, allié à la famille des Chancel, a fait une longue et belle carrière dans la magistrature et ceci ne présente qu'un bref intermède municipal, trop court pour pouvoir être apprécié [15].

Le succès des modérés se prolongeait dans les élections pour le renouvellement des chefs de la garde nationale dont Lescalier, proche des révolutionnaires, perdait le commandement qu'il détenait depuis 1791.

Toutes les élections de germinal an V allaient être annulées par le coup d'État du 18 fructidor (septembre 1797).

LA FIN DE L'ASSIGNAT

Avec la dépréciation finale et accélérée de l'assignat (fin 1795, début 1796) les difficultés économiques et matérielles n'ont fait que s'aggraver. Les listes des pauvres ne peuvent que s'allonger, mais à présent il faut aussi compter avec l'impécuniosité de l'État, incapable, faute de ressources, de faire face à ses obligations. Il ne peut plus payer régulièrement ses employés et ses fournisseurs. En floréal an IV (avril 1795) le département manque de crédits pour acheter en quantité suffisante les rames de papier nécessaires aux municipalités pour l'état civil. Les traitements publics se gonflent monstrueusement avec l'inflation finale. Les administrateurs du département en frimaire (novembre 1794) voient le leur, basé sur la mercuriale du froment, passer d'une quinzaine à l'autre de 12 258 livres à 20 323 livres [16]. Les employés municipaux d'Angoulême reçoivent en prairial, pour les deux mois précédents, une certaine quantité de blé et méture au titre de salaire. En germinal an IV, l'assignat a cessé d'avoir cours, on essaie pendant quelques mois un nouveau papier-monnaie, le mandat territorial, qui à son tour échoue, et à partir de l'été 1796 c'est le retour au numéraire, mais qui ne circule pas en quantité suffisante pour la vie économique, car depuis 1789 il en est sorti beaucoup vers l'étranger et l'État est plus impécunieux que jamais. En sortant de l'expérience inflationniste, il lui faut régler les questions relatives aux dettes contractées durant le temps du papier-monnaie, et une commission départementale réunie à cet effet, publiera le 23 thermidor an V (juillet 1797) les tableaux de dépréciation de l'assignat et du mandat territorial depuis 1791 [17].

MISÈRE ET DÉLABREMENT

Il faut aussi signaler l'état de délabrement que présentent certains bâtiments publics, les prisons et les anciens couvents convertis en dépôts pour prisonniers de guerre à Angoulême. D'autres biens nationaux ont été « squatterisés » par des indigents incapables de se loger autrement. Le département demande qu'on les en chasse, mais l'officier municipal Félix, dans le rapport qui lui a été demandé, rend compte de cette situation sociale.

La sûreté publique est de moins en moins assurée, l'incivisme et le laisser-aller se développent. Des citoyens de la garde nationale ne viennent plus assurer leur service de nuit. Les rues sont moins sûres, et un arrêté du 13 frimaire an V (3 décembre 1796) dit que les gens circulant après 9 heures du soir devront porter une lumière sous peine de passer la nuit au corps de garde. La municipalité multiplie visites et contrôles dans les auberges et cafés. Le 9 frimaire le département lance un cri d'alarme devant la multiplication des vols, brigandages et assassinats. Une forme de dépradation courante, liée à la misère populaire, c'est la dévastation nocturne des bois des environs d'Angoulême à la Grande Garenne et à Saint-Yrieix.

L'ÉCOLE CENTRALE D'ANGOULÊME

La Convention s'était occupée très tardivement de l'enseignement secondaire, avec deux lois, l'une du 7 ventôse an III (25 février 1795) qui créait les écoles centrales dans les départements et l'autre du 3 brumaire an IV (25 février 1795) qui organisait le contenu de l'enseignement à y donner. Le 11 prairial an III (31 mai 1795) l'administration départementale recevait de Lakanal l'ordre de trouver sans délai le local nécessaire à l'école centrale d'Angoulême, et le choix se portait sur l'ancienne sacristie, qui était un petit bâtiment distinct de l'ancienne cathédrale. L'inauguration en eut lieu le 30 brumaire (21 novembre 1795), avec de nombreux discours alternant avec des chants et symphonies, en particulier les discours de Thorel président du département, et de Marvaud président de la municipalité. Les cours commençaient dès le lendemain 1er frimaire. Cette ouverture mettait fin à une longue décadence de l'enseignement secondaire à Angoulême, qui avait commencé avec l'expulsion des jésuites du collège Saint-Louis (à l'emplacement de la salle philharmonique) entre 1761 et 1766. Depuis cette date, les études n'avaient fait que péricliter dans le collège de manière continue, tant sous l'Ancien Régime qu'après 1789, malgré un plan de redressement et de réorganisation prévu par la municipalité et le district en novembre 1790 et qui n'avait eu aucune suite pratique. Le nombre des élèves et des professeurs continuait de diminuer régulièrement jusqu'en 1795 où le collège se trouva avec un seul professeur (de philosophie) et pas d'élève !

Dans ces conditions, l'école centrale représentait une véritable résurrection, mais cette fois sous la forme d'une institution d'État dégagée de toute tendance confessionnelle. Un jury central, composé de trois membres élus et choisis par les notables de la ville et du département, était le rouage essentiel chargé d'administrer cette école. Le premier jury était formé de trois notables connus : Perrier de Gurat, Trion (anciens maires) et Pierre Ausone Chancel. C'est lui qui recrutait les professeurs proposés à la nomination par le département. Dans le personnel enseignant de l'école centrale, beaucoup d'anciens ecclésiastiques comme Letourneau ancien supérieur du séminaire au temps de l'évêque Joubert, fortement engagé dans la période montagnarde, ainsi que Latreille qui sera bibliothécaire... aussi d'anciens oratoriens. Le local de l'école étant trop exigu et incommode avec seulement quatre pièces sur rez-de-chaussée et un étage, il fallut chercher de nouveaux bâtiments ; en 1800 l'école centrale s'installait dans l'ancienne abbaye de Beaulieu [18].

CONCLUSION

Pendant la période 1795-1797 appelée dans l'histoire le premier Directoire, dans le prolongement de la Convention thermidorienne, on essaie de maintenir une ligne modérée et moyenne entre les positions extrêmes et les excès que constituent le royalisme d'un côté, l'anarchie de l'autre. C'est du moins la formule employée et véhiculée pour définir cette politique à laquelle adhère l'administration du département. Il ne s'agit nullement de renier la Révolution et les responsables charentais du moment restent des révolutionnaires modérés ou assagis. L'essentiel des lois antérieures contre les émigrés et les prêtres insermentés est resté en place jusqu'au 7 fructidor an V, quelques jours avant le coup d'État, où une loi nouvelle révoque toutes celles relatives à la déportation et à la réclusion des prêtres insermentés. Mais toute cette législation antérieure avait cessé d'être appliquée avec rigueur, on pratiquait une politique de tolérance inavouée, on fermait les yeux dans une situation mal définie qui permettait le retour d'émigrés et de réfractaires, mais dans le même temps quelques dizaines de prêtres continuaient de croupir dans les prisons d'Angoulême, soit aux Carmélites où en vendémiaire an V restaient en détention huit prêtres complètement démunis, dépouillés de leurs biens et dont l'un « ... a même besoin de hardes, étant presque nu », soit à l'Hôpital général ou à la prison centrale [19].

À côté du département, la municipalité d'Angoulême aura dans cette période représenté une sensibilité politique différente, du moins jusqu'aux élections de germinal an V. À preuve la sympathie réciproque et la correspondance privilégiée entretenue dans ces années entre Bellegarde député du corps législatif et la mairie d'Angoulême. L'un et l'autre sont sur une ligne politique assez proche, ou en tout cas faite de compréhension réciproque. Leur collaboration rappelle un peu celle du constituant Roy et de la municipalité des années 1790-1791, avec cette différence qu'il s'agissait d'un travail administratif dans le sens des intérêts d'Angoulême alors qu'à présent on se consacre surtout à des échanges politiques [20].

CHAPITRE XII :

ANGOULÊME SOUS LE DIRECTOIRE (II)

(1797-1799)

LE 18 FRUCTIDOR AN V

Le 21 fructidor an V (7 septembre 1797) les autorités du département ne reçoivent aucun courrier officiel de Paris. Avec l'expérience, elles ont acquis une sensibilité politique et l'intuition que des événements graves ont dû se dérouler dans la capitale ; des mesures de sûreté publique sont prises tout de suite.

Le lendemain, un courrier extraordinaire du ministre de l'Intérieur daté du 18, annonce que la République a triomphé d'un complot royaliste. Le 25 fructidor, on reçoit les décisions des conseils, à savoir l'annulation des élections du printemps précédent, ce qui réduit le département à deux administrateurs, Maulde et Bordet, les trois autres Dubois, Perrin et Caminade étant destitués du seul fait de leur élection en germinal. La Constitution veut qu'entre deux élections régulières, les remplacements se fassent par cooptation, et alors les deux restants, dans un geste de solidarité, décident de s'adjoindre les trois mêmes, considérant que leur conduite des affaires justifie leur maintien.

Le pays vient de vivre le coup d'État du 18 fructidor, dont les manuels d'histoire, à notre sens, ont un peu estompé l'importance. Il est, sans conteste, le fait politique le plus marquant de la Révolution française depuis le 9 thermidor an II. À partir des élections de germinal an V, qui ont donné une victoire aux royalistes dans le renouvellement du tiers des conseils, créant ainsi une nouvelle majorité, le pays s'est mis à glisser du côté de la droite tant dans la propagande que dans les nouvelles lois votées en faveur des émigrés et des prêtres réfractaires, en particulier celle déjà citée du 7 fructidor an V (24 août 1797) qui pratiquement abrogeait toute la législation persécutrice antérieure et autorisait le retour de tous les prêtres déportés.

Le coup d'État du 18 fructidor a été fait par trois des cinq directeurs avec l'appui militaire de Bonaparte, qui, d'Italie, a envoyé à Paris son lieutenant, le général Augereau. Il a consisté à arrêter les chefs royalistes qui s'étaient infiltrés dans les pouvoirs et surtout à annuler les élections, toutes les élections de germinal. En violant la Constitution, on stoppait net la contre-révolution en marche depuis quelques mois, par un retour à une politique plus proche de celle des montagnards et de la Terreur, mais qui se défendait d'en être. Officiellement le nouveau Directoire continuait de lutter sur les deux fronts, le royalisme frappé dans l'immédiat, et l'anarchie, danger contraire.

LES CHANGEMENTS EN CHARENTE

En Charente, les deux députés Thorel et Descordes étaient ainsi invalidés, et l'accommodement local trouvé au département n'était pas accepté par Paris. Le 12 vendémiaire an VI (3 octobre 1797) deux arrêtés du Directoire exécutif annulaient le tout, et nommaient une administration départementale entièrement renouvelée avec Boreau-Lajanadie, Lassée, Latreille, Crevelier et Desprez, tous révolutionnaires marqués et fortement engagés en l'an II du temps de la Terreur, Crèvelier étant, lui, le conventionnel charentais, régicide, le plus acquis aux idées de la Montagne. Ils élisaient comme président Latreille [1].

De son côté, la mairie enregistrait le 23 fructidor les proclamations de Paris, et le 25, en exécution de la loi du 19, les cinq officiers municipaux Mallet, Dereix, Simon Sazerac, Ganivet et Trion déclaraient cesser leur fonction, et les deux restants Blandeau et Guimberteau, conformément au mécanisme cité plus haut, désignaient les cinq remplaçants en reprenant ceux-là même qui avaient été éliminés en germinal précédent dans les élections [2].

Devait suivre en vendémiaire an VI, le renouvellement de la garde nationale dans ses cadres, officiers et sous-officiers, fait par une commission, et Lescalier retrouvait son commandement.

On constate un décalage dans la mise en place des deux administrations, puisque la nouvelle municipalité d'Angoulême est à pied d'œuvre dès le 26 fructidor, à l'exception de Dervaud aîné, qui semble à présent séjourner à Paris et dès le 26 fructidor, n'étant pas au complet, elle se donne à titre provisoire d'abord, et définitif plus tard, comme président, Blandeau.

BLANDEAU PRÉSIDENT DE L'ADMINISTRATION MUNICIPALE

Blandeau François Benoît (1758-1812) : cet apothicaire angoumoisin s'est distingué dès 1790 comme l'un des fondateurs et responsables de la Société des Amis de la Constitution. Il entre à la mairie comme notable, lors des élections de décembre 1792. En 1793, il est à la Société des Amis de la Liberté et de l'Égalité. En juillet 1793, après avoir approuvé la mise en liberté des prisonniers de la tour, il fait une volte-face et se dégage de toute responsabilité dans leur libération. Désormais le voilà au premier plan des révolutionnaires de la ville : officier municipal sous la Terreur, chargé de plusieurs missions. Pénières le destitue et le fait mettre en prison en mai-juin 1795, mais il est remis en liberté assez vite au bout de quelques semaines. Il prend sa revanche en se faisant élire officier municipal dès la première élection sous le Directoire (novembre 1795) et il restera à la mairie jusqu'au 1er octobre 1800, avec la présidence de la municipalité après fructidor. Dans la dernière année, 1800, il ne fera qu'expédier les affaires courantes, en attendant la nomination du maire sous le Consulat. Ce fils et petit-fils de boulangers, apothicaire de son état, possède le record de la longévité municipale sous la Révolution [3].

Ce n'est que dans le courant de vendémiaire, que l'administration centrale du département réussit à se mettre en place, avec Crèvelier venant de Confolens et Ruffier de Barbezieux. Le renouvellement total des autorités étant alors réalisé, c'est à une reprise en main administrative et politique que l'on assiste. À aucun autre moment de la Révolution on n'a pu voir un changement aussi net entre deux administrations successives, tant au département qu'à la mairie d'Angoulême. Les déclarations de caractère politique se succèdent, pour célébrer les bienfaits du 18 fructidor, qui a sauvé la République et l'œuvre de la Révolution. C'est Crèvelier, au département, en tant que substitut du commissaire du Directoire et vieil habitué du discours révolutionnaire, qui dénonce le retour des émigrés et des prêtres déportés, à cause de la non-exécution des lois et aussi de la connivence d'un trop grand nombre d'administrateurs royalistes de sentiment (intervention du 24 vendémiaire au département). Quand la municipalité reçoit, elle, une lettre de Bellegarde du 6 brumaire, pour annoncer la signature de la paix avec l'empereur, on organise une véritable fête dans la ville, les autorités constituées se rendent de section en section pour y lire la lettre du représentant, en même temps qu'une proclamation où il est dit : « ... Nous avons vu avec satisfaction renaître cette énergie des premiers jours de la Révolution, la joie était peinte sur toutes les figures des républicains qu'on appelait naguère terroristes et les soi-disants amis de l'humanité, ces honnêtes gens exclusifs qui ne veulent pas le sang n'ont pas osé se montrer et participer à la publication d'une nouvelle (la paix avec l'Autriche) [4]... »

LA POLITIQUE FRUCTIDORIENNE

Serions-nous revenus aux beaux jours de l'an II ? L'après-fructidor va-t-il être une réédition de la période terroriste ? La réponse est non ! Parce que en 1797 il n'y a plus ni les conditions, ni les circonstances de 1793-1794 et l'histoire ne se répète jamais à l'identique. La Convention nationale n'est plus là, assemblée souveraine et détentrice de tous les pouvoirs, il n'y a plus de représentants en mission pour insuffler l'énergie révolutionnaire à travers le pays, et sur le plan local ont disparu sociétés, clubs et organismes révolutionnaires pour faire passer le message. Au total ni les moyens, ni une volonté d'agir comparables à un moment où le pays est lassé et moins réceptif que sous la Terreur, et où les forces d'opposition se sont réveillées. D'ailleurs les hommes qui administrent le département et la ville auront toujours à l'esprit le souci évident de ne pas tomber dans les excès du régime d'exception de l'an II, et de s'en tenir au respect d'une stricte légalité pour ne pas encourir les reproches et les poursuites que certains ont subis lors du passage de Pénières.

Il n'en reste pas moins que la période fructidorienne qui commence, représente une offensive révolutionnaire sur tous les fronts, à l'opposé de la politique modératrice et conciliatrice des thermidoriens qui ont gouverné jusque-là.

L'un des premiers effets de la loi du 19 fructidor, enregistrée au département par l'arrêté du 27 fructidor (c'est-à-dire une décision prise par l'ancienne administration départementale encore en place) a été de faire sortir du territoire de la République les ecclésiastiques qui ne sont pas en règle avec les serments, mais sont rentrés, ainsi que les émigrés revenus sans être rayés des listes. Dans les semaines qui suivent, les demandes de passeport pour l'étranger se multiplient de la part de gens ainsi concernés, c'est un nouveau courant d'émigration, mais limité, légalisé et contrôlé.

Pendant des mois, on assiste à de nombreux changements dans la composition des administrations municipales de cantons, et entre autres on remplace de nombreux commissaires du pouvoir exécutif. En nivôse an VI (janvier 1798) à Angoulême, Félix devient ainsi commissaire près la municipalité, en remplacement de Prieur, qui n'est point destitué, mais promu à une autre fonction.

On essaie aussi de relancer la vente des biens nationaux, en demandant aux administrations cantonales un inventaire et une expertise de ceux qui restent à vendre.

Les arrêtés du département se succèdent sur les passeports, l'instruction primaire publique, la célébration des fêtes décadaires que l'on favorise par tous les moyens possibles, au détriment des cérémonies religieuses que l'on cherche à éliminer sans interdiction prononcée : en particulier, le respect du dimanche est prohibé ainsi que l'usage des cloches réservé à toutes sortes d'usages autres que la religion.

De son côté, la municipalité fait preuve d'une grande ardeur, multipliant déclarations de caractère politique et arrêtés. En particulier lui échoit la Police des spectacles, en conformité avec la lettre du ministre de la police générale du 3 vendémiaire an VI qui vise « à ne représenter que des pièces dignes d'un peuple libre... ». Mais les artistes, et aussi la direction du théâtre d'Angoulême, donnent du fil à retordre aux responsables municipaux, en ne tenant aucun compte des arrêtés qui les concernent, par exemple en manifestant ouvertement insouciance et dédain pour les chants patriotiques, entendez ceux conformes à l'idéologie révolutionnaire. La mairie va jusqu'à fermer le théâtre en frimaire, puis revient sur sa décision, après une explication franche et loyale, mais le conflit rebondit à plusieurs reprises, en ventôse et en prairial an VI, toujours à cause de la mauvaise volonté des artistes et des musiciens à exécuter les couplets patriotiques que l'on veut leur imposer lors de chaque représentation. Félix, le commissaire du directoire, reproche à ses collègues de ne l'avoir pas suivi quand il demandait la fermeture du théâtre pendant quatre jours[5].

Autre secteur qui entre sous la surveillance de la municipalité : les écoles et les maisons d'éducation.

En ventôse an VI (mars 1798) long réquisitoire du commissaire Félix contre les prêtres réfractaires déportés ou émigrés qui sont de retour et se cachent dans la ville. On décide des visites domiciliaires pour les découvrir, les mettre en prison ou les assigner à domicile.

ÉLECTIONS DE L'AN VI

À l'approche des élections de l'an VI, on sent monter l'inquiétude chez les responsables du département, qui craignent qu'elles ne tournent à l'avantage de leurs adversaires comme en l'an V, et multiplient des proclamations pour mettre en garde contre le danger royaliste. Quand les assemblées primaires de la ville d'Angoulême se réunissent, il faut constater l'absence d'un grand nombre de citoyens, ce qui laisse l'avantage à la majorité fructidorienne qui peut ainsi reconduire la plupart des sortants, et choisir des nouveaux de la même opinion. Il en est de même des électeurs désignés pour aller à l'assemblée départementale qui élit, pour siéger au corps législatif de Paris : Marvaud, Crèvelier et Lassée, des hommes sûrs et éprouvés, et parmi ceux appelés à les remplacer au département, il faut citer Étienne Pierre Albert, l'ancien maire de Cognac entre 1791 et 1794, révolutionnaire si engagé qu'il a subi l'épuration lors du passage du représentant en mission Bordas[6]. Mais, avec le temps, leur nouvelle promotion et leur maintien prolongé aux responsabilités, tous ces révolutionnaires charentais des années 1793-1794 sont en train de se transformer en notables dans la période fructidorienne.

Si la majorité fructidorienne se maintient, force est de constater que sa politique de redressement républicain à son tour s'enlise dans des difficultés insurmontables. Les fructidoriens ne font pas mieux que les modérés du premier Directoire.

LE CULTE DÉCADAIRE

En particulier, ils sont en train d'échouer dans ce rêve insensé d'imposer aux populations charentaises la pratique du culte décadaire à la place de l'ancienne religion. Le département ne s'est pas remis de l'œuvre de déchristianisation de l'automne 1793, l'Église constitutionnelle ne s'est jamais reconstituée, et le culte a gardé un caractère clandestin ou éphémère dans une sorte de vide religieux. Mais de là à imposer aux gens une religion nouvelle, civique et patriotique, que de naïveté et d'irréalisme de la part de responsables, dont la principale excuse est qu'ils ne font que suivre et appliquer sur le terrain des décisions du Directoire exécutif et en particulier de Merlin de Douai qui voulait perfectionner le culte décadaire et rendre obligatoire le calendrier républicain. Ainsi l'arrêté du département du 15 floréal an VI (4 mai 1798) : « Considérant que le calendrier républicain doit seul faire la règle du travail et du repos... qu'aucun citoyen... aucun magistrat républicain qui ne sente l'utilité de s'y conformer et d'abandonner entièrement les usages du royalisme et les routines accréditées par dix-huit siècles de ténèbres, d'erreurs et d'esclavage... », en conséquence de quoi, il est décrété que seul l'usage de la décade sera légal et obligatoire, défense expresse de célébrer les fêtes et dimanches de l'ancien calendrier, de vendre du poisson les jours de soi-disant abstinence, les spectacles et toutes les fêtes ou jeux auront lieu le décadi et sont interdits le dimanche [7]. Malgré tous ces efforts répétés des autorités, le culte décadaire n'est guère observé, constate à plusieurs reprises le commissaire Mourou qui a remplacé Marvaud, et qui en rend responsables les hommes et les idées d'Ancien Régime et tout particulièrement le clergé, alors que les dimanches et autres fêtes sont bien mieux suivis. De leur côté, les autorités municipales ne ménagent pas leur peine pour organiser les fêtes décadaires « aussi régulièrement que l'étaient autrefois les ci-devant dimanches et fêtes... créés par la Monarchie et le fanatisme... », déclare le commissaire Félix (11 prairial an VI). Il faut trouver un sujet ou un motif de célébration, ainsi le 10 prairial an VI la fête de la Victoire et de la reconnaissance aux défenseurs de la Patrie... Le 10 messidor la fête de l'agriculture célébrée en commun avec le canton d'Angoulême... en plus et surtout la commémoration des grandes dates de la Révolution, la plus récente étant le 18 fructidor. Le 14 juillet 1798 : sur le Champ-de-Mars on simule une attaque de la Bastille représentée par une construction qui est soumise à une sorte de siège et sur la place de la Commune : à un bout (emplacement de la statue Carnot) l'autel de la Patrie, près de l'arbre de la liberté, à l'autre extrémité un trône, et à un signal donné la foule se déplace vers le trône qu'elle brise avec toutes sortes d'armes, et dont elle recouvre les restes d'un large drapeau tricolore. En l'an VII la chute de Robespierre est célébrée avec une particulière solennité : le 9 thermidor on simule l'attaque et le renversement du trône, véritable obsession, en contradiction avec la réalité historique, mais qui s'explique par les préoccupations politiques de l'époque, le 10 thermidor la symbolique répond à la chute de la tyrannie. L'itinéraire le plus suivi des cortèges va de la place de la Commune au temple décadaire où un responsable municipal (le plus souvent Blandeau) prononce un discours approprié à la commémoration du jour. Mais ce ne sont là qu'illusions et apparences, représentations théâtrales et reconstitutions historiques, organisées par la municipalité et qui finissent par lasser ou déclencher la moquerie. Le 12 vendémiaire an VII (3 octobre 1799) un arrêté du département sur la célébration décadaire est une invitation à y mettre de l'ordre, de la dignité et de la décence. Rappelons aussi que sous le Directoire la célébration des mariages a été regroupée aux chefs-lieux des cantons, ce qui ne touchait pas la commune d'Angoulême, et qu'à compter de septembre 1798 ils ne devaient être célébrés que le décadi, selon la loi du 23 fructidor an VI (9 septembre 1798). Quant aux enterrements, civils à présent, un officier municipal venait une première fois constater le décès et après avoir indiqué le jour et l'heure des obsèques, il venait une deuxième fois accompagner le corps du domicile au cimetière. Là il jetait un peu de terre sur le cercueil et prononçait une formule : « Citoyen prie Dieu pour la République et les citoyens prieront Dieu pour toi. » Sous la Révolution, avec la désaffectation de nombreuses églises, on a ouvert de nouveaux cimetières, l'un à la Chaume de l'Entrant pour les sections du centre et de la Liberté, l'autre à L'Houmeau pour les sections des Sans-Culottes et de la Fraternité [8].

Pour en revenir à l'histoire ponctuelle, on peut dire qu'au bout d'une année de fonctionnement, le régime fructidorien se débat et s'affaiblit, confronté à des difficultés sans cesse répétées, et c'est le registre des délibérations municipales d'Angoulême qui en est le miroir le plus fidèle.

DÉGRADATION DU SERVICE DE LA GARDE NATIONALE

D'abord le service de la garde nationale est de plus en plus négligé, d'où cet appel de la municipalité du 6 prairal an VI (25 mai 1798) : « Dans les premiers jours de notre révolution on vous a vus empressés à vous trouver sous vos drapeaux au moindre signal, un seul coup de baguette vous rassemblait autour de vos chefs... vous vous endormez et ils (vos ennemis) veillent pour ourdir leurs trames et les machinations... » Tous les citoyens inscrits au rôle de la garde nationale sont mis en état de réquisition permanente, avec une réglementation nouvelle du service et l'obligation de se réunir les jours de fête nationale sur la place de la Commune. Déjà en floréal précédent, quand il s'est agi d'élire les officiers et sous-officiers il n'a pas été possible de procéder aux élections dans la section de l'Égalité le premier jour, faute de citoyens, seulement quatre ou cinq s'étaient dérangés. Aux élections de germinal an VII, Lescalier, le commandant de la garde nationale, devient officier municipal, mais en fructidor, devant la dégradation de la situation, il lui faut reprendre son commandement et démissionner de la mairie. Déjà en messidor il avait été procédé à une réorganisation totale de la garde nationale d'Angoulême : deux sections fournissent neuf compagnies qui composent le bataillon « intra-muros », les

2 autres sections, de leur côté, avec aussi 9 compagnies regroupées dans le bataillon « extra-muros ». Le service ne s'était pas amélioré pour autant, les autorités ne cessent de déplorer l'apathie et l'insouciance généralisées en cet été de 1799 où la situation se détériore. Le 21 brumaire an VIII (12 novembre 1799), le jour où Angoulême reçoit la nouvelle du coup d'État de Bonaparte, Lescalier fait irruption dans la salle de réunion du corps municipal, pour dire qu'il n'y a plus de citoyens en assez grand nombre pour assurer le service de la garde nationale dans les différents corps de garde[9].

LA PREMIÈRE CONSCRIPTION CHARENTAISE

À l'insouciance de la garde nationale d'Angoulême répondent les difficultés de la première conscription charentaise en application de la loi dite Jourdan du 19 fructidor an VI. En Brumaire an VII on devait lever dans le pays deux cent mille hommes et la Charente pour sa part devait fournir mille neuf cent quatre conscrits.

Le 18 frimaire an VII (8 décembre 1798) c'était à Angoulême le départ des conscrits de la première classe, de la commune et du canton, pour Marseille. Ce fut l'occasion d'une fête officielle sur la place de la Commune, où les appelés étaient rassemblés au milieu du carré de la garde nationale en armes, toutes les autorités officielles (département, commune) étant présentes. Discours du président de l'administration centrale : « Heureux enfants ! Vous allez partager la gloire dont se sont couverts vos aînés !... Ne déposez donc les armes terribles que la patrie va confier à votre intrépidité que quand la liberté du genre humain se sera assise sur les débris des trônes chancelants ! » Un détachement de la garde nationale allait accompagner et escorter les conscrits pour leur faire la conduite jusqu'aux limites de la commune dans le faubourg de La Bussatte, au son de la musique militaire et en chantant des couplets patriotiques et « sur le passage des conscrits un groupe considérable de jeunes citoyens de l'âge de douze à quinze ans qui placés sur une éminence de l'entrée de La Bussatte regrettant de ne pouvoir suivre (ces jeunes gens) ont spontanément entonné le couplet : nous entrerons dans la carrière quand nos aînés n'y seront plus ».

Mais il y avait loin des apparences à la réalité, malgré la pompe, la grandiloquence et l'enthousiasme officiels. D'après Gustave Vallée l'historien de la conscription dans le département entre 1798 et 1807, sur le contingent prévu au départ de mille neuf cent quatre conscrits mobilisables de première classe, à peine sept cent trente-huit devaient arriver à Marseille, après des réductions et des défaillances de toutes sortes, et ce n'est pas Angoulême et son canton qui devaient connaître les insoumissions et les désertions les plus nombreuses[10].

INSPECTIONS DES ÉCOLES

En l'an VII, à deux reprises en pluviôse et en prairial, pour se conformer à l'une des attributions de leurs charges, les autorités municipales, accompagnées d'un membre du jury d'instruction font une visite dans plusieurs écoles de la ville pour constater chaque fois que plusieurs, la plupart même, des maîtres et institutrices, ne dispensaient pas un enseignement conforme aux principes républicains. Il est vrai que le choix du jour d'inspection n'était pas non plus innocent, en venant les deux fois un dimanche ou jour de fête religieuse, ils sont tombés sur des effectifs scolaires réduits ou s'apprêtant, en grande toilette, à aller à vêpres. Les maîtres acceptent fort mal les observations des magistrats soucieux de leur rappeler l'obligation d'une instruction républicaine, au point que : « fatigués de tant d'audace et de mauvaise foi nous sortîmes de ce repaire où un moine imposteur étouffe par un poison tout le germe des vertus républicaines... » (rapport de la visite faite le 4 prairial, chez la citoyenne Tournier et les citoyens Foreau et Valade). Un arrêté du département du 18 prairal ordonne la fermeture des écoles de la citoyenne Tournier et du citoyen Foreau.

De leur côté, certains marchands ou artisans persistent à ouvrir leurs boutiques le décadi quand il ne tombe pas un dimanche, d'où un arrêté municipal du 11 brumaire an VII pour les obliger à respecter le décadi.

L'ÉTAT DES PRISONS

La prison centrale d'Angoulême, le Châtelet (les Halles actuellement) est devenue un haut lieu d'insécurité et... d'évasions. En messidor an VI plusieurs plaintes sont déposées contre le concierge et son épouse, coupables de violences et de vexations contre les prisonniers, mais d'une complaisance coupable envers les prêtres réfractaires qui sont enfermés. La nuit, les prisonniers détériorent les portes de leurs cachots ou font des brèches dans les murs pour préparer leur évasion. Les évasions se multiplient en l'an VI et l'an VII par séries, la plus célèbre étant celle d'un ancien émigré charentais, contre-révolutionnaire notoire, arrêté dans la Vienne et ramené de Poitiers à Angoulême, d'où il s'évade en messidor an VII, Robinet de Plas, au moment même où son affaire soulevait un grave problème dans l'administration départementale avec la découverte d'un faux document le concernant, ce qui semblait signifier des complicités en sa faveur jusque dans les bureaux de l'administration centrale.

VISITES DOMICILIAIRES

Les visites domiciliaires pour rechercher prêtres et émigrés de retour, se multiplient à Angoulême à partir de l'an VI. En floréal, il s'agit de retrouver quelques fils de famille (Arnaud-Ronsenac, un Huet, Guimard...) mais on hésite sur le sort à leur réserver. Le 30 messidor, ce sont de véritables expéditions avec un officier municipal, un commissaire de police, un ou deux gendarmes, huit à dix gardes nationaux, pour ne rien trouver. Le 28 thermidor, c'est la chasse aux insermentés qui disent des messes dans des maisons particulières : trois arrestations de prêtres cette fois, et on constate que, depuis 1793, les autorités dans leurs poursuites obsessionnelles s'acharnent sur les mêmes personnes qui ne présentent aucune menace pour la République. Le vrai danger réside dans la désaffection des populations pour un régime de moins en moins obéi et respecté, et qui n'est plus craint, à la différence de celui de l'an II. Lors d'une visite domiciliaire, le président Blandeau se fait injurier par un marchand épicier Boiteau que l'on décide de poursuivre pour outrage à magistrat (vendémiaire an VIII). Déjà l'année précédente, le département a pris un arrêté pour obliger tout citoyen se présentant devant l'administration à porter la cocarde tricolore, et interdisant tout costume indécent ou toute marque considérée comme un signe de ralliement. Toute personne qui ne suivra pas ces recommandations ne sera pas admise et recevra un avertissement.

DÉLABREMENT MATÉRIEL

Autre sujet de préoccupation : le retard constant dans le recouvrement des contributions directes, qui a été, il est vrai, une donnée constante sous la Révolution, et la sortie de l'inflation avec le retour au numéraire n'a pas amélioré la situation de l'État et des collectivités. En ventôse an VII (février 1799) le montant des travaux d'aménagement dans la salle décadaire dépasse les moyens de l'administration municipale, obligée de faire appel au département. D'une manière générale, la ville d'Angoulême, en 1799, a atteint un niveau de délabrement matériel dont l'explication réside dans le fait que depuis des années on n'a pas fait l'entretien ou les réparations courantes et habituelles d'une gestion normale. On se plaint de la malpropreté des rues, qui a sa principale cause dans le mauvais état du pavé de la ville. En l'an II, un devis estimatif avait été fait pour un pavage général, auquel il n'avait pas été donné suite, et depuis, les dégradations se sont accentuées, d'où nécessité de faire des travaux avec un nouveau devis à établir (brumaire an VII). Quand on passe à l'exécution du pavage, à la fin du Directoire, l'administration municipale entreprend de mettre à la charge des riverains la part située devant les propriétés, d'où des plaintes de particuliers, et c'est finalement le ministre de l'Intérieur du nouveau régime consulaire, en pluviôse an VIII, qui donne raison aux plaignants. De même, on signale, en plusieurs endroits, la détérioration des remparts en particulier, entre la porte du Secours et l'arbre de la liberté au bout de la place de la Commune, ou près de la place à Mouchard... En l'an VII, quand on a repris à leurs locataires les églises désaffectées pour en faire les salles de réunion des assemblées primaires d'électeurs, celles de L'Houmeau et de Saint-Ausone qui servent de dépôts à foins ou à bois et fagots sont en très mauvais état, en particulier celle de Saint-Ausone (section de l'Égalité) présente des risques à y siéger.

CONCLUSION

En l'an VIII, à la demande du nouveau régime consulaire, on fera l'inventaire des biens nationaux restant à vendre à Angoulême. On constatera le très mauvais état de nombreux bâtiments et ensembles, ci-devant couvents, et l'administration de la régie, soucieuse de se défendre et de répondre aux plaintes portées par le préfet, s'appliquera dans son rapport à démontrer que c'était surtout les maisons nationales occupées par l'armée qui avaient eu à souffrir des dégradations et dilapidations durant les années écoulées, justement parce qu'elles échappaient à leur surveillance. Parmi les édifices qui se trouvaient alors en mauvais état il faut citer l'ancien couvent des Minimes devenu la manutention militaire, l'ensemble des Cordeliers (l'hôpital de Beaulieu) dont l'église et le réfectoire étaient dans un état lamentable, et la maison conventuelle occupée par des indigents sans titres et dont l'expulsion serait sans effet « parce que les appartements dont il est question n'étant point fermés, ni confiés à la garde de personnes rien n'empêchera les malheureux... d'y rentrer aussitôt que... chassés ». Quant au couvent des Jacobins, il abritait toujours les tribunaux, comme en 1789, mais on leur reprochait de ne pas payer leurs loyers, et la partie la mieux entretenue était l'église et le cloître qui servaient aux foires, ainsi que les échopes qui y étaient adossées. Enfin l'ancien couvent des Capucins (la cité administrative) avait particulièrement souffert des différentes occupations : prisonniers de guerre, chevaux de réquisition [11]... Il nous est donné ici de tirer une conclusion un peu particulière du transfert immobilier occasionné par la vente des biens nationaux, et dans le cas présent il s'agit de la genèse du domaine public de l'État, à partir d'immeubles restés invendus. En 1789 il s'agissait de biens d'Église ou de biens de l'apanage d'Artois, à présent restant aux mains de l'État à travers différents ministères et administrations, en particulier de la guerre ; par le biais des invendus, l'État se constitue à Angoulême un domaine immobilier qu'il n'avait pas en 1789. Rappelons qu'avant la Révolution la plupart des services de l'État, à Angoulême, étaient hébergés au couvent des Jacobins.

ÉPILOGUE ET BILAN

Dans l'année 1799, les difficultés qui assaillent le Directoire, et en particulier les défaites françaises subies en Italie, en Allemagne et en Suisse face aux armées de la deuxième coalition, ont eu pour effet de diviser le personnel politique en différentes factions : les néo-jacobins plus avancés, les révisionnistes plus modérés avec Sieyes, les uns et les autres d'abord unis contre ceux au pouvoir accusés de corruption, et ensuite divisés sur la conduite des affaires, alors que le pays connaît une éphémère poussée jacobine. Il est frappant de voir combien les péripéties politiques parisiennes ont leurs répercussions dans le département qui vit désormais au diapason de la politique nationale. Le danger royaliste s'exprime durant l'été de 1799 par plusieurs soulèvements. En Charente, dans le canton de Ruffec, on signale un rassemblement royaliste qui s'est déroulé aux forges de Taizé-Aizie le 30 messidor, s'ajoutant à l'évasion retentissante de Robinet de Plas déjà signalée [1].

Dans cette situation, l'administration centrale du département éprouve le besoin de s'adresser aux Charentais dans une longue déclaration du 21 thermidor an VII (8 août 1799) : « ... Nous avons vu le royalisme essayer et exalter progressivement son audace dans des placards d'abord séditieux puis contre-révolutionnaires et enfin provocateurs à la royauté... » ; jusque-là le texte des administrateurs charentais est clair, mais la suite du discours l'est beaucoup moins : « À ces placards infâmes (des royalistes) a succédé une adresse plus infâme encore, faite par de prétendus amis confédérés de l'ordre et de la paix... cet écrit envoyé à un très grand nombre d'autorités constituées... est l'ouvrage d'une faction organisée sur presque tous les points de la République, dirigée par des hommes marquants... il a osé concevoir, organiser, il se dispose à exécuter incessamment un plan de contre-révolution avec lequel il se flatte de s'emparer du département de la Charente. Catilina modernes vos horribles projets sont déjoués [1]... » On peut penser que ces allusions voilées visent Sieyes, alors très influent à Paris et son mouvement révisionniste, désireux d'éviter la prise du pouvoir par les royalistes, en imposant par un nouveau coup d'État une révision constitutionnelle et que la critique qui vient d'être exprimée émane de dirigeants charentais restés, eux, fidèles au jacobinisme ambiant et dominant, en cet été de 1799, qui faisait voter plusieurs lois, en messidor et thermidor, de caractère nettement terroriste dans la lignée de 1793 et du 18 fructidor. Ces lois décrétaient : 1) une nouvelle levée en masse de cinq classes de conscrits... 2) un système des otages dans les départements troublés... 3) un emprunt forcé de 100 millions sur les riches. Mais le jacobinisme de 1799 n'a plus la force de celui de l'an II, ni même de celui de l'an V, et cette terreur nouvelle n'est qu'une pâle et bien éphémère copie des précédentes. Toujours est-il que, dans le département, les autorités font appliquer tant bien que mal les lois, et l'adresse du 21 thermidor a eu pour effet de doper les administrations municipales de cantons, et les députés charentais au corps législatif n'ont pas manqué de féliciter les responsables d'avoir réagi face aux dangers qui menacent la République. Ce n'est là qu'un sursaut passager dans un processus de dégradation générale, et le découragement a atteint certains responsables : le 28 messidor (16 juillet 1789) Latreille, le président du département depuis fructidor, a démissionné pour prendre la place d'adjoint au bibliothécaire de l'école centrale, et on a eu toutes les peines du monde à compléter l'administration centrale avec une succession de refus (dont Desbrandes) et une fois tous les postes pourvus, c'est Albert qui a été désigné comme président (4 thermidor : 22 juillet).

L'action du département consiste, en cet été, à prononcer différentes destitutions d'agents municipaux peu fiables et ne faisant pas preuve d'un attachement à toute épreuve à la Révolution et à la République, il lui faut faire entrer le produit des contributions, beaucoup de citoyens n'ayant pas fait la déclaration nécessaire, de même que celui de l'emprunt forcé ; enfin il doit lutter contre les désertions des conscrits.

La municipalité d'Angoulême, elle, se heurte à l'insécurité grandissante : en fructidor an VII la voiture publique d'Angoulême à Paris a été attaquée et pillée près de Mansle, et il faut renforcer les escortes de gardes nationales ou de gendarmerie[2]. Il y a de plus en plus de préparations d'évasions de la prison d'Angoulême avec des complicités extérieures et des complots intérieurs pour provoquer un soulèvement général.

Le 3 vendémiaire an VIII (25 septembre 1800) commencent à Angoulême de nouvelles visites domiciliaires chez les notables de la ville, d'abord chez ceux soupçonnés d'être attachés à la Contre-Révolution, et il faut dire que la municipalité ne fait pas preuve d'originalité en perquisitionnant toujours chez les mêmes suspects qui, depuis 1793, n'ont pas bougé, même si leurs enfants ou leurs maris sont portés émigrés. Il est vrai que dans les descentes des autorités, il y a, cette fois, visés quelques notables négociants ou papetiers, en particulier Henry l'aîné, chez qui la visite a duré deux jours, à la fois dans l'entreprise et l'appartement privé, et son fils a même été mis en état d'arrestation[3].

Henry l'aîné a été l'un des acteurs de la Révolution modérée à Angoulême jusqu'en 1793 et après le passage de Pénières, à plusieurs reprises il a présidé le conseil général de la commune pendant l'absence des maires. De même, on constate un redoublement de vigueur dans les poursuites exercées contre les prêtres réfractaires depuis l'an V.

C'est le 21 brumaire (12 novembre 1800) que l'administration centrale du département avise la municipalité qu'elle vient de recevoir un courrier extraordinaire de Paris annonçant la translation des Conseils à Saint-Cloud et le 23 brumaire un nouveau courrier apporte la loi du 19 Brumaire et l'arrêté des Consuls de la République du 20. Le 24 brumaire qui est un jour de foire, quatre tambours municipaux font connaître ces nouvelles à travers la ville, cependant que les autorités départementales enregistrent et répercutent les décisions de la manière habituelle.

C'est le 30 brumaire (21 novembre 1800) à l'occasion de la remise du drapeau au premier bataillon des conscrits de la Charente, que l'administration du département au grand complet prononce son premier serment de fidélité au nouveau régime, sans en connaître encore la véritable nature, et Ruffier le vice-président de l'administration départementale s'adressant aux jeunes conscrits sur le Champ-de-Mars déclare : « ... Déjà un jour nouveau vient à luire pour nous ; un événement à jamais mémorable dans les fastes de notre révolution va rendre à notre pacte social cette stabilité, cette garantie que depuis longtemps nous cherchions en vain, des changements nécessaires opérés dans le calme et la méditation nous sont promis, attendons-les avec sécurité et confiance, le nom de Bonaparte, du héros que nous chérissons tous ne peut être que d'un heureux présage[4]... »

À leur tour le 6 frimaire (28 novembre) les responsables de la municipalité, en tant que fonctionnaires publics, concernés par une loi qui prescrit le serment, s'exécutent, et le lendemain dans une proclamation déclarent : « L'immortelle journée du 18 brumaire est une de ces époques qui, en fixant irrévocablement la destinée jusqu'alors incertaine de la France va lui ouvrir une nouvelle carrière de gloire et de prospérité... »

Les uns et les autres disaient vrai, mais en pensant faux, ignorants qu'ils étaient du sens véritable du 18 brumaire au regard de l'histoire. Eux, plongés dans l'actualité du moment, croyaient que ce coup d'État avec l'aide de l'armée, venant après deux ou trois autres, allait enfin leur apporter la stabilité et la solidité souhaitées, alors que Bonaparte allait mettre un terme final à la Révolution et installer un régime différent.

Du point de vue constitutionnel les choses vont très vite. C'est le 29 frimaire (20 décembre 1799) que l'on reçoit à Angoulême le texte de la nouvelle Constitution, lue et proclamée avec solennité à la salle décadaire le lendemain, jour de décadi. Il faut préparer les registres nécessaires à l'acceptation ou au refus de ladite loi par les citoyens. Le 2 nivôse (23 décembre 1799) un délégué des consuls à Angoulême harangue le peuple dans la salle de séance de l'administration centrale. C'est entre le 30 frimaire et le 3 nivôse que les citoyens d'Angoulême se prononcent sur les registres ouverts, non pas dans les sections de vote, mais dans les locaux des tribunaux, les bureaux des juges de paix et des notaires. Une fois clos par les juges de paix, les registres étaient centralisés au bureau municipal.

Le passage d'un régime à l'autre demandera du temps sur place et si, au département, il y a un préfet, nouveau pouvoir, à compter du 6 germinal (27 mars 1800) il faudra attendre le 9 vendémiaire an IX (1er octobre 1800) pour voir Étienne Souchet, homme de loi, deux fois procureur de la commune en 1790 et 1792 se présenter à la mairie d'Angoulême muni de l'arrêté de nomination du Premier Consul. Jusque-là l'administration Blandeau aura expédié les affaires courantes, ayant perdu tout pouvoir réel depuis germinal.

BILAN

En dix ans la ville, comme le pays, a subi une telle somme de changements qu'il nous faut à présent en faire le bilan.

C'est le domaine économique qui a été le moins touché dans ses structures et ses fonctions, sauf que les entreprises ont eu à souffrir d'une baisse des productions et de la perte de débouchés. Un secteur qui a été particulièrement affecté dans la région d'Angoulême, ce sont les papeteries qui ont perdu une partie de leur main-d'œuvre à cause des levées de jeunes gens et de la conscription mais aussi manqué de certaines matières premières entrant dans leurs fabrications. Beaucoup de négociants angoumoisins, en partie tournés vers l'étranger, ont eu à souffrir de la rupture des relations commerciales avec les îles Britanniques et l'Europe du Nord. Les difficultés commerciales et l'inflation de l'assignat ont fortement bouleversé les chiffres d'affaires et modifié momentanément la hiérarchie des fortunes mobilières de la ville, et ces changements se retrouvent dans le classement des impositions à l'occasion des différents emprunts forcés sur les riches, qui se sont succédé pendant la Révolution. Par contre, les contributions basées sur la fortune foncière sont restées plus stables dans leur hiérarchie, même s'il y a eu des transferts par des achats de biens nationaux. Les propriétaires, dans la conjoncture inflationniste, ont pris conscience de la nécessité de se concerter pour défendre leurs intérêts, et ainsi en messidor an III (juin 1795), les possesseurs de maisons et de domaines du district d'Angoulême adressent à la Convention nationale une lettre pour attirer son attention sur la distorsion entre les baux à ferme et loyers d'une part, et les prix du quintal de froment passé de 11 à 12 livres en 1790 à 400 livres et plus à présent, ce qui les ruine alors que « les fermiers chargés d'assignats par les profits immenses... accaparent toutes les fermes publiques et particulières, eux seuls sont acquéreurs de biens nationaux... ». Ils demandent à la Convention d'apporter un remède « à ce mal destructeur de tout corps social », lettre signée d'une longue liste de propriétaires, qui traverse différents courants politiques puisqu'on y trouve Perrier-Gurat (l'ancien maire) et François Trémeau qui ne peut être que l'ancien procureur syndic du département destitué par Pénières [5]. En fait, ce n'est pas la baisse momentanée des revenus fonciers qui a miné le corps social, mais plutôt l'extension de la misère et de la pauvreté constatée en 1795 et 1796 qui a posé problème aux autorités de la ville et du district. Après la faillite de l'assignat et le retour au numéraire, dans une situation de déflation, les documents publics restent silencieux sur la situation sociale des plus défavorisés, comme si l'on était revenu à la normalité qui correspondrait à un niveau bas, une sorte d'étiage de l'indigence et de la pauvreté, comparable à celui de l'Ancien Régime et dont les pouvoirs publics s'accommoderaient sans peine. Après avoir frôlé la question sociale, l'on est retourné sous le règne de la bienfaisance, et en frimaire an VIII (décembre 1799) on rétablit, dans un règlement municipal, d'anciennes dispositions qui permettent de prélever des droits sur les représentations théâtrales et sur les bals pour venir en aide aux indigents de la commune [6].

L'aspect matériel de la ville a peu changé, la conjoncture économique et les dérangements sociaux de l'émigration ont freiné, sinon arrêté totalement, les constructions nouvelles dans le quartier neuf, au-delà de la place de la Révolution. Les rues, les remparts et les bâtiments publics n'ont pas connu l'entretien habituel d'une gestion régulière. En particulier les églises et les chapelles des couvents, à présent désaffectées, sont dans un état de délabrement tel que plusieurs déjà en mauvais état en 1789, sont appelées à disparaître.

C'est dans les différents domaines de la vie publique que les choses ont bougé. Rien de commun entre les pouvoirs publics et les institutions administratives de 1789 et ceux de 1799. Les services de l'État, dans leurs structures et leur fonctionnement, ont subi une transformation totale et il faut s'empresser de dire que nous ne sommes pas encore au terme de l'évolution, car entre 1800 et 1802 les réformes consulaires vont apporter une réorganisation définitive dont la pièce principale sera l'organisation préfectorale dès mars 1800. La langue, le vocabulaire et les références de l'administration sont profondément modifiés, et même la correspondance privée en est affectée. Par exemple, avec le passage de l'état civil des églises paroissiales à la mairie, à compter du 1er janvier 1793, derrière ce transfert de la religion à la société civile, que d'implications et de significations profondes et encore cachées ! Chemin faisant, nous avons vu les résistances des Angoumoisins, sinon au calendrier républicain, du moins au décadi, jour de repos imposé et au culte décadaire peu prisé. Une réforme au moins a été épargnée à la ville d'Angoulême, qui eût créé bien des difficultés dans son application, celle de l'heure convertie en système décimal.

Depuis 1793, toute célébration du culte en public a cessé à Angoulême,

Angoulême après la Révolution. Archives municipales de Rochefort P 1313.

Ce plan, signé H. PENEVERT, en novembre 1815, donne l'état de la ville au sortir de la Révolution et de l'Empire, avec une légende très détaillée des rues et des bâtiments publics. Ont disparu les anciennes paroisses et leurs églises désaffectées. Le cheet l'Église constitutionnelle n'a jamais repris vie de 1795 à 1800. Ne subsistent que des messes clandestines de prêtres réfractaires que les autorités pourchassent dans une politique obstinément négative et agressive vis-à-vis de la religion, et qui se maintient jusque dans les premiers mois du régime consulaire, puisque en nivôse an VIII (décembre 1799) le commissaire Félix demande encore une circulaire municipale pour rappeler l'obligation d'observer les décadis.

Une chose est sûre, c'est l'entrée en politique des Angoumoisins. Que de chemin parcouru entre les votes presque professionnels et corporatistes de 1789 et ceux éminemment politisés sous le Directoire. La politique est désormais présente dans les consciences individuelles, et le sujet de 1789 est à présent citoyen après un apprentissage de quelques années. Mais attention ! Cette activité ne concerne qu'une partie de la société, celle assez aisée ou riche pour avoir le droit de vote et d'éligibilité. Certes la Révolution à partir de 1792-1793 a un peu élargi le cercle des dirigeants et des responsables, à Angoulême comme ailleurs, mais on n'est pas sorti des frontières du monde détenant la richesse, le pouvoir, le savoir, les « capacités » somme toute, et le peuple des classes populaires reste en dehors du jeu politique, sauf pour manifester des colères brèves et isolées, liées à la faim ou à la pénurie.

Quant au dernier personnel administratif en place, voici pour conclure un jugement assez sévère, peut-être trop, à son sujet : « L'administration centrale composée de gens fort médiocres dont les opinions et les actes ont conservé généralement une teinte révolutionnaire, cela d'un effet d'autant plus mauvais que les amis de la liberté sont peu communs à Angoulême et dans ce département et qu'il s'y trouve fort peu de citoyens de la classe sage et éclairée... Ici on aime ou on hait la République avec violence... l'administration municipale d'Angoulême avec des opinions conformes à celles de la centrale offre bien moins de talents... (on lui reproche) un oubli des convenances... de vexer les concitoyens, d'exercer sur eux un pouvoir minutieux et inquisitorial... » (rapport de L... Corbigny, agent secret du ministre de l'Intérieur Lucien Bonaparte, après son passage à Angoulême en février 1800) [7].

Ce point de vue d'un observateur étranger, de passage dans le département en 1800, sur la situation du moment, d'ailleurs banale et généralisée, ne doit pas faire oublier le passé des dix années de la Révolution. Par exemple il faut rappeler les chiffres des condamnations à mort de 1793-1794 dans la région [8] : Poitiers 28, Niort 79 (à cause de la proximité vendéenne), Rochefort 52, Angoulême 3. La comparaison relativise la terreur charentaise et Angoulême, malgré son lot de difficultés, de divisions, de cruautés et d'excès, a traversé la période révolutionnaire de manière moins dramatique et moins sanglante que ses voisines du Poitou-Charente.

DOCUMENTS

« MÉMOIRE EN FORME D'OBSERVATIONS POUR SERVIR À TOUTES FINS DE DOLÉANCES ET PLAINTES DE LA VILLE D'ANGOULÊME QUE LES DÉPUTÉS DU TIERS DE LA DITE VILLE ADRESSENT AU MINISTRE DES FINANCES. »

(Introduction) « Si lors de la nomination des députés du Tiers-État aux États Généraux, la cabale et l'intrigue n'eussent porté que sur le choix de quelques-uns d'entre-eux, l'espoir d'un nouveau règlement capable de réprimer les abus dans les nominations subséquentes auroit imposé un silence respectueux, mais les députés des campagnes, non contents d'en avoir ouvertement écarté ceux de la ville capitale par l'influence des officiers des seigneurs sur l'esprit de leurs justiciables, se sont encore attachés à élaguer du cahier général tout ce qui n'étoit pas dans les leurs. Une opiniâtreté trop soutenue dans les sentiments a divisé les intérêts ; elle a enfin prévalu dans la rédaction ou plutôt dans la formation du cahier de la province,... c'est ce qui détermine le Tiers-État de cette ville à supplier Mr Necker de prendre en considération le présent mémoire et d'avoir égard à des plaintes et doléances dictées par le respect et la nécessité. »

....

Ce mémoire, postérieur de plusieurs semaines audit cahier général et à l'élection des députés, a été adressé à Versailles accompagné d'une lettre explicative signée du maire Marchais de la Berge et datée du 6 juin 1789.

Son contenu : quarante-neuf titres de longueur très inégale, dont les derniers sur les tailles, le cadastre, les corvées, les routes et chemins, la navigation de la Charente, les papiers, les cuirs, les fers, les aides, les droits réservés et les traites sont de véritables exposés géographiques et économiques sur la province.

Suivent vingt-six signatures représentant différents corps, professions de la ville, dont beaucoup étaient députés du tiers état de la ville en mars.

Texte complet dans Boissonnade *« Cahiers de doléances... » à partir de la page 96.*

LA FORMATION DU DÉPARTEMENT DE LA CHARENTE

Paris le 12 décembre 1789

Messieurs

« Nous avons reçu le mémoire que vous nous avez addressé le 5 de ce mois sur la formation de notre nouveau département. Il paroit, Messieurs, qu'on vous a exagéré les difficultés que nous avons éprouvé à cet égard. Ces difficultés tenaient à des arrengemens particuliers aux provinces qui nous avoisinent, et à l'ambition de quelques villes rivales dont les intérêts se croisent.

Vous ne pouvez pas vous dissimuler, Messieurs, que l'Angoumois trop circonscrit dans ses anciennes limites et d'ailleurs irrégulièrement formé, ne peut devenir un département de l'étendue fixée par la Constitution qu'en s'aggrandissant aux dépens des provinces voisines. Le Poitou et la Saintonge sont les seules dont il puisse obtenir ce qui lui manque. Le Périgord n'a rien à perdre et peut seulement se prêter à quelques échanges de convenance réciproque. Le Limousin, trop grand pour ne former qu'un département et trop petit pour en former deux, même en s'unissant à la Basse-Marche a eu comme nous le soin de recourir au Poitou.

Mais les députés de cette dernière province ont été longtemps partagés d'opinion sur la division de leur territoire. Les uns vouloient trois départements et les autres n'en vouloient que deux. Cette dernière opinion se concilioit à merveille avec nos intérêts et ceux du Limousin. La première a prévalu. Et nous nous hâtons d'ajouter qu'il n'en résultera pourtant rien de fâcheux pour nos arrangemens. Le Mirebalois et le Loudunois s'étant ces jours derniers, détachés de la Tourraine pour se réunir au Poitou, cette dernière province acquierre, par ce moyen, tout ce qu'elle perd en abandonnant à l'Angoumois et au Limouzin ses enclaves que dans aucun cas elle ne pouvait conserver, et la majeure partie de l'élection de Confolens.

Nous sommes d'accord sur le partage avec MM. les députés du Limouzin et de la Basse-Marche, nos limites provisoirement convenues seront arrêtées définitivement avec eux et ceux du Poitou, dans une conférence indiquée pour Lundi prochain.

Nous avons tout lieu de penser que nos arrengemens avec la Saintonge auroîent souffert peu de difficultés si la ville de La Rochelle n'eut par des prétentions exagérées, mis obstacle à ces dispositions très raisonables. Les députés se sont obstinés jusqu'à présent à faire du pays d'Aunis un département. Ils espéroient que St Jean d'Angéli voudroit se réunir à eux et que la division du Poitou en deux départemens leur offriroit un supplément au territoire qui leur manque.

La détermination prise par le Poitou déconcerte aujourd'hui leur projet, forcés par leur petitesse de se réunir à la Saintonge, ils ne mettent plus sans doute d'opposition à l'arrengement que nous avons à faire avec elle, arrengemens impossible si la Saintonge n'eut trouvé dans l'Aunis le dédommagement de ce qu'elle nous cèdera. Nous lui avons demandé Barbezieux et la majeure partie de son élection. Les dispositions ou nous avons laissés hier MM. les députés de cette province, dans la conférence que nous eumes avec eux, nous font espérer, que dans peu de jours tout se terminera d'une manière satisfaisante pour tous.

Nous avons proposé au Périgord de lui abandonner la Tour Blanche et son enclave et la pointe de terre que nous possédons au delà de la Drône, à la charge pour lui de nous laisser la Rochebeaucourt et un certain nombre de paroisses équivalent et plus rapproché de la Capitale. Il n'a pas paru éloigné de cet arrengement, qui est de toute convenance. Nous aurons l'honneur de vous faire part du résultat dès qu'il sera possible........................ »

Lettre signée de tous les députés de l'Angoumois à l'exception de Marchais incommodé... en tête Joubert qui en est peut-être le rédacteur ; et adressée à MM. de la municipalité ou officiers municipaux d'Angoulême. *(Orthographe respectée.)*

Arch. de la maison diocésaine d'Angoulême, voir notes 11, ch. III et 4, ch. IV.

Peut-on résumer en un texte plus concentré et plus clair tout le problème de la formation du département de la Charente, à partir des provinces de l'Ancien Régime ? Bien mieux, c'est la nouvelle division en départements du centre-ouest du royaume qui est ainsi présentée par les députés de l'Angoumois.

Voilà une lettre qui mériterait de figurer dans les classiques de la Révolution française.

LE MAIRE D'ANGOULÊME AUX TUILERIES

Le maire Perrier de Gurat rend compte, dans une lettre adressée à la municipalité, de sa présentation au roi et à la reine, lors de sa mission à Paris dans l'été de 1790 avec Guillaume Clavaud jeune, et c'est durant cette absence pour le compte d'Angoulême qu'il avait été élu maire, le 19 juillet, Clavaud étant, depuis mars, notable.

«... Quelques-uns de nos députés à l'Assemblée Nationale furent d'avis qu'en qualité de membres de la municipalité... et ses députés extraordinaires nous fussions présentés au Roi et à la Reine.

Cette présentation eut lieu le lundi seize de ce mois (Août) : elle fut faite par Mr l'évêque d'Angoulême et Mr Roy. Mr Clavaud mon codéputé fut privé de cette flateuse cérémonie par une indisposition particulière. Je fus seul présenté en qualité de maire de cette ville.

Le Roi sur l'indication de Mr de Villequier s'approcha de Mr l'évêque et lui dit n'est-ce-pas le maire d'Angoulême? — Oui, Sire, c'est en cette qualité que j'ai l'honneur de présenter Mr de Gurat à votre Majesté. Alors le Roi m'adressant la parole a dit : « Vous êtes maire d'Angoulême, Monsieur, je sais que votre beau-frère est président du département et je suis informé que c'est un fort bon choix. »

Je me disposais à répondre à Sa Majesté, mais la Reine s'approchant de moi a dit aussitôt : « J'appris hier trop tard, Monsieur, que vous étiez venu chez moi, je vous aurais donné des marques de mon attention particulière. »

Je crus devoir répondre à leurs majestés et j'eus l'honneur de leur dire : « Si la municipalité d'Angoulême et le département eussent pu prévoir que leurs Majestés auraient la bonté de permettre que je leur fusse présenté, ils m'auraient spécialement chargé de mettre au pied du trône l'assurance de leur respect, de leur amour et de leur fidélité inviolable pour leurs personnes sacrées; je crois pouvoir en répondre à vos Majestés. La ville d'Angoulême a fait depuis longtemps ses preuves d'attachement à la Monarchie Française et à ses légitimes souverains. Cet amour seul et le courage de ses habitants lui suffirent seuls pour rentrer sous l'obéissance de son Roi lorsqu'un traité malheureux les avaient soumis à une domination étrangère. Les Angoumoisins n'ont pas dégénéré, Sire, ils sont pénétrés de vos bontés et de vos vertus, aucune de celles de notre auguste Reine ne nous échappe et vos Majestés peuvent être assurées de leur part d'une fidélité dictée par l'amour plus encore qu'elle n'est commandée par le devoir. »

Je puis vous assurer, Messieurs, que le Roi et la Reine m'ont témoigné leur satisfaction avec des marques de bonté...

L'Assemblée (du Conseil Général de la Commune) a beaucoup applaudi au rapport ci-dessus, elle a témoigné toute la satisfaction qu'elle éprouvait de la conduite de Mrs de Gurat et Clavaud jeune, elle a arrêté enfin qu'il leur serait voté des remerciements.

Extrait des délibérations du conseil général, le 24 août 1790. A.M. D. [1]

Voilà une relation qui évoque l'Ancien Régime et les présentations de Versailles alors que nous sommes aux Tuileries, au milieu de 1790, avant l'accélération de la Révolution et les premières grandes ruptures qui affecteront l'attachement au roi et à la monarchie, mais point chez Perrier de Gurat qui reste le maire le plus conservateur d'Angoulême de toute la Révolution.

LETTRE DE M. LÉVÊQUE D'ANGOULÊME

À M. Joubert, Curé de Saint-Martin de la Ville d'Angoulême.

Il est de notoriété publique, Monsieur, que des électeurs laïques, catholiques et non catholiques, ont procédé, il y a quelque tems, à la nomination d'un Évêque du département de la Charante, pour remplacer l'Évêque d'Angoulême ; et que M. Joubert, curé de Saint Martin de la ville d'Angoulême, député à l'Assemblée nationale, a obtenu la pluralité des suffrages. Vainement j'ai attendu de votre part ou de celle de MM. les électeurs, la notification d'un fait aussi inoui dans les annales de l'Église ; muni de ce titre, vous vous êtes hâté d'exercer les fonctions d'Évêque du département. Je trahirois les devoirs que Dieu m'a prescrits envers son Église, envers mes diocésains, et envers vous-même, si je ne vous exposois pas l'irrégularité, l'injustice et les suites déplorables de votre entreprise.

Vous vous êtes donc emparé, Monsieur, d'un Siège qui n'est pas vacant. Tant que je vivrai, tant que je n'aurai pas donné ma démission, tant que l'Église ne m'aura point canoniquement destitué, la Chaire épiscopale d'Angoulême restera remplie. Vous ne pouvez ni méconnoître ces principes élémentaires du gouvernement ecclésiastique, ni oublier que depuis la naissance de l'Église jusqu'à nos jours, ils ont été aussi Religieusement qu'invariablement suivis. Mes supérieurs dans l'ordre hiérarchique divinement établi, ont-ils prononcé un jugement, qui, en me dépouillant de l'autorité qu'ils m'avoient confiée, vous la transmette et vous en investisse ? Produisez-vous l'acte par lequel j'ai renoncé moi-même à l'exercice de mes fonctions sacrées, et qui, validé par l'acceptation de l'Église, ait brisé les liens qui m'unissent à l'Église d'Angoulême ? Ah ! comment abandonnerois-je les ames dont je réponds devant Dieu, au moment où leur foi est attaquée, où l'on veut les arracher au centre de l'unité, où toutes les sources de sanctification et de salut éternel vont leur être fermées. .

. . . .

Ph. Fr. d'ALBIGNAC de CASTELNAU
évêque d'Angoulême

Le Triadou, le 8 avril 1791

Arch. de la maison diocésaine.

EXTRAIT DE LA PREMIÈRE LETTRE PASTORALE DE L'ÉVÊQUE JOUBERT

«......

Je ne me suis pas dissimulé, mes très chers frères, lorsque n'écoutant d'autre sentiment, que celui de l'amour de la religion et de la patrie, je me suis dévoué sans réserve, à l'accomplissement des vues de la Providence, à combien de traverses et de persécutions, peut-être, j'allais m'exposer ; je n'ai pas douté que la malveillance ne dirigea sur moi comme sur tous ceux qui se sont montrés fidèles à la loi et à la patrie, les traits envenimés de la calomnie et déjà je le sais elle s'est efforcée de répandre contre moi la défiance dans vos cœurs........ Vous me verrez marcher constamment à travers toutes les résistances dans les voies de Dieu ne connaissant, ne prêchant que JÉSUS crucifié et m'efforçant de pouvoir dire avec l'apôtre Soyez mes imitateurs comme je le suis de JÉSUS CHRIST.........»

Lettre pastorale du 10 avril 1791 destinée à être lue dans toutes les paroisses (du département) au prône de la grand-messe qui suivra sa réception.

Arch. de la maison diocésaine.

LE CONSEIL GÉNÉRAL DE LA COMMUNE (ANGOULÊME) AUX AUTORITÉS CONSTITUÉES

12 Juillet 1793

Citoyens administrateurs

« ....

....

Nous jouissons dans nos murs, citoyens, de l'union et de la paix, qui doivent nécessairement régner parmi les amis de l'ordre et des lois : nous devions cette heureuse harmonie à notre improbation à tout acte arbitraire et à toute dénonciation frivole, fantastique, malicieuse, vague et irrégulière. À la vérité cet amour de l'ordre nous a souvent attiré des inculpations bien graves, on a porté la malveillance jusques à demander notre changement, mais qu'importe au magistrat que sa propre conscience honore et console.

....

Nous connaissons votre justice, citoyens administrateurs, aussi vous demandons nous avec confiance d'user de l'autorité que la loi a mis dans vos mains pour rendre ces innocentes victimes à leurs familles éplorées. Si abusés par des rapports imposteurs vous avez souscrit à l'arrestation de citoyens outrageusement calomniés et qui ont reçu de la multitude armée la plus dure loi n'ayez pas l'inhumanité de fermer l'oreille à leurs réclamations ; s'ils cherchaient dans votre indulgence un salut que leur innocence ne pouvait leur assurer, sans doute vous auriez raison de ne pas les entendre mais que demandent-ils, ce qu'un tyran ne pourrait refuser : *le rapport de leurs affaires*. Citoyens le temps que vous consacrerez à leur donner des preuves de votre sollicitude paternelle honorera j'ose le dire, vos sentiments, la justice et l'humanité.

Faites punir les anarchistes, les intriguants, les désorganisateurs, il est bien temps de réprimer le trouble qu'ils ont porté à la tranquillité publique et de prévenir de nouvelles afflictions sur notre territoire.

....»

Extraits de l'une des deux lettres de la municipalité adressée aux autorités constituées et qui est au départ de l'affaire des prisonniers de la tour en juillet 1793.

A.M. Correspondance administrative.

EXTRAITS DU JUGEMENT DE JEAN HYACINTHE ÉLION, CONDAMNÉ À MORT PAR LE TRIBUNAL CRIMINEL DU DÉPARTEMENT DE LA CHARENTE, SÉANT À ANGOULÊME AGISSANT EN DERNIER RESSORT ET SANS RECOURS AU TRIBUNAL DE CASSATION.

«... le mardi 10 Septembre dernier, Élion étant dans la maison du citoyen Pierre Naud, en présence de la femme de celui-ci et du citoyen Pierre Desmotes ; interpellé sur les affaires de la République avec les brigands de la Vendée, auroit dit que les brigands y étoient aussi épais que la cendre, qu'il prit à l'instant même dans le foyer et répandit sur le pavé, qu'il vaudroit mieux entrer en composition que de se battre plus longtemps, qu'on finiroit par succomber, que quelque grand que fût le nombre des soldats de la République, on ne pouvoit se promettre de paix et de tranquillité, tandis qu'il n'y auroit pas un supérieur, un maître, une règle ou une puissance ; et sur l'observation qui lui fut faite qu'il y avoit un décret qui ordonnoit... de se porter en masse contre les brigands qu'ils finiroient par être écrasés, Élion réplique que ce décret ne signifioit rien, qu'il en viendroit bientôt un autre qui le détruiroit, que ce n'étoit que de la barbe de lièvre et des attrape sots.

Il résulte encore que Élion interrogé sur tous les propos à lui imputés les a presque tous déniés (sauf) qu'on avoit tué beaucoup de brigands... qu'ils se réfugioient dans les bois et qu'ils y étoient épais comme de la cendre, que ceux qui lui imputoient des propos tendant au rétablissement de la royauté, à avilir la représentation nationale et à décourager les volontaires... avoient imaginé ces propos, par haine et par vengeance, en ce qu'il n'avoit pas voulu leur livrer du bois au prix qu'ils demandoient.......... Le tribunal...... après avoir ouï l'accusateur public, conformément à l'article III de la loi du 19 Mars 1793... déclare le dit Jean Hyacinthe Élion convaincu d'avoir cherché à inspirer de la terreur aux citoyens et à les détourner d'aller à la défense de la Vendée...... convaincu d'avoir tenu des propos tendant au rétablissement de la royauté...... convaincu encore d'avoir cherché à avilir la Convention......

En conséquence condamne le dit Élion à mort conformément à la loi du 4 Décembre 1792 et à l'article III de la loi du 9 Avril dernier.......... déclare tous les biens du dit Élion confisqués au profit de la République conformément à l'article VII de la dite loi du 19 Mars dernier.
.... Ordonne que le dit Élion sera dans les 24 heures livré à l'exécuteur des jugements criminels.

À Angoulême le 17 du second mois de l'an second...... en l'audience du tribunal criminel : Léridon, président.

Mourou, Gautier et Mallet juges » qui ont signé, (Mallet était en même temps l'accusateur public.) L'exécution eut lieu le lendemain 18 (7 novembre 1793).

Voilà le contenu de l'un des trois procès du tribunal criminel de la Charente qui ont conduit à une condamnation à mort. À l'aune de nos principes et de nos critères présents c'est un véritable assassinat légal. Mais il faut le situer dans le long temps d'une justice encore cruelle malgré les améliorations du XVIII*e siècle. Surtout il faut le replacer dans le contexte révolutionnaire et dramatique de 1793*

Mallet, à la fois l'accusateur public et juge, est un modéré, un moment à la mairie d'Angoulême en 1797, allié de la famille des Chancel. Il a deux beaux-frères condamnés à mort et exécutés sous la Terreur, l'un le général à Paris, l'autre l'officier de marine à Rochefort. Mallet fera une très belle carrière dans la magistrature, futur grand notable de l'Empire.

A.M. Affiches.

TABLEAU DU PRIX DES DENRÉES ET MARCHANDISES DE PREMIÈRE NÉCESSITÉ FAIT EN CONFORMITÉ DU DÉCRET DE LA CONVENTION NATIONALE DU 29 SEPTEMBRE 1793 (LA LOI DU MAXIMUM)

Denrées et marchandises	*Le maximum*	*Observations*
— La viande fraîche en bœuf, veau, mouton, agneau et maigre du cochon	8 sous la livre	
— La viande de la vache	6 sous la livre	
— Le lard et graisse non fondue	14 sous 8 deniers la livre	
— Le lard salé et graisse cuite	1 l. 1 sou 4 deniers la livre	
— Le beurre du pays	1 l. 4 sous	
— Le beurre Dessigny (Isigny)	1 l. 13 sous 4 deniers	
— L'huile douce	1 l. 1 sou	
— Le bétail		Les différentes espèces et qualités des bestiaux et le prix excessif qu'ils ont acquis en très peu de temps ne permettent pas d'y fixer un prix proportionné par l'impossibilité d'entrer dans les détails. L'administration en renvoie donc le prix à ce qu'ils valaient en 1790 en y ajoutant le tiers en sus conformément à la loi.
— Le poisson salé ou morue verte	8 sous la livre	
— La morue sèche	9 sous 4 deniers la livre	
— Le cent de sardines de barrique	1 l. 13 sous 4 deniers la livre	
— Le cent de harengs salés	8 l. 6 sous 8 deniers la livre	
— Le cent de harengs secs	7 l. 6 sous 8 deniers la livre	
— La barrique de vin rosé fût rendu de 28 veltes	52 l.	La mercuriale du vin pour 1790 consignée dans un registre... au greffe du tribunal du district et dont l'origine remonte à 1727 la fixe au prix ci-contre de 52 l. et comme c'est l'excessive gelée de 1789 qui a donné lieu à cet accroissement l'administration n'y a pas ajouté le maximum avec d'autant plus de raison que la récolte qui vient de se faire est à peu près d'un quart en sus de la récolte précédente.
— La barrique de vin blanc fût rendu de 28 veltes	42 l.	
— La barrique d'eau-de-vie marchande de 27 veltes	282 l. 11 sous	
...... la livre de sel	2 sous	
...... la livre de sucre de bonne qualité	1 l. 12 sous	

Le lecteur pourra constater que la hiérarchie des viandes de l'époque (continuée au XIX*e siècle) est bien différente de celle de nos jours et en même temps sommaire.*

Registre du district d'Angoulême, 11 octobre 1793. A.D. L 477.

UN EXEMPLE D'ACCAPAREMENT

(Extrait des jugements de police des officiers municipaux d'Angoulême...)

«... en dénonciation d'abus de la part du citoyen Chambaud, commissaire de la section de la Fraternité pour la distribution du pain, d'après la plainte portée contre lui par la citoyenne Chollet... il a été fait par deux commissaires de la municipalité une visite dans la maison du citoyen Chambaud afin de constater... qu'il y a... quarante-trois livres de farine tamisée, vingt-neuf livres et demie de farine non tamisée, trente-trois livres et demie de mongettes blanches et six livres de pain restant de huit livres que la femme Chambaud a pris ce jour d'hui chez Puymoyen boulanger et qu'il y a quelque temps que le dit Chambaud a vendu vingt-cinq livres de farine au citoyen Imbaud, les faits ont été reconnus par le citoyen Chambaud qui a déclaré que la farine qui s'est trouvée chez lui provient de la grande économie qu'il a mis dans ses subsistances et celle de sa famille, en mangeant des pommes de terre, qu'il n'a pas eu l'intention de soustraire la farine qu'il a, qu'il a même aidé ses voisins dans le besoin, en ce que ses principes sont tels de venir au secours de ses frères et que si son épouse a acheté huit livres de pain ce matin c'est parce que son épouse infirme n'a pu boulanger... le conseil municipal considérant que le citoyen CHAMBAUD ayant des subsistances pour plus d'un mois il est répréhensible d'avoir fait prendre du pain chez un boulanger... n'en ayant pas besoin puisqu'il avait de la farine qu'il aurait pu échanger, enlève aux malheureux la ressource qu'ils peuvent se procurer et tend à augmenter la pénurie des subsistances que sa qualité de commissaire de section l'obligeait à avoir encore plus de délicatesse que tout autre citoyen, l'agent national entendu... destitue le citoyen Chambaud de sa place de commissaire de sa section... il sera de suite remplacé par un autre citoyen civique, met en réquisition les farines au nombre de soixante-douze livres et demie et les mongettes...lui fait défense sous sa responsabilité individuelle de se démunir des dites subsistances dont il pourra néanmoins se servir pour sa nourriture et celle de sa famille en se conformant à l'arrêté du représentant du peuple qui les réduit à douze livres chacun, lui défend pareillement de prendre aucun grain ni pain pendant qu'il sera pourvu de subsistance, ni de récidiver sous peine d'être mis sur la liste des citoyens suspects et traité comme tel, fait en l'audience de la police municipale à Angoulême le 21 Prairial 2e année République une et indivisible. »

Un texte qui éclaire sur les différents circuits possibles, farine et pain à l'époque. D'autre part le contrevenant ne reçoit en fait qu'un blâme des autorités municipales et ne subit que la perte de sa fonction de commissaire de section.

A.M.

TROIS TABLEAUX SUCCESSIFS DE LA DÉPRÉCIATION DE L'ASSIGNAT

Le premier, mensuel, du 1er janvier 1791 au 1er germinal an III (20 mars 1795), donne l'équivalence de 100 livres d'assignats en numéraire.

Le deuxième, du 1er germinal à la fin de l'an III, établi en prenant pour unité de base 24 livres en numéraire dont on indique l'équivalent en assignats, la dépréciation est à présent déclinée quotidiennement.

Le troisième tableau conduit l'assignat de vendémiaire an IV à sa fin en ventôse, en gardant la même unité de compte, 24 livres en numéraire.

Un quatrième tableau est consacré à la dévaluation encore plus rapide du mandat territorial sur moins de cinq mois !

Ces tableaux ont été établis par une commission départementale de quinze membres, pour la plupart des notables du monde économique, choisis « parmi les plus éclairés dans ce genre d'affaires » et qui ont déposé leurs conclusions le 23 thermidor an V. Dans les signatures, celles de quelques hommes d'affaires angoumoisins : Henry aîné, J. Sazerac, Clavaud jeune, Boussiron...

Ils sont destinés à servir de références dans le règlement des transactions passées entre les particuliers pendant la durée du papier-monnaie.

A.D. L. 20 : Registre du département, f° 27 recto et verso, à la date du 23 thermidor an V.

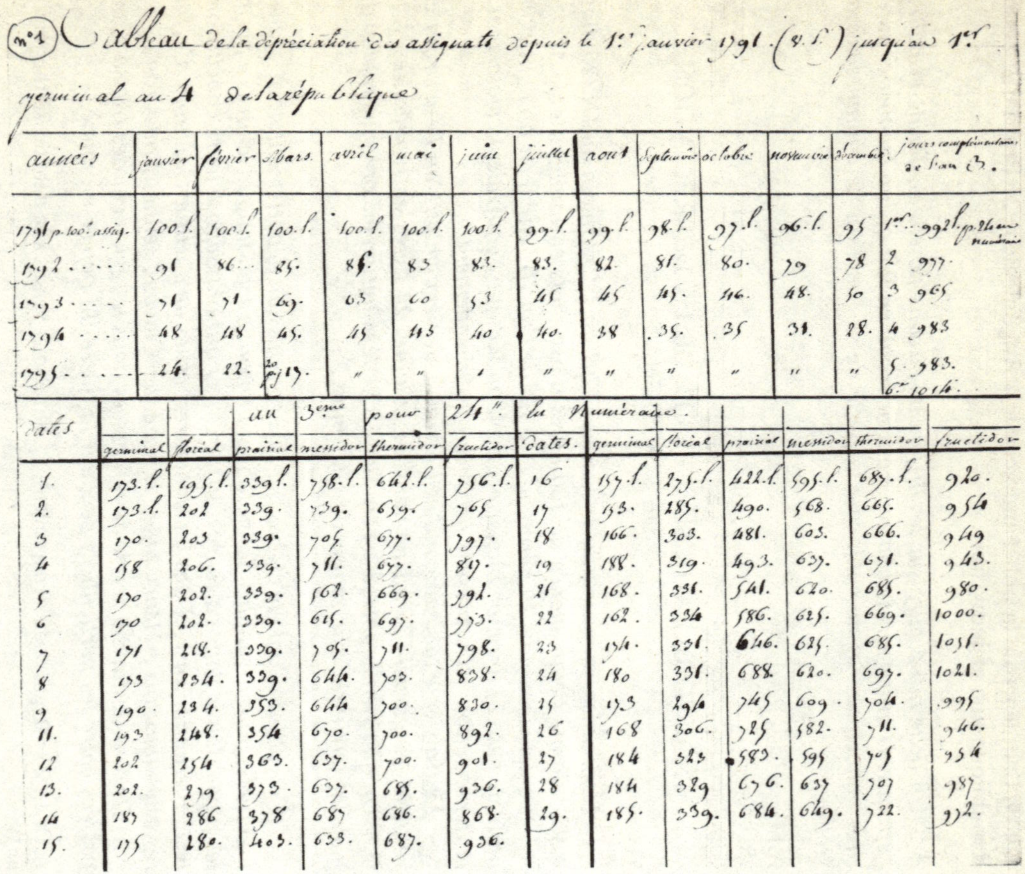

N° 1 Tableau de la dépréciation des assignats depuis le 1er janvier 1791 (v. st.) jusqu'au 1er germinal an 4 de la république

années	janvier	février	Mars	avril	mai	juin	juillet	aout	Septembre	octobre	novembre	décembre	jours complémentaires de l'an 3.
1791 p. 100 l. assig.	100 l.	100 l.	100 l.	100 l.	100 l.	100 l.	99 l.	99 l.	98 l.	97 l.	96 l.	95	1er ... 992 l. p. 24 l. numéraire
1792	91	86...	85.	85.	83	83.	83.	82.	81.	80.	79	78	2 977.
1793	71	71	69.	63	60	53	45	45	45.	46.	48.	50	3 965
1794	48	48	45.	45	45	40	40.	38	35.	35	31.	28.	4 983
1795	24.	22.	20 / 17.	″	″	,	″	″	″	″	″	″	5. 983. 6e 1014.

dates	au	3eme	pour	24 ll.	le numéraire		dates.						
	germinal	floréal	prairial	messidor	thermidor	fructidor		germinal	floréal	prairial	messidor	thermidor	fructidor
1.	173. l.	195. l.	339 l.	758. l.	642. l.	756. l.	16	157. l.	275. l.	422. l.	595. l.	687. l.	920.
2.	173. l.	202	339.	739.	659.	765	17	153.	285.	490.	568.	665.	954
3	170.	203	339.	705	677.	797.	18	166.	303.	481.	603.	666.	949
4	158	206.	339.	711.	677.	817.	19	188.	319.	493.	637.	671.	943.
5	170	202.	339.	562.	669.	792.	21	168.	331.	541.	620.	685.	980.
6	170	202.	339.	615.	697.	773.	22	162.	334	586.	625.	669.	1000.
7	171	218.	339.	705.	711.	798.	23	174.	331.	646.	625.	685.	1051.
8	173	234.	339.	644.	703.	838.	24	180	331.	688.	620.	697.	1021.
9	190.	234.	353.	644	700.	830.	25	173	294	745	609.	704.	995
11.	193	248.	354	670.	700.	892.	26	168	306.	725	582.	711.	946.
12	202	254	363.	637.	700.	901.	27	184	323	583.	595	705	954
13.	202.	279	373.	637.	685.	936.	28	184	329	676.	637	707	987
14	187	286	378	687	686.	868.	29.	185.	339.	684.	649.	722.	972.
15.	175	280.	403.	633.	687.	936.							

dates	an 4. pour 24 livres en numéraire					dates						
	vendémiaire	brumaire	frimaire	nivose	pluviose		vendémiaire	brumaire	frimaire	nivose	pluviose	ventose	suite de ventose an 4
1er	1020 l.	1428 l.	2886 l.	4692 l.	4522.	16.	1011 l.	2518.	4155	4548.	4032.	5959	6163.
2	990	1545.	2588.	4692.	4651.	17	1003.	2605.	4296.	4067.	4561	6605	6120.
3	905	1557.	2550.	4643.	4423.	18	1000.	2539	4216.	4593.	4563.	6916.	idem
4	969	1677.	2589.	3466.	4418.	19	1295	2822.	3418.	4556.	5001.	6163.	5610.
5	973.	2119	2626.	4701.	4536.	21	1133.	2730.	2598.	4725.	5121.	idem	5863.
6	1003.	2271.	2522.	4933.	4494	22.	1207.	2595	3279.	4476	5466.	idem	5823.
7	1020.	2794	2855.	4473	4454	23	1326.	2396	3259	4208.	5222.	idem	idem
8	1040.	2858.	2992.	4444.	4420.	24	1467.	2631.	3259	4420.	5287.	idem	idem
9	1025	2193.	2916.	4140.	4495.	25	1449	2643.	3584	4327.	5514	idem	idem
11	1054.	2206.	3039	3959	4457.	26	1377.	2563.	3055.	4432.	5619	idem	5618
12.	1054	2367	3190.	3958.	4530.	27	1437.	2589	4165	4497	5884	idem	5186.
13.	1054	2056.	3400.	3729	4712.	28	1442.	2824	4310.	4580.	5718.	idem	idem
14	1054	2621.	3451	4132	4038.	29.	1419.	2809.	4219	4522.	5485.	idem	idem
15.	1009.	2584.	3302.	4883.	4428.							idem	

Cours des promesses de mandats depuis le 1er germinal an 4 jusques et compris le 10 thermidor suivant.

Dates.	an 4. pour 100 liv. promesses de mandats.					observations
	germinal	floréal	prairial	messidor	thermidor	
1er au 5	35 l.	28 l.	22. l	10. l.	7. l.	la cessation de la circulation forcée du papier monnoie valeur nominale demeure fixée dans ce département au 11 thermidor an 4 époque de la publication de la loi du 29 messidor an 4, conformément à l'art. 3. de celle du 5 messidor an 4 relative aux transactions.
6 au 10.	32.	25.	20.	10.	7.	
11 au 15.	30.	25	15.	9.	"	
16 au 20.	30	25.	15.	9.	"	
21 au 25.	30	30.	14.	8.	"	
26 au 30.	30.	25.	12.	8.	"	

Le présent arrêté ensemble le tableau de dépréciation ci-dessus et des autres parts, sera imprimé envoyé au directoire exécutif aux administrations municipales, tribunaux civil, criminel, et correctionnels, juges de paix et directeur des domaines en conformité de la loi.

Fait et arrêté à Angoulême au département de la Charente le vingt trois thermidor an cinq de la république française une et indivisible.

Rambaud Galliot père Ch. Augier Thenon aîné Devals

Flavaud jeune Ranel J. Delemein Lefort Gazeraic

Prévost Dumaine Boussiron P. Duboys F. G. Aumery

Chavigny Dumoulin Mioulle

Du 24 thermidor an

L'administration centrale du département de la Charente assemblée au lieu et à l'heure ordinaires.

LES PRISONS

Le régime alimentaire des détenus (extrait des délibérations du directoire du district, le 7 messidor an II).

Il s'agit d'un appel d'offres aux traiteurs, aubergistes, cabaretiers ...... pour nourrir les détenus des prisons.

« .... (par tables de dix couverts).............. il sera fourni à chacun par jour une soupe grasse ou maigre, cette dernière le moins possible, un plat de légumes et en outre pour chaque individu mâle trois quarts de pain, une bouteille de vin, une demie livre de viande et à défaut de viande un plat de racine aussi pour chaque table et un plat de légumes tous les deux jours, un peu de fruit pour dessert ou une salade à leur option.

La même nourriture sera fournie aux femmes excepté qu'elles n'auront qu'une chopine de vin par jour........ »

(A.D. L 776)

Suite à cet appel il ne s'est présenté que trois entrepreneurs qui ont offert de fournir les vivres aux détenus de la ci-devant abbaye de Beaulieu, à raison de deux livres pour chaque homme par jour et la citoyenne VALLADE pour nourrir les femmes détenues aux Carmélites, à raison de 35 sous par jour. Personne n'ayant voulu faire de soumission pour un plus bas prix, après avoir tout fait pour en susciter de nouvelles, l'administration a accepté les dites offres. Curieusement aucune entreprise ne voulait s'engager à faire le même service aux ci-devant Ursulines et finalement il a fallu désigner d'office trois aubergistes pour le faire pendant trois mois et devant le peu d'enthousiasme des entrepreneurs ceux-ci ont été dispensés de verser le cautionnement exigé d'après la loi. Il faut ajouter que certains détenus faisaient venir leur nourriture de leur maison par leurs domestiques.

Par décision du Comité de Surveillance d'Angoulême du 29 Brumaire an II pour payer la solde de la garde attachée à la maison de détention de Beaulieu une imposition est établie de manière progressive sur les détenus et qui sera recouvrée sous un mois, ainsi :

PERRIER - GURAT	: 1 200	livres
LAMBERT père	: 1 200	"
MONTLAU	: 600	"
BELAT - DESCRAVAYAT	: 300	"

RESNIER (l'ancien maire)	:	200	"
HENRY - VILLARMAIN	:	200	"
CAMINADE (de Cognac)	:	150	"
SOUCHET	:	150	"
VIGNERON prêtre	:	100	"
NAVARRE - DUCLUZEAU	:	600	"
ALBERT homme de loi	:	200	"

(A.D. L 820)

Fac-similé de la première page d'un état décadaire des Séances du Comité de Surveillance établi à Angoulême. *En dehors des autorités légales et constitutionnelles, voici l'organe révolutionnaire, circonstanciel et exceptionnel, qui a eu dans la ville l'existence la plus continue en l'an II et l'an III. Il siège et travaille à côté de la municipalité et du district et il se flatte que dans son travail « la probité, la vertu et la justice ont été notre boussole ». Il est arrivé que ce Comité, d'essence révolutionnaire, prenne des positions plus modérées que les autorités légales en certaines circonstances. Son travail consiste surtout à exécuter des tâches ponctuelles, par exemple dans le présent état il s'agit d'obliger les rouliers de L'Houmeau, qui s'y refusent avec la complicité des aubergistes du faubourg, à faire un transport urgent pour le compte de l'armée des Pyrénées Occidentales qui a besoin d'objets de première nécessité à prendre au magasin militaire.*

(Séances des 4, 5 et 6 ventôse, an III.)

(A.D. L 522)

A Angoulême, département de la Charente, le 11. Ventose l'an 3me de la république Française, une et indivisible.

LE COMITÉ DE SURVEILLANCE, ÉTABLI A ANGOULÊME, a l'agent National du District d'angoulême.

Citoyen

nous vous faisons passer l'Etat décadaire de nos opérations depuis le premier — ventose, Jusqu'a ce Jour, ainsi que l'etat du bulletin des Loix, avec invitation de nous en accuser reception.

Sallut et Fraternité

Leclerc chauvin Sre — Boucheron — Bérodaux — Albert pt
Rambaud — Duroux — Mongin — Beaulieu — Jaulain

Séance du 1er Ventose

Renouvellement du Bureau; après avoir procedé au scrutin, il en est resulté que le citoyen albert a été élu president, et le citoyen Leclerc chauvin Secrétaire.

Séance du 2.

un membre observe qu'ordinairement les membres du comité qui s'absentoient pour affaires et n'assistoient pas journellement aux séances étoient pointés pour toutes les journées d'absence, mais que d'après la décision du Comité des finances de la convention nationalle concernant les comités revolutionnaires en datte du 16 frimaire a nous transmis par le directoire du district le 22 pluviose dernier, il n'est plus permis au comité d'observer cette marche, quoique l'emploi de ces sommes fut — consacré pour les indigens; attendu que l'arreté dit Expressement que les

A.D.L. 522

EXTRAIT DU REGISTRE PLUMITIF DE POLICE MUNICIPALE

« En la cause où l'agent national de la commune est demandeur en exécution de la loi du 21 Septembre 1793.

Contre la citoyenne épouse de Robert aîné boulanger et l'épouse du citoyen Labbé tapissier prévenues d'avoir négligé de se décorer de la cocarde tricolore le 9 de ce mois suivant le procès-verbal du citoyen Déclide officier de police du même jour.

Les citoyennes susnommées mandées à la maison commune devant le tribunal de police interpellées de répondre au contenu du procès-verbal sus-daté ont observé que ce n'est que par oubli si le jour indiqué elles ne se trouvèrent pas décorées de la cocarde; que toujours elles se faisaient un devoir de s'en parer et qu'au surplus cet oubli a été causé principalement par les embarras multipliés que leur donnent les nombreuses familles dont elles sont chargées.

Le tribunal après avoir ouï l'agent national, considérant que la loi du 21 Septembre 1793 impose l'obligation expresse à chaque citoyen et citoyenne de se décorer de la cocarde tricolore sous peine pour la première contravention de huit jours de prison; que cependant l'humanité invoque une modification en faveur des citoyennes épouses Robert et Labbé comme étant chargées chacune d'une nombreuse famille en bas âge qui ne peuvent se passer de leurs soins continuels; le tribunal opinant à haute voix publiquement et individuellement condamne les femmes Robert aîné et Labbé à cinq heures de prison depuis sept heures du matin jusqu'à midi du seize de ce mois dans la maison ordinaire de détention de la police; leur enjoint de se conformer désormais et strictement à la loi... sous peine en cas de nouvelle contravention de leur appliquer les dispositions entières de cette même loi. Fait et prononcé en police municipale le 11 Germinal 3e année républicaine. »

Signé Lambard et Janet officiers municipaux, Sicard agent national.

Suit un procès-verbal à l'encontre d'une ci-devant religieuse des Sœurs de la Sagesse, pour la même cause mais qui est, elle, condamnée à huit jours de détention, à la date du 16 germinal.

La cocarde tricolore a été le premier des symboles révolutionnaires, dès juillet 1789, revêtant un caractère sacré, dont le port fut rendu obligatoire pour les hommes en juillet 1792 et pour les femmes par le décret du 21 septembre 1793.

On peut s'étonner de la rigueur tâtillonne des autorités municipales dans l'application de la loi, surtout si l'on considère la date relativement tardive des contraventions, au 31 mars 1795, en pleine période thermidorienne dont les effets ont beaucoup tardé à se faire sentir à Angoulême.

A.M. d'Angoulême

ÉGALITÉ, FRATERNITÉ, LIBERTÉ.

[illegible] est arrivé à Ang. 7 à 8 mois après la chute de Robespierre.

AU NOM DU PEUPLE FRANÇAIS.

LE REPRÉSENTANT DU PEUPLE PÉNIERES, en mission dans le Département de la CHARENTE,

CONSIDÉRANT que la plus importante de ses fonctions, dans la mission qu'il tient de la Convention nationale, est la réorganisation & le complément des Autorités constituées de ce Département ;

Que dans ces temps de désolation & de terreur, qui, depuis deux ans, ont couvert la France d'échafauds, de sang & de larmes, plusieurs excellens Patriotes ont été destitués, incarcérés, persécutés de la manière la plus offensante pour l'humanité & pour la bonté de la cause qu'ils soutenaient avec le caractère du plus ardent Républicanisme ; qu'il est de sa justice & dans l'intention de la Convention nationale qu'ils soient aujourd'hui, non seulement protégés, mais que leur vertu trouve dans tout son éclat la récompense méritée des peines & des privations qu'ils ont souffertes, avec une résignation vraiment stoïque, pendant la durée de la plus effroyable de toutes les tyrannies ;

Considérant que, dans le nombre multiplié des Fonctionnaires publics de la Commune d'Angoulême, il a eu la douce satisfaction de ne prononcer qu'une seule destitution ; que tous ceux qu'il a remplacés, ou qui lui ont donné leur démission, jouissent également de la considération de leurs Concitoyens, qu'il n'existe aucun reproche contre eux, soit dans leur vie morale, soit dans leur carrière politique, & qu'ils sont dignes de son estime comme de celle de tous les vrais amis de la Liberté ; que les uns n'ont pu être conservés, parce qu'ils se trouvaient parens au degré prohibé par la Loi de ceux qu'il rappelle aux Fonctions administratives ; que d'autres, par leur conservation dans leur emploi, auraient nui à la distribution proportionnelle & nécessaire des Administrateurs entre les six Districts de ce Département ; qu'il ne pouvait sans injustice refuser les démissionnaires qui, après avoir épuisé leurs forces phisiques ou leur fortune dans le cours d'une Administration laborieuse, sollicitent un repos qui ne les empêchera pas néanmoins de s'occuper du bonheur de leurs Concitoyens, & de diriger toutes leurs vues vers l'affermissement de la République ;

Après s'être entouré d'hommes probes & vertueux, après avoir pesé dans la balance de la plus scrupuleuse impartialité, les raisons qu'exige l'importance de ses opérations, qui tendent toutes à la consolidation de la félicité publique,

ARRÊTE ce qui suit :

DÉPARTEMENT DE LA CHARENTE.

LE Directoire du Département sera composé des Membres ci-après dénommés :

Desprez (d'Angoulême), *Maulde*, *Mignot* (du district de la Rochefoucauld), *Torel* (de celui de Ruffec), *Caminade*, *Perrin-Boussac* fils aîné, (de celui de Cognac), *Bordet*, *Besson*, officier de santé à Baignes, (de celui de Barbezieux) ; *Poujard Dulimbert*, juge de paix, Procureur-général-syndic, (de celui de Consolens) ; & *Ducluzeau*, Secrétaire-général.

Charge le Citoyen *Desprez* de donner connaissance aux Membres absens du présent Arrêté, & de les installer.

DISTRICT D'ANGOULÊME.

L'Administration du District d'Angoulême sera composée ainsi qu'il suit :

Directoire.

Lavialle, Président ; *Menaud* (de Voulgezac), *Bourdin* (de la Pallu), *Perier*, notaire de Blanzac, *Janet* (d'Angoulême) ; *Sicard*, ci-devant avoué, Procureur-syndic ; *Gaurin Desouches*, Secrétaire.

Conseil.

Sazerac Deforges, *Fournier*, *Debrême*, *Tournier* aîné, *Chabariber*, *Lanauve* (de la Valette), *Renaud* (de Garat).

Charge le Procureur Syndic de donner connaissance aux Membres absens du présent Arrêté, & de les installer.

MUNICIPALITÉ D'ANGOULÊME.

LA Municipalité d'Angoulême sera composée ainsi qu'il suit :

Debrande, Maire.

Officiers municipaux :

Durand, *Glaumond*, *Callandreau*, *Texier*, ingénieur, *Lambard*, *Rivaud* jeune, *Gratereau* aîné, *Descorde*, homme de loi, *Croizeau*, *Henry* aîné, *Rivaud*, homme de loi.

Notables :

Marchais Laberge, *Charles Texier*, *Thibaud* jeune, *Poitevin* jeune, *Brunet*, *Guimberteau*, officier de santé, *Jean Mallat*, *Limouzain* père, *Hazard*, huissier, *Rabi*, *Duparc*, *Sallée* jeune, *Aubert*, marchand, *Sazerac Moulin*, *Vinson Dominique*, *Bourzac*, *Robin*, apothicaire, *Mouneau* père, *Roullet*, chirurgien, *Clavaud* aîné, *Simard*, *Mesnard*, défenseur officieux, *Thomas*, apothicaire, *Dussouchet Ranclos* ; *Coursac*, Procureur de la Commune ; *Tiffon St.-Surin*, Substitut.

TRIBUNAL CRIMINEL.

LE Tribunal criminel du Département sera composé ainsi qu'il suit :

Démazeau, Président ; *Mallet*, Accusateur public ; *Thibaud* jeune, Greffier.

Charge l'Accusateur public de donner connaissance du présent Arrêté aux Membres absens, & de les installer.

TRIBUNAL DU DISTRICT D'ANGOULÊME.

LE Tribunal du District d'Angoulême sera composé ainsi qu'il suit :

Souchet père, Président ; *Debrême* père, *Cadiot*, *Gratereau* jeune, *Chancel* jeune ; *Métreau*, Commissaire national ; *Lacossoniere*, Greffier.

Suppléans :

Ganivet, *Ducluzeau* père, *David*, *Mesnard*.

Charge le Commissaire national de donner connaissance du présent Arrêté aux Membres absens, & de les installer.

BUREAU DE CONCILIATION, TRIBUNAL DE COMMERCE, JUSTICE DE PAIX, Séants à Angoulême.

LE Bureau de Conciliation restera composé tel qu'il est.

LE Tribunal de Commerce tel qu'il est.

JUSTICE DE PAIX, intrà muros.

Ganivet, Juge de paix ; *Turcat*, Greffier.

Assesseurs :

Rabi, *Ferrand*, *Civadier*, *Brian Lessard*, *Latache*, *Naudon* père.

JUSTICE DE PAIX, extrà muros.

Second, Juge de paix ; *Ebrard*, Greffier.

Assesseurs :

Gaillot, négociant, *Seguin*, entrepreneur, *Leclair Chauvin*, négociant, *Tailli Sazerac*, négociant, *Giraud* père, négociant.

Charge les Présidens & Juges de paix de donner connaissance du présent Arrêté aux Membres absens, & de les installer ;

Charge en outre le Président du Département de notifier le présent Arrêté aux différens Corps constitués de cette Commune, chacun en ce qui les concerne : il le fera transcrire sur les registres de l'Administration, & imprimer en nombre suffisant, pour un exemplaire en être publié & affiché dans tous les Districts & Municipalités du Département de la Charente. Les minutes du présent resteront déposées aux Archives.

FAIT à Angoulême, le 7 Prairial, l'an troisième de la République française, une & indivisible.

J. A. PÉNIERES, *Représentant du Peuple.*

A ANGOULÊME,

De l'Imprimerie de P. BARGEAS, Libraire Imprimeur du Département, au ci-dev. Château.

An IIIe. de la République.

L. 1485. A. D. : les changements de Penières, en Prairial an III.

EXTRAITS DU PROCÈS-VERBAL DES VISITES FAITES CHEZ LES INSTITUTEURS ET INSTITUTRICES PAR UNE COMMISSION MUNICIPALE LE 4 PRAIRIAL AN VII

« ... Notre première visite eut lieu chez la citoyenne Tournier ex-religieuse tenant pensionnat... Cette citoyenne était prête à sortir avec ses élèves au nombre d'environ dix à douze, toutes dans une toilette qui annonçait un grand jour de fête de l'Ancien Régime, nous lui demandons pourquoi elle sortait à cette heure-là et où elle conduisait ses jeunes élèves. Cette institutrice nous répondit d'un ton ferme et positif qu'elle allait à vêpres...

(En conclusion à cette première inspection)... Nous trahirions nos devoirs, si nous ne déclarions avec franchise que l'instruction et la discipline intérieure de ce pensionnat tendent à avilir et à dégrader le caractère auguste du chef de cette maison ; les principes qu'on y professe, loin de développer les facultés morales de l'instruction républicaine et de les diriger vers ce but qui doit assurer le triomphe de la philosophie sur les erreurs et les crimes du fanatisme. Loin de faire fleurir et prospérer l'enseignement politique ils tendent au contraire à dérober à la patrie cette portion précieuse de la génération montante.

Les noms de citoyen et citoyenne sont si étrangers dans cette maison qu'il ne nous a pas été possible malgré nos invitations réitérées de les arracher, si nous pouvons parler ainsi, de la bouche de cette institutrice et de ses élèves.

Nous sortîmes enfin de cet antre du fanatisme pour nous transporter dans la pension du citoyen Foreau dans l'espérance d'y trouver quelque satisfaction. Vaine illusion ! Trompeuse espérance ! Nous entrâmes chez ce particulier que nous trouvâmes à la vérité à l'exercice avec ses élèves. Lui ayant fait connaître le but de notre mission et dans les formes prescrites par la loi, le ton d'audace avec lequel il nous répondit et le peu d'égards qu'il parut montrer à notre caractère par son irrévérance nous firent bientôt juger de ses maximes.

Interpellé de nous déclarer quels livres élémentaires... et sur quoi reposait l'instruction qu'il leur donnait il nous répondit qu'il leur apprenait les éléments de la langue latine, les mathématiques et qu'il leur faisait des cours de botanique.

Nous lui demandâmes s'ils étaient en état de répondre sur quelques questions... sur la déclaration des droits et devoirs de l'homme en société, nous répliquant sur le même ton il nous répondit qu'il ne s'était point engagé envers les parents de ses élèves d'apprendre à ces derniers la constitution française et de leur donner l'intelligence des lois de la République.

L'un de nous... observa à cet instituteur que ses excuses étaient sans fondement puisque les arrêtés du Directoire, celui de l'administration centrale et la lettre du ministre de l'Intérieur... lui imposent rigoureusement le devoir de s'y conformer... le même... lui lisait les articles obligatoires des arrêtés précités et affichés dans le lieu de ses exercices, il ne se donnait pas même la peine de l'entendre disant que cela ne le regardait pas et que n'étant point instituteur public nulle puissance humaine ne pouvait l'y contraindre, que d'ailleurs ses élèves n'étaient point en état de comprendre le sens de la déclaration des droits et devoirs... que cette étude était trop abstraite et passait leur intelligence et qu'au surplus il n'entendait point faire remplacer (illisible) d'instruction qu'il professait par un cours de législation, qu'il ne s'était point engagé à cela et que sa partie était totalement indépendante de toute autorité.

Ô Comble de la perfidie ! Quoi ? Des jeunes gens de l'âge de 10 jusqu'à 15 à 16 ans à qui l'on apprend la langue latine, la science des calculs et l'étude pénible des plantes de cette foule de végétaux qui embellissent nos campagnes... ces jeunes gens disons nous ne seraient pas en état de comprendre le sens de notre Charte Constitutionnelle, de ce code de la raison humaine si facile à saisir par sa clarté et sa précision.

Fatigués de tant d'audace et de mauvaise foi nous sortîmes de ce repaire où préside le vil intérêt, où un moine imposteur dont la liberté a brisé les fers, étouffe pour prix de sa reconnaissance, par un poison tout le germe des vertus républicaines et ravit ainsi à la patrie ses plus flatteuses espérances. Non tant de crimes envers la société ne resteront point impunis.

............»

Blandeau Président ; Brun ; Lecler Raby ; Bussac Secrétaire en chef

Voilà des rapports d'inspection qui nous éclairent autant sur les inspecteurs que sur les inspectés. Les visiteurs municipaux émettent d'emblée un jugement plus politique et moral que pédagogique.

Quant à l'instituteur Foreau, ses arguments face aux autorités municipales annoncent le principe de la liberté de l'enseignement du XIXe *siècle.*

A.M. D^7

CHRONOLOGIE COMPARÉE DES FAITS ET DES SITUATIONS

1789

HISTOIRE GÉNÉRALE

8-08-1788 : décision royale de convoquer les États généraux pour le 1er mai 89.

27-12-1788 : doublement des députés du tiers état.

24-01-1789 : lettres de convocation pour les élections, avec règlement électoral.

Mars : élections, à plusieurs degrés dans le tiers état, rédaction des cahiers de doléances.

5-05-1789 : séance royale d'ouverture des États-Généraux à Versailles.

13-06-1789 : début du mouvement des curés se joignant au tiers.

20-06-1789 : serment du Jeu de Paume.

23-06-1789 : séance royale, ordre de délibérer séparément non suivi d'effet.

27-06-1789 : capitulation du roi qui demande au clergé et à la noblesse de se joindre au tiers.

9-07-1789 : Assemblée nationale constituante.

12 au
14-07-1789 : la Révolution parisienne, prise de la Bastille, création d'une milice bourgeoise.

ANGOULÊME ET CHARENTE

2-03-1789 : en son Conseil d'État le roi accorde au bailliage d'Angoulême (+ Cognac) 8 députés.

Fin février et début mars : quelque 38 procès-verbaux, minutes, cahiers de doléances... rédigés par les corps particuliers d'Angoulême, le dernier sera le Mémoire... de la ville d'Angoulême (document n° 1) adressé à Versailles en juin.

11 et
12-03-1789 : assemblées générales du tiers état à Angoulême.

16 au
18-03-1789 : première assemblée générale des trois ordres.

Jours suivants : assemblées séparées des ordres et rédaction des cahiers définitifs de la province. Élection des députés (4 - 2 et 2).

2-04-1789 : nouvelle Assemblée des trois ordres et clôture.

À partir du
16-07-1789 : les comités permanents se substituent aux municipalités dans le royaume et mise en place de gardes nationales.

À partir du
20-07-1789 : début de la Grande Peur à travers les campagnes.

4-08-1789 : en séance de nuit abolition du système féodal et des privilèges à l'Assemblée, mais le décret du 11-08 restreint considérablement les décisions du 4-08.

26-08-1789 : déclaration des droits de l'homme et du citoyen.

5, 6-10-1789 : la marche sur Versailles, le roi ramené à Paris, l'Assemblée suit.

2-11-1789 : décret de la mise des biens du clergé à la disposition de la Nation.

19-12-1789 : création de l'assignat, manière première c'est-à-dire bons du Trésor, avec intérêt à 5 %.

22-12-1789 : premier décret sur l'administration départementale.

28, 29-07-1789 : la Grande Peur d'Angoulême venue du nord ; naissance du Comité permanent d'Angoulême, formation d'une milice bourgeoise, organismes dont le contenu et les contours se précisent peu à peu.

25-08-1789 : début du problème des grains sur plusieurs mois.

20-10-1789 : le maire Marchais-Laberge cesse de présider le comité.

Fin octobre à décembre : l'affaire de l'abbé de Blignères et Mr de Baraudin.

Depuis novembre : la formation du département traitée à la fois sur le plan local et à l'Assemblée par les députés de l'Angoumois, travail achevé le 1er mars 1790.

1790

Fin janvier : début des élections pour les nouvelles municipalités.

12-02 : décret de l'interdiction des vœux monastiques, suppression des ordres religieux.

12-07 : la Constitution civile du clergé.

14-07 : la fête de la Fédération à Paris.

12-08 : très longue instruction de l'Assemblée sur les fonctions des assemblées administratives.

27-11 : la situation politique connaît un durcissement. Un serment de fidélité imposé aux ecclésiastiques en fonction.

Jacques Roux, d'origine charentaise, dit « le Prêtre Rouge » ou « le petit Marat » commence une carrière de révolutionnaire à Paris.

Courant janvier : deux discours de Brun sur la constitution des nouvelles municipalités - préparation des premières assemblées primaires des citoyens actifs d'Angoulême répartis en 4 sections.

À partir du 3-02 : succession des scrutins ; Valleteau de Chabrefy maire.

28-02 : installation officielle de la municipalité.

6-04 : fête de la Fédération des gardes nationales du département sur une île de la Charente à Angoulême.

Juin-juillet : assemblées constitutives du département et du district à Angoulême.

Juillet : députation de Perrier de Gurat et Clavaud jeune à Paris pour obtenir un tribunal d'appel. Élections municipales partielles pour remplacer ceux nommés au département ou au district : Perrier de Gurat maire.

Septembre : pétitions pour obtenir la taxation des grains.

À partir de novembre : élections pour les renouvellements partiels de l'administration.

1791

3-01 : décret accélérant l'exigence du serment des ecclésiastiques.

Février : premières élections et consécrations d'évêques constitutionnels élus.

10-03 : Pie VI condamne la Constitution civile du clergé.

20-06 : fuite du roi, arrêté à Varennes, suspendu de ses fonctions par l'Assemblée. Développement de l'idée républicaine - demandes de l'abolition de la monarchie.

17-07 : massacre du Champ-de-Mars, les modérés des jacobins forment le club des Feuillants.

27-08 : déclaration de Pillnitz.

14-09 : le roi prête serment à la Constitution révisée.

30-09 : la Constituante se retire.

1-10 : première réunion de la Législative.

En novembre : veto du roi à plusieurs décrets. La question de la guerre est désormais posée, avec une majorité du personnel politique qui y est favorable.

Janvier : le directoire du département en conflit avec l'évêque d'Albignac.

Janvier - février : le clergé d'Angoulême se divise en deux camps à peu près égaux sur le serment.

8-03 : élection de Pierre-Mathieu Joubert, député et curé de St-Martin, évêque du département de la Charente.

10-03 : remplacement des curés insermentés par l'assemblée électorale du district. Tension et désaccords entre la municipalité et le département ou la Société des Amis de la Constitution...

Septembre : élection des 9 députés de la Législative.

17-09 : on apprend que le roi a accepté la Constitution, Te Deum à la cathédrale et autres célébrations.

Élections pour le renouvellement partiel des administrations, en novembre Desbrandes élu maire.

1792

20-04 : l'Assemblée déclare la guerre « au Roi de Hongrie et de Bohême », les premières semaines désastreuses à la frontière du nord.
Le fossé se creuse entre modérés et révolutionnaires.

Mai - juin : grave crise politique avec de nouveaux vetos du roi et renvoi des ministres girondins.

20-06 : le peuple de Paris envahit les Tuileries.

14-02 : projet municipal de créer un atelier de charité.

27-02 : attroupements dans faubourgs de La Bussatte, voitures de grains pillées.

11-07 : la patrie proclamée en danger.

25-07 : manifeste de Brunswick.

10-08 : le peuple de Paris attaque les Tuileries, la monarchie renversée, une Commune insurrectionnelle. Un Conseil exécutif remplace le roi en attendant l'élection d'une « Convention » (Assemblée constituante).

Août - septembre : la première Terreur, des massacres dans les prisons de Paris, poussée révolutionnaire.

20-09 : la victoire de Valmy.

21-09 : première séance de la Convention qui abolit la royauté. Très vite duel Montagne - Gironde.

Décembre : procès du roi.

Juillet : les autorités, à tous les échelons, en état de mobilisation permanente, le directoire du département s'efface devant le conseil général en session prolongée jusqu'en décembre. Beaucoup d'absences et peu d'empressement à se réunir surtout après le 12 août où on apprend la « suspension du roi ».

— La question du désarmement des suspects est posée mais appliquée mollement.

— Le serment de Liberté-Égalité exigé de tous les fonctionnaires.

2 ou 7-09 : à La Rochefoucauld élection des conventionnels charentais (neuf).

Novembre - décembre : renouvellement total des autorités, d'après la loi du 19 octobre. Resnier maire.

1793

Janvier : procès et exécution du roi.

24-02 : décret de la levée des 300 000 volontaires.

11-03 : début de l'insurrection vendéenne.

Avril-mai : duel final Montagne - Gironde qui se termine le 2-06 par la victoire de la Commune de Paris sur les girondins.

7-06 : l'insurrection fédéraliste de Bordeaux.

La Terreur à l'ordre du jour :
23-08 : la levée en masse.
17-09 : la loi des suspects.
29-09 : la loi du maximum général.

17-09 : reprise de Bordeaux par Tallien.

Courant octobre : mise en place définitive du calendrier républicain.

Décembre : fin de la grande guerre de Vendée après la victoire républicaine du Mans (12-12-93).

À partir de février : on délivre des certificats de civisme à la mairie.

05-03 : un attroupement de jeunes gens sur les Chaumes de Crage pour protester contre les enrôlements et y échapper.

Mars : arrivée à Angoulême des conventionnels Bernard et Guimberteau, les nouvelles de la Vendée ont pour effet d'engager le département dans le processus révolutionnaire, avec création d'organismes nouveaux de caractère éphémère. Interrogatoires, arrestations, les prisons se remplissent. La municipalité réticente et en retrait par rapport aux autres autorités plus engagées. Problèmes d'approvisionnement du fait de nombreux passages de troupes.

Juin : le département situé entre deux foyers distincts d'insurrection - voyage de Mémineau à Bordeaux.

Juillet : l'affaire des prisonniers de la tour qui oppose la commune aux autres corps constitués, portée devant la Convention qui désavoue et épure la municipalité. Marvaud maire (octobre).

15-09 au 12-10 : le représentant Roux-Fazillac - mise au pas définitive du département.

14-10 au 10-12 : le représentant Harmand se charge particulièrement de la déchristianisation.

1794 : ans II et III

Divisions internes de la Montagne qui est au pouvoir.

10-02 : suicide de Jacques Roux, en prison depuis septembre 1793.

Mars-avril : chute et procès successifs des « factions », hébertistes et dantonistes.

La « dictature » de Robespierre.

Prairial : — *8 juin* : fête de l'Être Suprême.
— *10 juin* : la loi qui réorganise le tribunal révolutionnaire et ouvre la « Grande Terreur ».

8-9 thermidor (26, 27-07) : chute de Robespierre.

Peu à peu, sur 9 mois au moins (fin 1794-début 1795) mise en place progressive non sans retouches, ni tâtonnements, avec des soubresauts populaires, d'une politique nouvelle *dite thermidorienne* qui aspire à un gouvernement républicain modéré, sans renier la Révolution mais qui condamne les excès terroristes et montagnards d'un côté, les regrets et les aspirations royalistes de l'autre.

En février : l'affaire Mémineau - Maulde - Mignot...

23-02 au 31-03 : le représentant Romme à Angoulême, de retour à Périgueux sa mission continue au-delà du 9 thermidor.
À deux reprises Romme réorganise les administrations :
1) *en germinal* (mars) la municipalité.
2) *en prairial* (fin mai) municipalité et district.

20 prairial (8 juin) : la fête de l'Être Suprême ou de l'Éternel à Angoulême.

15 thermidor : le directoire du département et
17 thermidor : la municipalité votent et envoient une adresse à la Convention pour avoir délivré le pays du « monstre Robespierre ».

Pas de changements dans l'immédiat, sauf les remises en liberté des suspects des prisons, sur ordres venus de Paris, et qui s'échelonnent sur plusieurs mois.

7 frimaire (27 novembre 1794) : le représentant Bordas à Angoulême ; premiers changements limités.

1795 : ans III et IV

21-02 : décret de la séparation de l'Église et de l'État et de la liberté des cultes.

Février à mai : plusieurs conventions de pacification signées avec les rebelles de l'Ouest.

12 germinal (1-04) : dernières grandes journées ;
1er prairial (20-05) : révolutionnaires à Paris.

Juillet : débarquement de Quiberon.

Août : la Convention vote la Constitution de l'An III et le décret des Deux-Tiers.

Octobre : les élections.

26-10 : la Convention se sépare.
Mise en place des différents pouvoirs du Directoire.

Avril : application dans le département du décret sur le désarmement des ex-terroristes.

6 floréal (25-04) : l'administration départementale prend enfin le virage thermidorien dans une longue adresse aux Charentais.

Prairial (mai-juin) : le représentant Pénières en Charente, la grande épuration thermidorienne, le véritable tournant politique.

Octobre-novembre : élections charentaises, sur le plan municipal à Angoulême, victoire très nette des ex-révolutionnaires, victimes de Pénières.

1796 : ans IV et V

19-02 : fin de l'émission des assignats arrivés au chiffre de 39 milliards en circulation !

30-03 : conspiration de Babeuf avec un nouveau type de révolutionnaire tant dans l'action (clandestine) que dans la doctrine (contre la propriété).

À partir du 10-04 : la campagne d'Italie de Bonaparte commence... victoires sur toute l'année 1796 et début 1797.

Le régime a changé, les problèmes demeurent issus de l'inflation, de l'insuffisance du budget et des ressources de l'État même pour faire face aux dépenses les plus courantes.

12-04 : Marvaud (maire pour la deuxième fois depuis les dernières élections) nommé commissaire du directoire auprès du département.
La municipalité « de gauche » se heurte à des difficultés de toutes sortes.

10 thermidor (28-07) : troubles à Angoulême à l'occasion de la fête nationale de « la Chute du tyran Robespierre ». Les prisonniers de guerre nombreux à Angoulême posent des problèmes aux autorités, toutes les prisons du temps de la Terreur restent utilisées.

20-11 : installation officielle de l'École centrale départementale.

1797 : ans V et VI

18-04 : les victoires de la campagne d'Italie conduisent l'Autriche à signer les préliminaires de Leoben. Bonaparte véritable proconsul en Italie.

Mai : à la suite des élections d'avril une nouvelle majorité de droite et les royalistes entrent dans les différents pouvoirs.

Durant l'été : tractations et concertations politiques entre les différentes factions de la majorité auxquelles participent les chefs militaires (Hoche, Bonaparte...).

18 fructidor (4-09) : coup d'État anti-royaliste avec la participation de l'armée.

Mesures prises par la municipalité contre l'insécurité et le non-respect des règlements dans les auberges et cafés.

Germinal (mars-avril) : élections favorables aux modérés, la gauche perd la municipalité, Mallet président (maire).

14 messidor (2-07) : troubles à Angoulême.

15 messidor (3-07) : proclamation du département, inquiet des agitations de toutes sortes.

Septembre-octobre : application des décisions du coup d'État par élimination des élus de germinal. La gauche révolutionnaire s'installe au département et à la mairie (Blandeau : président).

1er vendémiaire (22-09) : fête officielle du nouveau régime issu du coup d'État en présence de tous les corps constitués et mise en place de la politique nouvelle dans les mois suivants par la municipalité qui s'occupe tout particulièrement de la police des spectacles au théâtre.

1798 : ans VI et VII

Germinal (avril) : élections et presque partout des majorités de gauche, trop jacobines. D'où « coup d'État du 22 floréal » (4-05) pour corriger les résultats, soit en substituant des élus soit en annulant des élections.

Mai : Bonaparte, trop encombrant, n'ayant pas réussi à se faire nommer directeur, se tourne vers l'expédition d'Égypte.

Sur le continent européen, politique de conquêtes et d'annexions du Directoire, en Suisse et tout particulièrement en Italie, formation des républiques sur le modèle français.

D'où formation de la deuxième coalition européenne contre la France révolutionnaire.

À l'approche des élections inquiétudes de l'administration qui multiplie les proclamations républicaines et fait de la propagande.

Germinal : élections conformes aux vœux des dirigeants. L'administration (département, municipalité) œuvre pour une stricte application du calendrier républicain et du culte décadaire, défense expresse de respecter le dimanche. Réorganisation de la Garde nationale.

Thermidor : retour aux visites domiciliaires chez les suspects, chasse aux prêtres réfractaires et aux émigrés de retour.

Vendémiaire : mise en place de la conscription militaire selon la loi du 19 fructidor.

Brumaire : mise en application de la loi sur le partage des biens des ascendants d'émigrés.

Frimaire : Angoulême canton modèle pour la mise en place de la conscription.

18 frimaire : une fête pour le départ des conscrits.

1799 : ans VII et VIII

Après la conquête de Naples (janvier) la France face à la coalition numériquement supérieure, de la Hollande au sud de l'Italie, d'où jusqu'à septembre une succession de revers et perte de l'Italie.

Germinal : élections défavorables au gouvernement qui a deux sortes d'adversaires : révisionnistes (Sieyès) et néo-jacobins.

27 floréal (16-05) : Sieyès nommé au Directoire.

30 prairial (18-06) : coup d'État, les Conseils obligent trois directeurs à la démission. Forte poussée jacobine et vote de lois terroristes.

19 thermidor (6-08) : une armée royaliste (partisans) s'empare de Muret et menace Toulouse et le Sud-Ouest.

29 thermidor (13-08) : Sieyès fait fermer le club des néo-jacobins, il est l'homme fort en cet été 1799.

28 thermidor (15-08) : le général Joubert battu et tué à Novi.

L'administration au milieu de difficultés et de problèmes (par exemple de trésorerie).

Germinal : peu de votants à Angoulême ; peu d'empressement à occuper des places publiques et des démissions, des refus de mandats. Usure des pouvoirs.

Thermidor : agitation royaliste à Taize-Aizie. Insécurité politique, menaces sur le régime, évasions et complots dans la prison. Une adresse du département (8-08) pour redresser la situation.

Vendémiaire : visites domiciliaires à Angoulême.

6 fructidor (23-08) : Bonaparte quitte l'Égypte, il est en France le 9-10, à Paris le 16-10.

18-19 brumaire (9, 10-10) : le coup d'État, 3 consuls provisoires : Bonaparte, Sieyès, Roger Ducos.
Bonaparte raille et écarte le projet constitutionnel de Sieyès et dès le 12-12 fait adopter la nouvelle Constitution.

Le 21 brumaire : Angoulême apprend le coup d'État, enregistre et répercute les décisions de Paris.

Le coup d'État de Brumaire, pense-t-on, sauve la République et va permettre de sortir de cette confusion et de cette instabilité dans lesquelles on se débat, d'où acceptation et même empressement à prêter les nouveaux serments demandés.

RÉFÉRENCES ET NOTES

ABRÉVIATIONS :

A.D. : Archives Départementales de la Charente.
A.M. : Archives Municipales d'Angoulême.
A.N. : Archives Nationales, Paris.
B.M. : Bibliothèque Municipale d'Angoulême.
B.S.A.H.CH. : Bulletin de la Société Archéologique et Historique de la Charente.

CHAPITRE I

1) Études locales, avril 1928, pp. 121 et suivantes : Jean JÉZÉQUEL ; « Les Grands Notables de l'Empire », article Descravayat de Belat.
2) A.M. B.B.14, registre des délibérations, mai 1786.
3) A.M. B.B.13 — idem — au 6 juillet 1772.
4) A.M. B.B.14.... avril 1788.
5) B.S.A.H.CH., année 1889, sur population d'Angoumois.
6) Mme VIRECOULON Christiane, née RATOUIT, « Recherches d'histoire démographique et sociale : les métiers du bois, du bâtiment, du fer et de l'alimentation à Angoulême 1750-1789 », Bordeaux III, exemplaire déposé aux A.M.
7) J. GERVAIS, « Mémoire sur l'Angoumois », pp. 251 et suivantes.
8) B.S.A.H.CH., année 1969, « ... électeurs de la Noblesse d'Angoumois... », de l'abbé Pierre BUREAU.
9) *Ibid.*, années 1859 : article de GELLIBERT des SEGUINS et 1881 : article de BIAIS sur paroisses.
10) A.D. J.549, fonds Mazières, trois familles de l'Angoumois au XVIIIe siècle : Gervais, de Sarlandie, Arnaud de Ronsenac.

11) A.D., historique des fonds de la série B, page XIX.
12) A.D., historique qui précède le répertoire numérique des minutes notariales, pp. IX et suivantes sur notaires d'Angoulême.
13) P. BOISSONNADE, « Cahiers de doléances de la Sénéchaussée d'Angoulême et du siège Royal de Cognac », Introduction et mémoire N° XXXVIII.

CHAPITRE II

1) Florin AFTALLION, « L'économie de la Révolution Française », 1986 ; François Crouzet, « De la supériorité de l'Angleterre sur la France », 1985.
2) WUlf VAN RIESEN, « Les débuts de la papeterie charentaise », B.S.A.H.CH. 1985, n° 3.
3) A.D. L. 1926.
4) A.D. L. 1Q-26/38.
5) Étienne MUNIER, « L'Angoumois à la fin de l'Ancien Régime », réédition de Bruno Sépulchre.
6) Toute la géographie socioprofessionnelle d'Angoulême d'après : Jean George, « Topographie historique d'Angoulême », 1899 et réédition de 1969 — E. BIAIS, « Les anciennes paroisses d'Angoulême », deux articles dans B.S.A.H.CH. 1881 et 1882 — Docteur James FORGEAUD, cinq articles dans B.S.A.H.CH. 1984 (n° 3), 1985 (n° 3), 1986 (n° 2), 1987 (n° 1 et 3) sur différents quartiers du Vieil Angoulême en utilisant le plan directeur de 1791 et les registres des taxes foncières de 1790-91.
7) F.J. DALETT (traduction de P. Esclafer), « Une fourniture de canons à la marine américaine par la maison Sazerac... », B.S.A.H.CH. 1965.
8) Jean JÉZÉQUEL, « Les Grands Notables de l'Empire », article Clavaud.
9) P. BOISSONNADE, « Cahiers de doléances de la Sénéchaussée d'Angoulême et du siège Royal de Cognac », 1907.
10) L. BURIAS, « Les enfants trouvés en Angoumois avant 1789 », B.S.A.H.CH. 1941.
11) A.D. L. 806 — 11 bis A.M. I 77 sur les prisons.
12 Le plan directeur de la ville et des rues d'Angoulême, aux archives municipales, il a subi une restauration à Brive en 1985.
13) A.M., différents registres de délibérations...

CHAPITRE III

1) P. BOISSONNADE, « Cahiers de doléances de la Sénéchaussée d'Angoulême et du siège Royal de Cognac » (1907) ; ouvrage de référence, avec une analyse d'ensemble des cahiers, et essentiel aussi pour les assemblées primaires de la ville d'Angoulême.

2) Ch. de CHANCEL, « L'Angoumois en 1789 » (1847), à partir des procès-verbaux fait une étude descriptive des différentes assemblées des trois ordres, réunis ou séparés, tenues à Angoulême à compter du 5 mars 1789.
3) A.D. J 50 : assemblée électorale du clergé en mars 1789.
4) À la fois Ch. de CHANCEL (note 2) et l'abbé Pierre BUREAU, article B.S.A.H.CH. 1969 sur les électeurs de la noblesse.
5) A.D. TR. 216/R3 : Journal patriotique des opérations de la légion nationale de la ville d'Angoulême... depuis le 21 Juillet, époque de sa création... par le quartier maître, trésorier et secrétaire de la légion Debresme des Gagniers, édité à Poitiers en 1789 et qui est un récit un peu enjolivé des faits, dans l'esprit de 1789.
6) A.M., procès-verbal d'élection du Comité d'Angoulême avec les listes des participants à la réunion du 28 juillet 1789.
7) B.M., Louis Desbrandes manuscrit n° 32, p. 63.
8) A.M., Dossier sur Grand'Peur de Juillet 1789.
9) A.M. B.B.20 : registre des délibérations ou arrêtés du Comité... d'Angoulême... (de fin juillet 1789 à fin février 1790).
10) A.M., registre de la correspondance active du Comité d'Angoulême à partir d'août 1789 et continué par la municipalité jusqu'à l'an II.
11) A.M. carton D55 : correspondance des députés charentais avec municipalité... en particulier celle de Roy d'abord avec le Comité et ensuite avec municipalité. Mais certaines lettres des députés de l'Angoumois, recensées par E. Biais au siècle dernier sous la cote A.A. 19 et utilisées par Du Chambon, pour son livre sur la formation du département, sont à présent introuvables.
12) La séance du 5 décembre 1789 à l'Assemblée constituante, fut consacrée presque uniquement à cette affaire de Blanzac pour blâmer l'attitude des deux comités.

CHAPITRE IV

1) A.M. B.B.20 déjà cité, registre des délibérations du Comité...
2) *Ibid.*, il contient tous les résultats des élections municipales d'Angoulême de février 1790 ainsi que la relation des cérémonies d'installation de la nouvelle municipalité.
3) A.M. D 1, premier registre des délibérations à compter du 1er mars 1790.
4) A.M. D 55, correspondance des députés charentais avec la municipalité d'Angoulême. Entre 1789 et 1791 Roy est de loin le principal correspondant. Mais en 1789-1790, collectivement ou individuellement, d'autres députés de l'Angoumois ont écrit aux officiers municipaux. Voir note 11 du Chapitre III : en particulier la série de 14 lettres (entre le 12 Décembre 1789

et août 1790) recopiées de la main d'Émile BIAIS pour les archives du diocèse que nous avons consultées à la maison diocésaine et qui sont à présent introuvables aux archives de la mairie. La plupart de ces lettres, classées autrefois A.A.19, sont du curé Joubert et traitent des questions administratives en cours de discussion à la Constituante.

5) A.M., registre de la correspondance active de la municipalité.
6) A.N. F1C III Charente 2 (Élections...).
7) A.D. L18 [2], registre des délibérations du Directoire du département, au 13 mai 1791.
8) A.D. L476, registre du Directoire du district d'Angoulême qui commence au 17 août 1790; les registres de cette dernière administration sont très complets et denses.

CHAPITRE V

1) A.D. L18 1, registre du Directoire du département (août 1790-avril 1791).
2) Toutes les personnalités citées seront étudiées dans un article à paraître dans B.S.A.H.CH. consacré aux biographies charentaises de la période révolutionnaire. Certaines l'ont été déjà dans les « Grands Notables du Premier Empire... ».
3) A.D. L 476, registre du Directoire du district d'Angoulême.
4) A.M., lettre de Héraud, qui avait été le troisième élu du clergé d'Angoumois en mars 1789 pour le cas où un troisième député aurait été accepté.

4*bis*) A.D. L 793.

5) Inventaire, d'après le « Mémoire sur le diocèse d'Angoulême », du curé Jean Collain, écrit vers 1766, avec deux manuscrits distincts, restés inédits jusqu'au tirage en nombre limité de l'exemplaire de la S.A.H.CH., en 1986, par les soins de l'association généalogique de la Charente. L'inventaire s'appuie aussi sur le pouillé de l'abbé Nanglard.
6) A.D. J 865, « Les représentants en mission en Charente », de Jean Cousset, D.E.S. Université de Poitiers.
7) A.D. QIII 13 - QIV 1 - QXVII 22 et 40 : vente des biens nationaux et renseignements communiqués par le Dr James Forgeaud sur le quartier de la cathédrale, à paraître en plus des cinq articles déjà publiés.
8) A.D., différents registres des administrations, dans la série L et tout particulièrement L 476 (du district).
9) A.D. Tr.216/R3 : faisant suite au journal de 1789, le « Journal politique, patriotique et littéraire du département de la Charente », à compter du 8 août 1790, un numéro par semaine, édité par les frères Bargeas libraires à Angoulême, 52 numéros successifs. À notre connaissance le seul périodique charentais de la Révolution française.

CHAPITRE VI

1) A.M. D1 et D2, registres des délibérations municipales (1790-Janvier 1792); et janvier 1792-floréal an II).
2) A.N. F1C III Charente n° 6.
3) B.M., L. Desbrandes manuscrit 32.
4) A.D. L 18^{3}, registre du Directoire du département (1791-1793).
5) A.M., registre de la correspondance active de la municipalité (mars 1792).
6) A.D. L 15, sessions du Conseil Général du département (juillet 1792).
7) P. BOISSONNADE, « Histoire des volontaires de la Charente ».
8) A.D. L 473, registre du Conseil Général du district (août-septembre 1792).
9) Jean JÉZÉQUEL, voir n° 2 du chapitre précédent.
10) A.D. L 433.
11) L'abbé BLANCHET, « Le clergé charentais... »

CHAPITRE VII

1) A.D. L 18^{3}, le registre du Directoire du département est la meilleure source pour suivre les conséquences de l'insurrection vendéenne à Angoulême et dans le département.
2) A.N. F1C III Charente 6 et A.D. L 2070 (2) sur rassemblement de Crage.
3) A.D. L 434-435.
4) A.M. D^{2}, registre des délibérations municipales.
5) BABAUD-LARIBIÈRE « Études historiques et administratives », t. I, p. 136.
6) Jean JÉZÉQUEL : soit les biographies charentaises de la période révolutionnaire à paraître dans bulletin S.A.H.CH. soit « Les Grands Notables du Premier Empire ».
7) Jean PINASSEAU : deux volumes sur l'émigration militaire d'Aunis, Saintonge et Angoumois.
8) A.M., registre de la correspondance active de la municipalité.
9) *Le Moniteur Universel*, séance du 11 août 1793 à la Convention.
10) A.M. D^{2} des délibérations municipales, où l'on suit le mieux la crise de juillet 1793 jusqu'à son dénouement.
11) A.D. J 865, Jean COUSSET, « Les représentants en mission en Charente ».
12) A.D. L 137^{2}.
13) A.D. L 18 4, registre du Directoire du département.

CHAPITRE VIII

1) Harmand Jean-Baptiste figure dans le récent dictionnaire Napoléon (1987), article de Jean TULARD, aucune mention de son passage en Charente comme représentant en mission.
2) A.N. F1B II Charente n° 2.
3) A.M. M. 64.
4) A.D. J 68, QUIGNON, « Notices historiques et anecdotiques sur les administrations de la ville ». Le désaccord entre Quignon et les autres relations peut s'expliquer par le fait qu'il y a eu plusieurs célébrations distinctes de la Raison à Angoulême. Ainsi nous connaissons un projet de cérémonie pour le décadi 30 frimaire avec un cortège partant de la grande salle du château pour finir au temple (archives diocésaines). C'est peut-être lors de l'une de ces célébrations que Desbrandes a prononcé un discours où il dit que la seule fête digne de l'homme libre est celle de la Raison, d'après Quignon le 9 frimaire, mais notre chroniqueur manque souvent de rigueur.
5) A.N. F 19 884 : ces trois prêtres assermentés, très engagés dans la Révolution, vont se marier et faire une carrière politique ou administrative : Mathelon ex-curé de Ruelle, Marquet desservant de Touvre, Latreille ci-devant vicaire épiscopal le plus connu des trois.
6) A.D. QIV n° 3.
7) A.D. L 789.
8) A.D. L 434 - 435.
9) A.D. J 865, Jean COUSSET « Les représentants en mission en Charente ».
10) A.M. D^3, registre des délibérations municipales aux 7 et 8 frimaire an II.
11) L'affaire Mémineau, Maulde... surtout dans A.D. L 18 4, registre du Directoire du département dans le courant de pluviôse an II.
12) A.D. L 434-435 et 522.
13) A.D. L 67.
14) A.M. D^3, registre... au 15 messidor an II-29 frimaire an III.
15) A.D. L 477, registre du district d'Angoulême, 14 prairial an II.
15*bis*) Des trois condamnés à mort, VICART, tailleur d'habits de La Rochefoucauld, est à mettre à part, son cas n'est pas politique. Condamné pour n'avoir pas déclaré des armes en sa possession et avoir résisté lors de son arrestation, en tirant un coup de feu qui ne touche personne. A.D. L 2070 (1).
16) S.C. Gigon, « Angoulême en l'an VIII », brochure 1926.
17) A.D. L 18 5, registre du Directoire du département, 13 fructidor an II.

CHAPITRE IX

1) A.M. B.B. 20, registre des délibérations du Comité établi en la ville d'Angoulême à compter du 28 juillet 1789.
2) A.M. D1 : délibérations municipales à compter du 1er mars 1790.
3) A.M. : registre de la correspondance active du Comité d'Angoulême continuée par la municipalité.
A.D. L 476, registre du district (session du Conseil Général).
4) A.D. L 811, rapport du maire Perrier.
5) A.D. L 806 et 810.
6) A.M. D², délibérations municipales.
7) A.D. J 865 Jean COUSSET, « Les représentants en mission... », D.E.S.
8) A.M. D³, délibérations municipales (24 floréal an II).
9) A.D. L 817, extrait de délibérations du Conseil Général du district (en imprimé), séance du 4 ventôse an III.
10) A.D. L 18 5 : registre du Directoire du département (f° 73).
11) A.M., « Secours aux pauvres et aux parents des défenseurs de la patrie ».
12) A.D. L 1762 : les vingt et un premiers feuillets de ce registre sont consacrés aux délibérations et autres écrits de la municipalité de L'Houmeau-Pontouvre... du 9 thermidor an II au 1er brumaire an IV, commune dans laquelle entrait depuis 1790 la partie la plus éloignée de la paroisse de L'Houmeau.
13) A.D. L 804 à 816 sur les hôpitaux.
14) A.D. L 806.
A.M. D 5, délibérations municipales du 16 pluviôse an VI.

CHAPITRE X

1) GIGON « Les victimes de la Terreur... » t. I, appendice listes de mises en liberté, d'après les levées d'écrou que l'auteur a pu consulter et qui ne figurent pas dans la série L des A.D. (sauf L 1620 concernant le district de Confolens).
2) A.D. L 18 5, registre du Directoire du département, compte rendu très détaillé de la séance du 7 frimaire an III.
3) A.M. D³, délibérations municipales, au 13 frimaire an III.
4) *Ibid.*, au 8 germinal an III.
5) A.D. L 18 5 : affaire Quichaud à compter du 13 ventôse.
6) A.D. J 865, Jean COUSSET, « Les représentants en mission en Charente ».
7) A.D. L 18 5 à la date du 6 floréal.
8) Pénières, dans le récent dictionnaire Napoléon, article de Jean-Louis HALPERIN, mais aucune allusion à sa mission en Charente.
8 *bis*) Au 7 prairial le nouveau directoire où tous les districts sont représentés : Desprez et Maulde pour celui d'Angoulême.

9) B.M. manuscrits 33 de Louis Desbrandes.
10) A.D. L 478, registre du district, au 11 prairial an III.
11) B.S.A.H.CH. 1866 : réponse de H. Léridon au livre de Gigon.
12) Études locales 1924 : Dubois de Bellegarde par Jérôme BUJEAUD.
13) Notice sur Trion-Montalembert de Jean JÉZÉQUEL à paraître dans B.S.A.H.CH. : biographies charentaises...
14) A.M. D 4, délibérations municipales du 22 fructidor an III et suivantes.
15) B.S.A.H.CH. 1868-1869 article sur ROBIN par M.-J. DUPIN.
16) A.D. L 18 5, 13 messidor an III. Il ne peut s'agir que de Penières.
17) Gaston TESSERON, « La Charente sous la Révolution », partie Enseignement. A.D. L 759.
18) A.D. QXVIII - 40 : acquisitions de biens nationaux.

CHAPITRE XI

1) A.M. D 4, délibérations municipales du 13 vendémiaire an IV.
2) A.D. L 18 6, au 1er vendémiaire an IV, administrateurs du département élus : Mignot, Thorel, Maulde, Caminade, Bordet-Thorel désigné président.
3) *Ibid.*, démissions successives de Mignot, Caminade... en brumaire.
4) A.D. L 1762-1763 registres de la nouvelle administration municipale du canton d'Angoulême.
5) A.M. D 4, délibérations municipales du 12 brumaire et suivants.
6) *Ibid.*, 28 pluviôse, 3 germinal et suivants.
7) Les réunions des 15 et 16 germinal an IV :
A.N. F1 B N° 1 Charente, rapport du commissaire Marvaud au ministre de la police.
A.M. livre, correspondance active du commissaire L.B. Prieur avec les autorités, n° 137 du 4 messidor an IV.
8) Le 10 thermidor an IV :
A.M. D 4... séance extraordinaire du 10 thermidor et suivants ; livre correspondance active du commissaire n° 175 ;
A.D. L 18 6 P.V. des troubles du 10 thermidor.
9) S.C. GIGON, « Angoulême en l'an VIII », 1926.
10) A.M. D 5, délibérations du 14 messidor.
11) A.D. L 19, registre du département, au 15 messidor an V.
12) *Ibid.*, au 27 germinal an V, au département élus :
Dubois, Perrin, Caminade, Maulde président.
13) A.M. D 4, délibérations municipales du 7 germinal an V.
14) *Ibid.*, en nivôse an V.
15) Jean JÉZÉQUEL, « Les Grands Notables de l'Empire ».
16) A.D. L 18 6... en frimaire an IV.

17) A.D. L 20 au 23 thermidor an V et voir documents ci-joints.
18) Boissonnade et Bernard, « Histoire du lycée d'Angoulême ».
19) A.D. L 434-435.
20) A.M. carton D 55 : correspondance des députés charentais avec la municipalité d'Angoulême.

CHAPITRE XII

L'auteur a déjà traité la présente période dans un article paru B.S.A.H.CH. 1985 n° 1, « Contribution à l'histoire politique et administrative de la Charente sous le Directoire, le Consulat et l'Empire : 1797-1799-1815 ».

1) A.D. L 20, registre du département entre le 21 fructidor an V et vendémiaire an VI.
2) A.M. D 5, registre de la municipalité, même période.
3) Blandeau figurera dans les biographies charentaises de la période révolutionnaire à paraître dans B.S.A.H.CH.
4) A.M. D 5... au 6 brumaire an VI.
5) *Ibid.*, en frimaire, ventôse et germinal an VI.
6) Jean Jézéquel, « Les Grands Notables du Premier Empire », longue notice consacrée à Albert Étienne Pierre de Cognac.
7) A.D. L 21... département au 15 floréal an VI.
8) D'après Quignon, « Notices historiques et anecdotiques... » ; A.D. J 68-69.
9) Lescalier (voir note 3).
10) A.M. D 6, registre des délibérations au 18 frimaire an VII ; G. Vallée, « La conscription... », pp. 41 et suivantes.
11) A.D. QXVIII n° 22 : registre des biens nationaux restant à vendre à Angoulême au 1er frimaire an VIII.

ÉPILOGUE ET BILAN

1) A.M. D 7, registre municipal au 10 messidor an VII.
   A.D. L 22, registre du département aux 8 et 9 messidor et 8 Thermidor.
2) A.M. D 8 au 28 fructidor an VII.
3) *Ibid.*, au 3 vendémiaire an VIII.
4) A.D. L 22... au 30 brumaire.
5) A.M. D 15 n° 104 (imprimés).
6) A.M. D 8... au 14 frimaire.
7) A.N. F1B II Charente 2, document N° 6.
8) Jacques Peret « Histoire de la Révolution française en Poitou-Charentes. 1789-1799 » Projets-Éditions 1988, page 221.

SOURCES

— ARCHIVES DÉPARTEMENTALES DE LA CHARENTE

L'auteur a surtout exploité la série L, période révolutionnaire, et en particulier les registres de délibérations des administrations : département, district, municipalité de canton... mais aussi la série J au contenu très divers... la série Q : biens nationaux, d'émigrés, acquéreurs...

— ARCHIVES MUNICIPALES D'ANGOULÊME

Un dépouillement systématique des registres de délibérations municipales 1788-1789 et la série D1 à D8 (1790 à 1800), de même toutes les correspondances administratives et autres (des députés par exemple)... papiers divers...

— ARCHIVES NATIONALES

Séries F 1B II Charente (personnel des administrations entre 1790 et l'an VII).

F 1C III Charente (esprit public, élections, comptes rendus administratifs).

N° 1-2-7-12.

F 7 police générale.

BIBLIOGRAPHIE

BABAUD-LARIBIÈRE L., « Études historiques et administratives », t. I, Confolens, 1863.

BLANCHET J.-B. (L'abbé), « Le Clergé charentais pendant la Révolution », Angoulême, 1898.

BOISSONNADE P., « Cahiers de doléances de la Sénéchaussée d'Angoulême et du siège royal de Cognac pour les États Généraux de 1789 », Paris, 1907.

BOISSONNADE P., « Les volontaires de la Charente pendant la Révolution 1791-1794 », Angoulême, 1890.

BOISSONNADE P. et BERNARD J., « Histoire du collège et du lycée d'Angoulême 1516-1895... », Angoulême, 1895.

CHAMBON(du) P., « La formation du département de la Charente », Ruffec, 1934.

CHANCEL (de) Ch., « L'Angoumois en 1789 », 1847.

CONTURIE P.-M.-J., « Histoire de la fonderie nationale de Ruelle 1750-1940 et des anciennes fonderies de canons de fer de la marine », Paris, 1951 et 1952.

COUSSET J., « Les représentants en mission de la Convention nationale en Charente », D.E.S. Poitiers sans date, non édité.

DUCLUZEAU F., dans « La Charente de la préhistoire à nos jours », Les Temps Modernes, la Révolution et l'Empire... ouvrage collectif, Saint-Jean-d'Angély, 1986.

GIGON Cl., « Les victimes de la Terreur du département de la Charente », Paris, 1866 et 1871.

GODECHOT J., « Les institutions de la France sous la Révolution et l'Empire », P.U.F., édition de 1985.

JÉZÉQUEL J., « Grands notables du Premier Empire - Charente » C.N.R.S., 1986.

MASSIN J., « Almanach de la Révolution française », « Almanach du Premier Empire », Club Français du Livre, 1963 et 1965.

NANGLARD J. (L'abbé), « Pouillé historique du diocèse d'Angoulême », Angoulême, 1894.

PINASSEAU J., « L'Émigration militaire, campagne de 1792... », 1971. « L'Émigration militaire — Émigrés de Saintonge, Angoumois et Aunis, dans les corps de troupe de l'émigration française », Paris, 1974.

REVEILLAUD E., « Historique politique et parlementaire de la Charente et de la Charente-Inférieure depuis 1789 », Saint-Jean-d'Angély, 1911 - réédition B. Sépulchre, 1987.

VALLÉE G., « La conscription dans le département de la Charente 1798-1807 », thèse en doctorat ès lettres, Paris, 1937.

PÉRIODIQUES : Bulletins et Mémoires de la société archéologique et historique de la Charente depuis 1844. Études locales, publication charentaise entre 1920 et 1948.

INDEX DES NOMS DE PERSONNES

TABLE DES ILLUSTRATIONS

TABLE DES MATIÈRES

Achevé d'imprimer le 12 Décembre 1988
par l'imprimerie Ouest-Impressions, Bressuire (79300).
Dépôt légal 4e trimestre 1988.